Menzil

Bir Tarikatın İki Yüzü

DOĞAN KİTAP TARAFINDAN YAYIMLANAN DİĞER KİTAPLARI

Devletin Derinliklerinde
Kırcı / 5-6-2 Tamam Reis
Sınır Ötesi Savaşın Kurmay Günlüğü
Madalyalı Mahkûm
İsmet Paşa'nın Kürt Raporu
33 Kurşun
Belgelerle Ergenekon
Apo Olayının Perde Arkası
Ölüm Kuyuları
Taşeron Mesih
Son Babalar
MGK
Okyanus Ötesindeki Vaiz
Belgelerle, Dünden Bugüne 28 Şubat
Balyoz'da Kumpas
Kırmızı Klasör
Kod Adı Mürted
Kripto Üçgeni
Hayalet İmam

MENZİL
Bir Tarikatın İki Yüzü

Yazan: Saygı Öztürk
Editör: Sema Çubukçu

1. baskı / Ekim 2019
25. baskı / Kasım 2019 / ISBN 978-605-09-6702-9
Her 2000 adet bir baskı olarak kabul edilmektedir.
Sertifika no: 11940

Kapak tasarımı: Serkan Yolcu
Baskı: Mega Basım Yayın San. ve Tic. A.Ş.
Cihangir Mah. Güvercin Cad. No: 3/1
Baha İş Merkezi. A Blok Kat: 2
34310 Haramidere-İstanbul
Tel. (212) 412 17 00
Sertifika no: 12026

Doğan Egmont Yayıncılık ve Yapımcılık Tic. A.Ş.
19 Mayıs Cad. Golden Plaza No. 3, Kat 10, 34360 Şişli - İSTANBUL
Tel. (212) 373 77 00 / Faks (212) 355 83 16
www.dogankitap.com.tr / editor@dogankitap.com.tr / satis@dogankitap.com.tr

Menzil

Bir Tarikatın İki Yüzü

Saygı Öztürk

Doğan Kitap

İçindekiler

Emin Çölaşan'ın önsözü

Saygı Öztürk'ün bizim gazetede çıkan bütün haberlerini ve yazılarını merakla okurum.

Ama onun özellikle ve beğenerek okuduğum kitaplarını da bu arada unutmamak gerek...

Saygı'nın kitaplarını ilk okuyanlardan biri sanırım ben olurum, zira onun kitaplarına önsöz yazmak benim görevimdir!

Onun kadrolu ama maaşsız, Kızılay menfaatine çalışan önsöz yazarıyım!

Önsöz yazmak için kitabı baskıya girmeden önce okuyacaksınız ki, ne yazacağınızı bilesiniz.

Üstelik bu son kitabın hazırlanmasına baştan sona tanık oldum.

Adına Menzil denilen tarikatı incelemeye ve irdelemeye başlayan Saygı ile neredeyse her gün bu olayı konuştuk...

Bu kez yine ilginç bir konu yakalamıştı.

Bu kitap, Türkiye Cumhuriyeti'nde tarikatların, şeyhlerin nasıl etkin duruma geldiğinin, bunu da ötesinde nasıl "devlet içinde devlet" olduklarının somut göstergesidir.

Bu tarikatın özellikle Sivrihisar ve Adıyaman'da nasıl yerleştiğini gösteren bir hadise...

Saygı oralara gitti, büyük şeyhleriyle görüşmeler yaptı.

İllerimiz, ilçelerimiz ve bazı bakanlıklar, örneğin Sağlık Bakanlığı bunlar tarafından nasıl parsellenmiş, akıl alacak şey değildir.

İşin içinde para var, bol kazanç ve şeyhlere sağlanan sonsuz para gücü var.

Gariban müritler derseniz, aynı kaptan kaşıkla çorba içen bu şahıslar şeyhlerine bağlı ve bağımlı.

Alışverişlerini bile onların açtığı marketlerden yapmak zorunda olan ve sayıları bilinmeyenler topluluğu...

Üstelik yakın akraba olan Sivrihisar şeyhleri ile Adıyaman şeyhleri birbirlerinden nefret ediyor! Birbirlerini holding kurmakla suçluyor.

Ne demek istediğimi kitabı okuyunca daha iyi anlayacaksınız.

* * *

İnsanın aklı olanları almıyor. Menzil'e gidenler orada aynı kaptan içtikleri çorbadan sonra şeyhe gidip tövbe alıyor ve artık günah işlemeyeceklerine inanılıyor!

Menzil'in bazı siyasetçilerle de yakın ilişkileri var. Kitapta o siyasetçilerin isimlerini de bulacaksınız.

Müritler şeyhlerinin yanına dizleri üzerinde sürünerek giriyor, tarikat kitaplarını yerde okuyor.

Yerleşim birimlerinde asfalt yollar, lüks binalar, mağazalar, kahvehaneler, restoranlar ve camileri var. Her şey ticarete dökülmüş.

* * *

Bana sorarsanız Saygı Öztürk Türkiye'nin bir numaralı araştırmacı gazetecisi.

Bu tarikatı kafasına taktı, Sivrihisar ve Adıyaman'a gitti, orada bulunan "sofi"leri izledi, sohbet etti, ardından şeyhleriyle uzun görüşmeler yapıp onları ilk kez konuşturdu.

Böylece, kapalı kutu olan bu adamlar ilk kez bir gazeteciye konuşmuş oldu.

Neler anlattıklarını burada yazmanın anlamı yok, kitabı okuyunca zaten görecek ve şaşıracaksınız...

Ve tümü belgeli...

İnsan bunları öğrenince sıkılıyor, utanıyor ve ister istemez "Vah Türkiye Cumhuriyeti vah" demek zorunda kalıyor.

Sevgili arkadaşım, dostum ve kardeşim Saygı Öztürk gerçekten muhteşem bir eser üretti.

Herkes okumalı.

Ona "Ellerine sağlık, helal olsun" diyor ve sözü Saygı'ya bırakıyorum.

Emin Çölaşan

“Şeyhimizi zehirlediler, seydamıza zehirli iğne vurdular...”

16 Nisan 1991, Ramazan Bayramı’nın ilk günüydü. Menzil köyünde, bayram namazını Şeyh Muhammed Raşit Erol kıldırdı. Namazdan sonra, caminin hemen yakınındaki mezarlığa gitti, babası Şeyh Abdülhakim Erol’un kabrinin başına geçti, peşinden gelen cemaatle birlikte dua etti. Bayramlaşma burada yapılacaktı.

Kalabalık içinde bir kişi çok heyecanlıydı. Planını gerçekleştirmek için bugünü beklemişti. Bayramlaşma bahanesiyle kuyruğa girecek, şeyh elini uzattığında aniden harekete geçecekti.

Şeyh, elini öpenlere, “Bayramın mübarek olsun” diyordu. Bazıları onun yanından ayrılmak istemiyor, diğerleri de onu yakından görebilmek için büyük bir çaba sarf ediyordu. Şeyhin etrafında toplananların sayısı da hızla artıyordu. Uzun bir kuyruk vardı. Namazın bitmesinin üzerinden epey zaman geçmişti ama her müridin bayramlaşma gerekçesiyle şeyhle konuşmak istemesi yüzünden kuyruk bir türlü bitmiyordu.

Saat 09.53’ü gösteriyordu. Sıra ona gelmişti. Şeyhe yaklaşırken sağına soluna bir kez daha bakındı. Eylemini gerçekleştirdikten sonra nereden nasıl kaçacağını hesaplamaya çalıştı. Ama bu kalabalığın arasından kaçsa bile sonrasında yakalanacağından hiç kuşkusu yoktu. Belki de yakalandığında öldürülecekti. Artık geri dönüşü olmayan bir yola girmişti. Bunun için memleketi Denizli’den ayrılırken, “Yakında bomba patlayacak. Menzil şeyhini öldüreceğim. Ya bombayla ya da zehirli iğneyle” demişti.

Aynı cemaatten bir arkadaşını arayıp rüyasında Hz. Muhammed’i ve Kâbe’yi gördüğünü anlatmış, şeyhi öldürmeye karar verdiğini söylemiş, arkadaşı da "Kâbe, yön demektir. Sen doğru yoldasın" diye onu desteklemişti. Onu dinleyenler, "Bu oğlan kafayı yemiş. Şimdi sıra şeyhi öldürmeye geldi" demişlerdi.

Şeyhi öldürmek için hazırdı. Şeyh, öpmesi için elini uzattığında, o büyük bir hızla zehirli şırıngayı çıkarıp şeyhin avucunun içine saplamaya çalıştı. Şeyh büyük bir çeviklikle elini çekti. Kürtçe, "Beni öldürecek!" diye bağırdı. Kalabalık ne olduğunu bile anlamadan, 1973 doğumlu Murat Erol, şeyhin elini yakalamaya çalıştı. Şırıngayı, şeyhin eline saplamaya çalışırken, "Allahüekber, Allahüekber" diyor, ardından da cemaate, "Niye geliyorsunuz bu sahtekârların yanına" diye bağırıyordu.

Şeyh acılar içinde kıvranırken, Denizlili Murat Erol da, "Ahh" dedi. O sırada müritlerden Adem Kazan bıçağını çekip, "Yaa Allah" diyerek Murat Erol'un sırtına sapladı. Murat, kaçmaya çalıştı. Birkaç adım atar atmaz yere yığıldı.

Ortalık bir anda ana baba gününe döndü. Yaralı olan Murat Erol'u cemaat linç etmek isterken, şeyh eliyle, "Yapmayın" diye işaret ediyordu. Şırınganın içindekinin eline zerk edilmek istenmesinden etkilenen şeyh de yere uzatılmıştı. Şeyh kendinden geçmeye başladı. Kargaşa daha da arttı.

Kalabalıktan bazıları, "Şeyh ölüyor" diyordu. O telaşla ve beklenmeyen bir olayın gerçekleşmesinin verdiği şaşkınlıkla kimse şeyhi hastaneye götürmek için harekete geçmemişti. Bazıları da "Şeyhim ölme; Allahım, şeyhimizi bize bağışla" diye dua ediyordu. Nihayet kalabalık içinden birileri, "Şeyhi zehirlerdiler, seydamızı zehirlediler. Hemen hastaneye gidelim. Çabuk araba getirin" diye bağırdı. Bir otomobil getirildi. Şeyh hastaneye götürülüyordu. Murat Erol ise jandarmaya teslim edilmek üzere yaralı olarak yerde yatıyordu. Kimisi vurmak istiyor, ama şeyh "Dokunmayın, jandarmaya teslim edin" dediği için etrafındaki birkaç kişi ona vuranlara engel olmaya çalışıyordu.

Şeyhin 22 Ekim 1993 tarihinde 63 yaşındayken vefat etmesini, "zehirli iğne"ye bağlayanlar da oldu. Ama ölüm raporunda iğneye bağlı bir bulgu yer almıyordu. Ama, raporlar, tutanaklar, büyük bir skandalın habercisiydi. Onlar da ilk kez bu kitapta belgeleriyle gün yüzüne çıktı.

(40)

EKSPERTİZ RAPORU

Bölge Kriminal Polis Laboratuarı

DİYARBAKIR
02.05.1991

69 | 1

Genel işlem defter No. : 856

Uzmanlık No. : 1991/K-71

Ekspe r: Şuayip MAVİŞ
DİYARBAKIR Bölge Kriminal Polis Lab.da Uzman.

Ekspertizi veren yer (Yazı, gün ve sayısı) : KAHTA- İlçe Emniyet Müdürlüğü.
24.04.1991 Sayı:Siyasi Br.1991/Y.539

Ekspertiz : İlaç incelemesi.

Eksper e verilen eşya : 16.04.1991 günü, Adıyaman ili, Kahta ilçesi, Durak (menzil) köyünde, M.Raşit EROL'a şırınga ile zehir zerketmek suretiyle öldürmeye teşebbüs eden Murat EROL'dan elde edildiği bildirilen;

a) Bir adet plastik enjektör,
b) 2 ~~adet~~ Plastik şişe içerisinde katı ve sıvı maddeler.
c) Bir adet bıçak.

1.

R A P O R

Laboratuarımıza incelenmek üzere gönderilen katı ve sıvı maddelerden alınan örnek numuneler ile, Enjektör ve Bıçak'tan alınan svaplar üzerine aşağıdaki kimyasal test ve incelemeler uygulanmıştır.

1- Kimyasal reaktiflerle renk testleri.
2- Gaz Kromotografisi.
3- Infrared Spektroskopisi.

Yapılan bu test ve incelemeler sonucu;

A) Plastik Enjektör ve Bıçaktan alınan svaplarda; yazıda belirtilen,(Aktif maddesi CYPERMETHRIN)olan SHERPA isimli ilaç bulaşıklığı olmayıp, Laboratuarımızda tespiti mümkün olmayan başka bir ilaç bulaşıklı olduğu,

B) Tarafımızdan (1) rakamı ile işaretlenen plastik şişe içerisindeki sıvı ve kristal maddenin, şeker olduğu ve ilaç bulaşıklı olmadığı,

C) Tarafımızdan (2) rakamı ile işaretlenen plastik şişe içerisindeki Çamur kıvamındaki maddenin ise, yazıda belirtilen ilaç bulaşıklı olmayıp, Laboratuarımızda tespiti mümkün olmayan başka bir ilaç bulaşıklı şeker olduğu,

Tespit edilmiştir.

İnceleme konuları, deneyle [illegible] artıklar haricindekiler aynen iade edilmiştir.
A.Dilmen.

Şuayip MAVİŞ
Uzman
Kimya Mühendisi.

(92)

Şeyh Muhammed Raşit Erol'un zehirlenerek öldürülmek istenmesi tarikatı ayağa kaldırdı ama işin içinde başka şeyler olduğu raporla ortaya çıktı.

Cemaat "Seyda geliyor, sultanımız geliyor" denilince ayağa kalktı

2019 yılının ramazan ayıydı. Eskişehir'e bağlı Sivrihisar ilçesini geçtikten sonra "Buhara" tabelasını gördük. Yanımdaki arkadaş, "Ben seviyorum abi, onun için fırsat buldukça yanına gidiyorum. Orada kendimi huzurlu hissediyorum" diyordu. Karşı tepelerde koyun sürüleri vardı. Bir tepeyi aştığımızda karşımıza bir koyun sürüsü daha çıktı. Köpek, çobanın yanından ayrılıp aracımıza doğru havlayarak koşmaya başladı. Onu da geride bıraktık. Yanımdaki arkadaşa, "Ne kadar kaldı?" diye sorduğumda, "Geldik sayılır" dedi.

Evet, gelmiştik ama burası farklı bir yerdi. Belki illerin, ilçelerin bile girişi böyle şaşaalı değildi. Aniden dört şeritli olan yol boyunca yapılmış beton duvarların üzerinde belirli aralıklarla "Buhara" yazıyordu. Yolun iki tarafında da elektrik direkleri vardı. Gece her taraf ışıl ışıldı.

Taş işlemeli görkemli bir kapının üzerinde "kadınlar girişi", az ilerisindeki bir başka kapıda ise "erkekler girişi" yazıyordu. Adımımızı attığımızda içinde güller olan geniş bir bahçeye girdik. Bir kişi uzayan çimleri motorlu aracıyla biçiyordu. "Kolay gelsin" dediğimde durdu, elinin tersiyle alnında biriken teri sildi, "Sağ ol sofi" dedi. Öğrendim ki buraya gelen herkes birbirine "sofi" diyor. İçeriye girdiğimiz yer camiydi. Minaresi bildiğimiz minarelerden de farklıydı. İki minaresi vardı. Ama kadınların bulunduğu camide minare yoktu. Zaten, kadın-erkek birlikte geldiğinde kadın kendi giriş kapısından, erkek kendi giriş kapısından içeriye giriyordu. Caminin geniş bahçesinin tam ortasında tabanı mermerden yapılmış taş bir işleme bulunuyordu.

Tarikatın bir kolu Eskişehir'in Sivrihisar ilçesine bağlı Buhara köyüne uzanmış. Dört şeritli köy yolu ve inanılmaz binalar, "Kaynak nereden?" sorusunu akla getiriyor.

Ezan saatine daha vardı. Orada huzur bulduğunu söyleyen Hasan'la camiye girmeden önce bahçe kapısından girdiğimiz koğuşları dolaşmaya başladık. Koğuşlara girilmeden ayakkabılar çıkarılıyordu. Gelenler, "Sevap olur" diyerek camide yatmayı tercih ediyordu. Tuvaletlerde pisuar yoktu. Hatta küçük abdesti ayakta yapmanın günah olduğuna ilişkin yazılar asılıydı.

Etrafı dolaşıp camiye girmek istediğimde giriş kapısının iki tarafında da "cep telefonlarının kapatılması"na ilişkin uyarı yazılarını gördüm. Caminin içinde de aynı minvalde yazılar vardı. Diğer camilerin aksine burada sadece küçük iki tabelada Arapça yazılı ayet vardı. Erkekler ve kadınlar farklı camilerde namaz kılıyordu. Erkeklerin gittiği camide aynı anda 2.000 kişinin namaz kılabildiğini öğrendim. Caminin kubbesi geniş bir alana yayılmasına rağmen ortada ya da kenarlarda kolon yoktu. Tavan ahşaptan yapılmış ve oymalıydı. Oymalı minberi görkemliydi. Saat, minberin rengine uygundu. Rakamlar Arapça yazılıydı.

Ezan okunalı yarım saat olmuştu. Namazı "Seyda", "Sultanımız", "Efendimiz" dedikleri Feyzeddin Erol kıldıracaktı. Cemaat onu bekliyordu. Ne zaman geleceği belli olmadığı için çoğu kişi sırtını caminin duvarlarına vermiş bekliyordu. Ortalarda bekleyenler ise nasıl rahat ediyorsa öyle oturuyordu.

Feyzeddin Erol için kapıyı açan iki kişi aynı anda, "Seydamız geliyor, sultanımız geliyor" dedi. Oturanlar aynı anda ayağa kalktı. Ellerini birbirine bağlayıp, başlarını yana eğip Seyda'nın geçişini saygıyla izlediler. Seyda minbere doğru yanaşırken, bir kişi koştu, namaz kıldırırken ayağının altına gelecek bölüme yumuşak bir bez koydu. Bir başkası, Seyda'nın çorabını çıkarıp özenle katlayarak bir kenara koydu.

Namaz bitti ama kimse dışarı çıkmıyor, herkes derin derin düşünüyordu

Namaz bitmişti. O camiye ilk kez gelenlerden birkaç kişi hazırlanıp çıkacak gibi oldu. Oturanlardan bazıları, ayağa kalkanlara da "otur" anlamında işaret etti. Onlar da oturdu. Seyda'nın rahat etmesi için özel yapılmış ve sırtını yaslanabileceği yer iskemlesi konuldu. Cemaat de cami içine dağıldı.

Şeyhin başında beyaz bir sarık vardı. Üzerinde turkuaz rengi cüppe, altında daha çok Arapların giydiği entari denilen uzun elbise, onun altında da beyaz uzun tuman görünüyordu. Özel yastığına yaslanan şeyhin sırtı cemaate dönük olduğu için yüzü görünmüyordu. Camideki hemen hemen herkes kafasına takke takmıştı.

İçeride ölüm sessizliği vardı. Çıt çıkmıyordu. Cemaat gözünü yummuş ya başını yana devirmiş ya da önüne eğmişti. Kimisi oturduğu yerde sallanıyordu. Buna "rabıta" deniyordu. Rabıtaya, akşam namazından sonra duruluyordu. Sadece ramazan ayın-

Buhara'da tarikata ait 2.000 kişilik cami yaptırılmış. İçeride hiçbir ayetin asılı olmaması dikkat çekiciydi. Namazdan sonra yapılan "rabıta", koca camide ölüm sessizliği yaratmıştı.

da öğle namazından sonra rabıta gerçekleşiyordu. Belki o an gözleri açık bir ben vardım. Ne yaptıklarını izliyordum.

Rabıta, kişinin o gün yaptıklarını hatırlaması, kendi kendine fikir alış verişinde bulunmasıydı. O an kimin ne düşündüğünü merak ediyordum. Yakınımdaki bir bey oturduğu yerde öyle bir sallanıyordu ki düşecek sandım. Birden gözyaşları boşandı. Sessiz sessiz ağlamaya çalıştı. Bir başkası titredi, titredi, her an bağırmaya hazırdı. Herkesin aklından bir şeyler geçiyordu. İnsanlar boyunlarını bükmüşlerdi.

Seyda, kalkmaya çalışırken, camide bulunanlar da ayağa kalktı. Hepsi başlarını yana eğdi, ellerini önlerine kavuşturdu ve

Seyda'nın yanlarından geçişini büyük bir saygıyla izlediler. Birlikte gittiğim arkadaş da aynı durumdaydı.

Dizlerinin üzerinde sürünerek geliyorlardı

Seyda caminin içindeki odasına geçti. Oda denilince öyle küçük bir yer değil, "divan" deniyor buraya. Kapılar açılıyor, Seyda geçerken herkes el pençe divan duruyordu. Alçak sedire oturmadan üzerindeki cüppeyi çıkardı, aynı renk yelek giydi. Oruçlu olup olmadığımı sordu. İlaç kullandığımı ve oruç tutmadığımı söyledim. "Çay kahve ne içersin?" dedi. Oruç tutan insanın yanında çay kahve içmenin uygun olmadığını biliyordum ama Feyzeddin Erol, ısrarla bir şey ikram etmek isteyince, "Çay" dedim.

Çay hemen geldi. Sanki benim için hazırlamışlardı. Belki de, yol arkadaşım Hasan'dan oruç tutmadığımı öğrenmişlerdi. O sırada, bir medrese öğrencisi geldi. Dizlerinin üzerinde sürünerek yaklaştı. O günkü dersini alacaktı. Feyzeddin Erol kitabın hangi sayfasını açması gerektiğini söyleyip, "Bu çocuk var ya bu çocuk, geldiğinde çok yaramazdı. Ben bunun bu hale geleceğini hiç düşünmüyordum. Ama maşallah çok iyi gidiyor" dedi.

Yerde oturan genç, kitabı açtı, "Sultanım" dediği Erol'un kar-

Şeyh Feyzeddin Erol namazdan sonra medrese öğrencilerine ders verirken ben de bu fotoğrafı çektim.

şısında Arapça bir bölüm okudu. Orada ne demek istendiğini yorumladı. "Aferin" karşılığını aldı. Bu sırada, önüme küçük bir masa getirip koydular. Ardından kavurma, yoğurt, bal, kaymak, gözleme geldi. Ayıp oluyordu ama yapacağım bir şey yoktu. Önüme konulan koca bir kâse yoğurdu yemek istemedim. Zira hepsini bitiremeyecektim, ziyan olacaktı. Hoca, "Çok doğaldır. Sütü kendi koyunlarımızdan. Yoğurdu da kendimiz yapıyoruz" dedi. "Ama, yiyeceğim birkaç kaşık. Bu kadar yoğurt ziyan olmasın" dediğimde, "Olmaz, yiyeceksiniz. Yoğurt sağlık için iyidir" dedi.

Bu sırada beş altı genç daha derse geldi. Medresede 40'a yakın öğrenci vardı. Eski caminin yanında yaptırılan yurtta kalıyorlardı. En az altı yıl bu eğitimi alıyorlardı. Hepsi, "Seydam", "Sultanım" dedikleri Feyzeddin Erol'un karşısında son derece saygılıydı. Gelen grubun ders konusu aynıydı; kadınların "hayız" (regl) dönemiydi. Hayız olan kadınlarla kaç gün ilişkiye girilmemesi gerektiği anlatılıyordu. Erol, "Neymiş?" dedi. Başta bulunan genç, Erol'un az önceki sözlerini yineledi. Ama bazıları başlarını yere eğmiş, konuşulanlardan utanmıştı.

Şeyh Feyzeddin Erol'a medrese öğrencileri "Sultanım", "Şeyhim", " Seydam" diyor. Ona büyük saygı gösteriyor, önünde adeta el pençe divan duruyorlar.

Erol bunu fark etti. "Doğru öğrenelim ki, doğru anlatalım, doğru uygulayalım. Bunlarda utanılacak bir şey yok" dedi. Sonra da dersi bitirdi. Yarın bu konuya devam edeceğini söyledi. Gençler, yine dizlerinin üzerinde geri geri gittiler. Öğrencilerin yerde kitaplarının üzerine eğilerek okumalarının görüntüsünü almıştım. Genellikle yazın açılan Kuran kurslarında bu şekilde eğitim verilirdi. Gençlerin bu şekilde eğitimini ise ilk kez görüyordum.

"Şeyda" Feyzeddin Erol ilk kez bu kitap için konuştu: "İlkokula 10 yaşında gittim"

Karnımı doyurmuştum. Çayımı yudumlarken Feyzeddin Erol'a, "Siz kimsiniz?" diye sordum. O baştan anlatmayı istiyor-

Şeyh Feyzeddin Erol basında ilk kez bu kitap için Saygı Öztürk'e konuştu. Erol, merak edilen her şeyi anlattı. Menzil'de bulunan amcası ile oğullarının tutumlarını da eleştirdi.

du. Sakallı ve şişman olduğu için yaşlı gösteriyordu. Ama aslında 1957 doğumluydu. Erol anlatmaya başladı:

Ben, Feyzeddin Erol. 1957 doğumluyum. Bitlis'in (daha önce nahiye olan) Narlıdere Kasrik köyünde doğdum. Aşağı yukarı 19 yıl burada kaldık. Dedem Seyyid Abdülhakim el Hüseyni oradaydı. Kendisi Suriye'deki Şeyh Ahmed el Haznevi'nin manevi hocasıdır, hem zahiri ilmi hem Batını, icazeti de orada kendisi almış dedem. 1960 yılında o dönem Siirt'e bağlı olan Kozluk ilçesinin Kadir (Karaoğlan) köyüne hicret etti. Dedem, en büyük irşada orada başladı.

Bizim asıl köyümüz Siirt'in Baykan ilçesine bağlı Bilvanis (Ormanpınar) köyüdür. Veysel Karani'nin üst tarafındadır. 500-600 sene önce Beçirvan'dan büyük dedelerimiz buraya gelmiş. Bütün seyyidler hep oradan dağıldı. 1960 yılında geldiğimiz Kadir köyünde dedem bize aşağı yukarı 12-13 bin dönüme yakın, geniş bir arazi aldı. O günkü şartlarda dedem her geçen gün doğunun kötüye gittiğini gördü. Kürtçülük hareketleri daha yeni başlamıştı. Molla Mustafa Barzani'nin faaliyetleri büyüklerimizi rahatsız etmişti. 1965 yılına geldiğimizde benim artık okula gitme yaşım gelmişti, ama köyde okul yoktu. 1967 yılında, o da en çok babamın gayretleriyle okul yapıldı. Ben ancak 1967 yılında 10 yaşındayken ilkokula gitmeye başladım. 13-14 yaşına geldiğimde dilekçe verip 4. ve 5. sınıfları birlikte okudum.

Narlıdere köyünden çıkacağımız zaman ilginç bir olay yaşadık. Aşiretin en büyük reisi Mehmet Ağa vardı. Bitlis, Siirt, Van, Muş gibi iller hep ona bağlıydı. Kendisi Narlıdere'de (Kasrik) oturuyordu. Dedem o köyden göç etmeye karar verdiğinde beklenmedik bir olay yaşıyor. Mehmet Ağa, dedemin göç etmesine kesinlikle izin vermiyor, "Bu köyden ya senin ya benim cenazem çıkar. Gitmeyeceksin" diyor. Sonunda bir anlaşma yapıyorlar; buna göre yılın altı ayı Narlıdere'de, altı ay da yeni köyümüzde oturacaktık. Narlıdere'de bizim birkaç dönüm arazimiz vardı. Zor geçiniyorduk.

Dedeleri "hicret" kararı alıyor ama köye mi, şehre mi gidilecek?

Doğuda Kürtçülük faaliyetleri giderek yoğunlaşıyordu. 1979 yılına gelindiğinde, dedeler de "Artık hicret etme zamanı geldi" dedi. Ancak köye mi, yoksa şehre mi gitme konusunda aile arasında görüş ayrılığı vardı. Muhammed Raşit Erol, "Artık şehirde yaşayalım. Köy hayatı bize çok zor olur" dedi. Erol'un babası Seyyid Abdülhakim el Hüseyni ise "Asıl şehir bizim için kötü ve zor olur. Ailemiz geniştir. Şehirde nasıl olacak?" diyordu. Nereye gidecekleri konusunda arayışa girdiler. Doğuda kendilerine uygun bir yer bulamadılar. Bu arada ziyaretçileri de çok oluyordu. Adıyaman'dan gelen ziyaretçiler, "Bir köy var, onu satıyorlar" dediler. O köy, daha sonra bugün "Menzil" olarak bilinecek Durak köyüydü.

1969 yılında, Seyyid Abdülhakim el Hüseyni'nin, oğulları Raşit Erol, Abdülbaki Erol Menzil'e gidip baktılar. Köyü ve arazisini beğendiler. Yaklaşık 5 bin dönümlük arazi güzeldi ama aileye küçüktü. Artık Menzil'e yerleşme zamanı gelmişti. Adıyaman'daki araziyi ve Kadir'deki üç köyü sattılar. Köyün sahibi Zeynel Ağa ile zorlu bir pazarlık yapıldı. Her şeyi satıp Menzil'i 500 bin liraya aldılar. Oraya geldiklerinde bir evleri bile yoktu. Seyda Feyzeddin Erol anlatıyor:

> Ben 4. ve 5. sınıfları birlikte okuyarak 1971'de ilkokuldan mezun oldum. Diplomayı Adıyaman'da aldım. Bizim evde benden başka Türkçe bilen yok. Bugün de Türkçeyi en güzel bilen yine benim. Okula gitmeden önce biliyordum. Misafirlerimiz geliyordu. Bunlar arasında tek tük Türkler de vardı. Türkçeyi onlarla haşır neşir olurken öğrendim.

Menzil'e büyük akın; insanlar köye otobüslerle taşınıyor

Ailenin büyüğü Seyyid Abdülhakim el Hüseyni'ye bu topraklar yaramamıştı. Gelişlerinin üzerinden bir yıl bile geçmemişti ki

1972 yılının Nisan ayında vefat etti. Feyzeddin Erol, o günlerden şöyle söz ediyor:

Dedem Adıyaman'da vefat etti. Babam ilmini babasının yanında bitirmişti zaten. 1968'de halifelik de almıştı. Yani manevi dersini de tamamlamıştı. Babamdan büyük olan amcalarım da vardı. Dedem vefat ettikten sonra babam yerini aldı. 1974'te özellikle İç Anadolu bölgesinden çok büyük kalabalıklar Menzil'e akın etmeye başladı. Yani, çok anormal bir durumdu. Böyle kalabalık hiç görmemiştik. Bunlar kitapla, akılla bahsedilecek bir şey değil. Bir günde 20-40, bazen 50 otobüs geliyordu. Yol, su yok, tuvalet yok, o kadar insanı yatıracak yer yok. O kadar zordu ki. Bununla başa çıkabilmek için babam, sabah gelenlerin öğleden sonra Menzil'den ayrılmasını istiyordu. Onlara, "Ziyaretini yaptın, tövbeni yaptın. Allah selamet versin git" diyerek gelenler hemen gönderiliyordu.

1972'den 1976 yılına kadar hem yöreden, hem devletten çok eziyet çektik. 1970 muhtırasını da gördük, onun da eziyetini yaşadık. Öyle ki, camide namaz safları içine askerler geldi, bizim başlarımızdan külahlarımızı topladılar. Bunları yaşadık. Ne kadar kitabımız varsa çuvallara doldurup götürdüler. Savcılığa, Ankara'ya, Diyanet'e incelenmek üzere gittiği söylendi ama bunların yüzde 1'i bile geri gelmedi.

Tekel bayii içki satışı azaldı diye şeyhi savcılığa şikâyet ediyor

Dört beş sene kendimizi tanıtıncaya kadar, vatandaş bizi tanıyana kadar çok eziyet gördük. Yöre halkı da devlet de bizi tanımıyor tabii. Babamın her Allah'ın günü 15-20 tane mahkemesi var. Tekke ve zaviyelerle ilgili kanuna karşı gelmekten suçlanıyor. Hatta enteresan, bir gün Giresun'un Bulancak savcısı beni çağırdı, "Babanın bir mahkemesi var" dedi. "Savcım, önemli değilse gelmesin" dedim. Önemli olduğunu, gelmesi gerektiğini söyledi. Babamı alıp Bulancak'a götürdüm.

Meğer neymiş; Bulancak'ta tekel bayii olan büfeci, buradaki insanlar içkiyi bıraktığı, zarara uğradığı gerekçesiyle babamı şikâyet etmiş. Bu tür şeyler o kadar çoktu ki. Çok dava açılıyordu ama hepsi de boştu. Köylüler de tanımadığı için şikâyetçi oluyordu. Ufak bir şey olunca hemen karakola gidip "Şunlar şunlar geldi gitti" diyorlardı.

1974 yılında şeyh "yeşil bayrak" nedeniyle gözaltına alınıyor

Urfa'dan üzerleri çadırla örtülü belki yirmi kamyon insan geldi. O zaman oralarda yeterli otobüs zaten yoktu. Arapların usulünde ziyaret edilecek yere gidilirken yeşil bayrak asılırmış. Biz bilmiyoruz tabii. Bizim köyün öğretmeni de bize karşıydı. Karakol komutanı, savcı ve öğretmen üçü de dediler ki, "Bunlar İslam bayrağı açtılar." Bunun üzerine babamı mahkemeye götürdüler. Ağır Ceza Mahkemesi'nde yargılandı. Babamı üç gün içeride tuttular, sonra bıraktılar.

Biz köye döndükten sonra öğretmen geldi. Biliyoruz ki şikâyet edenlerden biri de oydu. "Hocam geçmiş olsun" dedi. Babam o kadar nazik ve şefkatliydi ki, öğretmen Ergün Bey'e, "Allah razı olsun, herhalde bir suçumuz vardı ki cezamızı çektik" dedi. O kadar güler yüzle karşıladı. Benim elimde olsa keserdim. (Gülüyor.) Babam o kadar nazikti. İnsanı incitmezdi. Ayrı bir şeydi. Keşke görseydin. Yüzde yüz sen de iyi bir sofi olurdun!

1976 yılından sonra durumumuz düzelmeye başladı. 1977'den sonra birçok yerde sıkıyönetim ilan edilmişti. 12 Eylül 1980 darbesi oldu. O zaman gelen misafirimizin hepsini gönderdiler. Hatta gelmekte olanlar yoldan geri dönmüşler. Biz 12 Eylül döneminde hiçbir sıkıntı çekmedik. Devlet baskısı görmedik. Yolda aramalar olursa "Menzil'e gidiyorum" diyen hiç kimseye dokunmadılar, "Buyurun geçin" denildi. Kimlik kontrolü bile yapmıyorlardı yani. Bu durum, 1983 yılına kadar sürdü.

Babamı götürmek için köyün etrafını kuşattılar ve mecburi ikamet başladı

O günlerde Menzil'in ismi çok geçiyordu. O arada tabii devlet bunu kendi arasında değerlendiriyor. Babama ne yapacaklarını konuşuyorlar. Ortada herhangi bir mahkeme kararı yok. Ceza mı verilsin, mecburi ikamete mi tabi tutulsun, Menzil köyü tamamen mi boşaltılsın seçenekleri üzerinde duruyorlar. Ama milleti de karşılarına almak istemiyorlar. En sonunda 1983 yılında babamı Gökçeada'da mecburi ikamete tabi tutma kararı alındığını öğrendik. O da şöyle oldu: Bir akşamüzeri eve gelen bir yakınımız, Jandarma alay komutanı ve emniyet müdür yardımcısının bizi çağırdığını söyledi. Ben aşağıya indim. Eve buyur ettim. Komutan, "Babanı merkeze götürmemiz gerekiyor" dedi. Ben, "Siz gidin, ben babamı alıp geleyim" dediğimde, "Yok, bizim götürmemiz gerekiyor" dediler.

Gelip durumu babama anlattım. Babam, "Tamam" dedi. Köyün bir kilometre ilerisinde çok sayıda asker zırhlı araçlarla Menzil'i çevirmişti. İki gün önce birlikte olduğum Sıkıyönetim komutanı olan tuğgeneral de oradaydı. Yanına gittim. Beni bir köşeye çekti. "Bak Feyzeddin" dedi, "kimseye söyleme, ben seni severim. Arkadaşız. Baban tahmin ediyorum getirilince tabii bir kamera tutacaklar. O yüzden kimse bilmesin götürüldüğünü" dedi. Bana, babamla kimin geleceğini de sordu. Ben gitsem, evde çoluk çocuk var. Başlarında kimse kalmayacak. Kalktım gittim, benim küçüğüm olan kardeşim Abdullah'ı getirdim. Onu babamlarla birlikte gönderdim. Kardeşim babamla gittikten sonra nereye götürüleceğinin belli olmadığını, iki güne kadar yerinin belli olacağını söylemişler. Aslında gittiği gece alıp götürmüşler.

Babamı götürecekleri sırada büyük karşı koymalar olacağını, çatışmalar çıkacağını, en az 100 kişinin ölebileceğini düşünüp buna göre askeri hazırlık yapılmış. Bütün çevre illerden asker takviyesi yapmışlar. Yazık yani. Babam ve kardeşim gittikten sonra askerler köye girdi. O günlerde çok sıkıntı çektik. Hayvanların bile dışarıya çıkarılıp otlatılmasına izin vermediler. Kalktım, köyü terk etmeye karar verdim.

Konsey üyelerine bile ulaştım, durumu anlattım, çözüm istedim

Ankara'ya gittim. Köyümüzde yapılanları askerler aracılığıyla Milli Güvenlik Konseyi üyelerine, tanıdıklara söyledim. Araya çok hatırlı insanları soktum. Aşağı yukarı üst düzey komutanların hepsiyle de görüşüyordum. Genelkurmay'la görüşüyordum. Çok da

Ramazanda Feyzeddin Erol'la konuşmaya gitmiştim. Oruçlu olmadığımı öğrenince önce çay ikram etti, arkasından da yemek geldi. Erol, "Ben sosyal bir insanım. Bunda yadırganacak bir durum yok" dedi.

rahattım. Bugünden çok daha rahattım yani. (Gülüyor.) Tuğgeneraller vardı. Gülhane'de o günkü başka komutanlar filan da vardı. Konsey üyelerinin hepsiyle görüştüler. Emir verdiler ve sonunda köyümüzün etrafından askeri çektiler. Asker sadece köyün içinde kaldı. Ankara'dan döndüğümde köy biraz rahatladı.

Babamın nerede olduğunu öğrenememiştim. Götürüldükten üç gün sonra gazetelerde babamın Gökçeada'da ikamete tabi tutulduğu haberi yayımlandı. Ben basından öğrendim. Zaten komutan da, "İki güne kadar basın yazar. Nerede olduğunu sen de öğrenirsin" demişti.

Önümde yemek duruyordu. Ben Feyzeddin Erol'u dinliyordum. Bunları da yeni öğreniyordum. Erol, yemeği yemediğimi görünce, "Yemek güzel, ye, buyur" dedi. Ardından, "Ben sosyal bir insanım, çok açık bir insanım. Yobaz değilim" dedi.

Feyzeddin Erol, Gökçeada'da olan babasını ziyarete gittiğinde yaşadıklarını şöyle anlattı:

Babamı ziyaret için Gökçeada'ya gittim. İlçe Jandarma Alay Komutanlığı'na yakın bir yer tutmuşlar. Üstelik altı da tekel bayii.

Acaba özellikle mi seçtiler, diye düşündüm. Çok enteresan bir durumdu. Bir oda, tuvalet, banyodan başka bir şey yok. İki jandarma kapıya koymuşlar. Görüşme yok. Görüştürmüyorlar. Babam belki beni pencereden görmüştür. Ama ben kendisini uzaktan da olsa göremedim. Yapacak bir şey olmayınca Ankara'ya gittim.

En büyük yardımı MDP Genel Başkanı Turgut Sunalp'ten gördüm

O zaman zaten artık siyasiler de yavaş yavaş hükümette yer almaya başlamıştı. Özal dönemi başlamıştı. Büyük Türkiye Partisi'nin genel başkanı emekli Orgeneral Turgut Sunalp'le görüştüm. O dönemin en popüler isimlerinden birisiydi. Benim arkadaşım Işılay Saygın vardı. Eski bakan ve milletvekili. Kendisini çok sayar, severdim. Jandarma Genel Komutanı Hulusi Sayın, *Sabah* gazetesinin Ankara idari temsilcisi Yavuz Onursal, gazeteci Ünal İnanç çok yakın dostlarımdı.

Bir gün Yavuz Onursal, Turgut Sunalp'le görüşmemi önerdi. Yavuz Bey'i çok severim, kendisi hoş bir insandır. Rahmetli Işılay Saygın ile birlikte üçümüz Sunalp'e gittik. Allah razı olsun, Turgut Sunalp'in bize çok büyük bir hizmeti var. Genelkurmay'la görüştü. Ben, Kenan Evren'e, Tahsin Şahinkaya'ya, diğer komutanlara, Gökçeada onlara bağlı diye Sahil Güvenlik Komutanlığı'na da dilekçeler gönderiyordum. Konsey'e o kadar çok dilekçe gönderdim ki. Amacım, babamla görüşmekti. Sonunda, babamın birinci derece yakınlarıyla oğludur, kızıdır, kardeşidir görüşmesi için izin alabildim. Beş altı ay böyle geçti. Bir sene sonra, babamın kaldığı evin önünde bulunan jandarmayı kaldırttık. Bakmayın bunu hemen kısacık söylediğime. Bunun için çok uğraştım tabii. Jandarmadan aldık ama babamın tutulduğu ev, polis korumasına 1984'te alındı.

Babam her gün camiye giderken ve dönerken imza atıyordu. Artık dışarıya da çıktı, serbest oldu. Sonra evi de değiştirdik. Bir otel kiraladım beş altı odalı. Ailece hep beraber Gökçeada'ya yerleştirdik onları. Babam, Gökçeada'da bir yılını doldurmuştu. Babam da, annem de şeker hastasıydı. Bu durumu emekli general Turgut Sunalp'e söyledim. Turgut Sunalp'in o zaman resmi bir görevi yoktu ama ilişkileri nedeniyle çok etkiliydi.

Bana, "Sen askerleri yumuşat, ben de Kenan'ı (Evren) yumuşatacağım" dedi. Açıkçası, işi paylaştık. Böylece, Kenan Evren'le, askerlerle artık içlidışlı olduk. Turgut Sunalp'le görüşmek için randevuya gerek yoktu. Ben "Buyurun gelin paşam" diyordum, uygun olunca geliyordu. Ben evine gitmek istediğim zaman telefon ediyordum. Bir gün bana, "Oğlum telefon açarsan evime gelme. Kapıyı çal gel" dedi. O kadar rahattım. Sonra Allah razı olsun, babama rapor almak için Çanakkale'ye hastaneye getirdik. MİT etrafımızdaydı. Askerler baskı yaptı, bir saatte sağlam raporu verdiler. Döndük yeniden Gökçeada'ya.

Baktım böyle olmayacak, tekrar Ankara'ya döndüm. Bu sefer ne MİT, ne de istihbarat bir şey yaptı. Babamın tam teşekküllü bir hastanenin bulunduğu yerde ikamet etmesi gerektiğine ilişkin rapor aldık ve böylece babamı, sevkini aldıktan sonra Gülhane Askeri Tıp Akademisi'ne (GATA) yatırdım. Babam, GATA'da bir ay yattı. Oradan da rapor aldık. Tam teşekküllü bir hastanede kalması gereken bir yerde ikamet etmesi lazımdı. Gülhane'den de öyle rapor aldım zaten tam teşekküllü bir hastane diye. O zaman bize Kayseri, Muğla, Antalya ve Ankara'da kalabileceğimizi ve il seçmemizi söylediler. Biz tam teşekküllü hastane var diye Ankara'yı tercih ettik. Babam bir yıl daha Ankara'da ikamete tabi tutuldu. 1983'ten geldik 1986 yılına.

Şeyhin Ankara günleri hep dolu geçiyor, geleni gideni eksik olmuyordu

Şeyh Muhammed Raşit Erol'a Ankara-Çankaya'da Karyağdı Sokak'ta ev tutulmuştu. Oğlu Feyzeddin Erol ise Abdullah Cevdet Sokak'ta bir eve taşınmıştı. Zorunlu ikamete tabi tutulmasına rağmen imza atmak için artık karakola gitmiyordu. Zorunlu ikameti tamamladıktan sonra köyü Menzil'e gitti. Feyzeddin Erol ise Ankara'da önemli bir çevre edinmişti. Artık köye dönmeyi düşünmüyordu.

Babası zorunlu ikamete tabi tutulup Menzil'den götürülmüştü ama Menzil'de durum pek de değişmemişti. Aslında, Muhammed Raşit Erol, Gökçeada'da bulunduğu dönemde de onu ziyarete gelenler oluyordu. Başta, oğlu gibi onlar da Erol'u evden çıkmasına izin verilmediği için göremiyorlardı. Ancak, Erol'un camiye gitmesine izin verilmesinden sonra gelen ziyaretçiler onu cami önünde karşılıyor, kimisi elini öpüyordu, kimisi eteğini.

Gökçeada küçük yer. Gemiyle gelen bir yabancı iskeleye indiğinde hemen dikkat çekiyordu. Adadaki güvenlik görevlileri, Muhammed Raşit Erol'a bir suikast yapılacağı endişesi de taşıyordu. O yüzden, gemiden inen yabancılar limanda sorgulanıyor, "Kime geldin, niçin geldin, ne zaman gideceksin, nerede kalacaksın?" diye soruluyor, şüpheli buldukları kişileri geldikleri gibi vapurla gönderiyorlardı.

Seyda Feyzeddin Erol, yoğurt yemediğimi görünce, yine "Yoğurt bizimdir. Organiktir. Bizim kendi koyunlarımız, ineklerimiz var. Bunu da biz burada yapıyoruz. Böylesini bulamazsınız" dedi. Büyük bir kâsede olduğu için yoğurdun bozulmasını istemediğim için yemiyordum ama o an aklıma, Menzil'e gidip de oradan yoğurt alan bir kişinin, bunu "şifalı" diye evine götürdüğü, kızının "Ben bu yoğurttan şüphelendim" deyip çöpe döktüğü geldi aklıma. O doğal yoğurdu sonunda yemeden de edemedim.

"Evimizde aynı anda on tane bakan olurdu"

Şeyh Muhammed Raşit Erol'un vefatından sonra Menzil'de farklı gelişmeler de yaşanıyordu. Eskiden ne vakfı, ne derneği, ne okulu varken, Abdülbaki Erol döneminde hastaneden okula, çeşit çeşit vakıflara, radyolara, televizyonlara, dergilere, gazetelere sahip oldular. Bu durumu Feyzeddin Erol'a sordum. Teyp açıktı. Ses kaydından şunları dinledim:

> Rahmetli babam hakikaten çok büyük ahlakı olan bir insandı. İlim sahibiydi. Tabii maneviyat ayrı bir şeydir; bizim söylemimiz mümkün değil. İnsanlar fayda görüyordu. Babam fazla konuşmazdı. Bizim gibi kalkıp da röportaj verecek durumu yoktu. Yani sükûttu. Bir "tövbe veriyordu" başka da bir şey söylediği yoktu. Bu tasavvufi bir meseledir; biraz geniş bir şey. Babamın özelliklerini anlatmak saatlerce sürer. İnsanlar babamdan çok fayda görüyordu. Bu itikat meselesi. Bir de babam şeriata, sünnete, Allah'a çok bağlıydı.
>
> Babam, hayatta milletin cebine, parasına gözünü dikmemiş,

hiçbir zaman başkasının parasında gözü olmamıştır. Ne vakfımız, ne dergimiz, ne radyomuz, ne televizyonumuz, ne de okulumuz vardı. Bazen on tane bakanın evimize geldiği günler de oldu. Hiçbir zaman devlette, "Şunu bu işe al, şu kişiyi işe al, bunu buraya koy" demedik. Kesinlikle babamın döneminde de, şimdi ben de devletin hiçbir şeyine müdahil olmamışızdır. "Bugünkü Menzil" diyeceksin. O ayrı bir şey. Onu sana sonra izah ederim (teyp kapandıktan sonra yani).

Kim gelseydi, hangi parti, hangi devlet erkânı gelseydi babam için hiç fark etmezdi. Sarhoş mu geliyor, âlim mi geliyor, deli mi geliyor hepsi aynıydı onun için. Hiçbirisine, kimseye ayrım yapmazdı.

Biz daima devletle iç içeydik, askerlerle iç içeydik. Bize o kadar eziyet yaptılar, buna rağmen hiçbir zaman devletimizden şikâyetçi olmadık. Haşa devlete de karşı çıkmadık. Hatta, yine bir gün babam için askerler gelmişti. Babam gelenlere çok kızdı. "Yahu, bu kadar asker geleceğinize bir bekçi gönderseydiniz yine gelecektim. Ne gerek vardı bu kadar masrafa, bu kadar benzine" dedi. Söylene söylene gitti.

Oğlu istemiyordu, ama şeyh oğlunun Ankara'da kalmasını istedi

Feyzeddin Erol, babası Ankara'da zorunlu ikamete tabi tutulduğu için onu yalnız bırakmıyordu. Babasının zorunlu ikameti yavaş yavaş gevşiyor, memleketine dönmesinin de yolu açılıyordu. "Menzil'e dönebilir" dediklerinde, Şeyh Muhammed Raşit Erol, oğlu Feyzeddin'i karşısına aldı ve aralarında şu konuşma geçti:

– Sen, Ankara'da kal. Ben Menzil'e gideyim.

– Baba, ben Ankara'yı sevmiyorum. Ben de döneyim köyümüze.

– Yok, Ankara'da kal.

Feyzeddin Erol'un Ankara'da kalacağı belliydi artık. Ankara-Hoşdere Caddesi'nde kiraladığı evde kalıyordu. Menzil'e dönen babasının her an kendisini çağıracağını düşünüyordu. Bunun için fırsat çıktı. Ev sahibi kapısını çaldı, "Feyzeddin Hocam, oğlumu evlendireceğim. O yüzden evi en kısa zamanda boşaltmanızı rica ediyorum" dedi. Bu sözleri duyunca sevindi Feyzeddin Erol. Köye dönmek, babasına bunu bildirmek için hiç vakit kaybetmek istemiyordu. Çünkü, Menzil'e dönmek için bu bir fırsattı.

Hemen o gün babasını telefonla aradı. "Baba, ben köyümüze döneyim. Ev sahibi çıkmamı istedi. Ne yapayım? Yoksa ev mi satın alayım?" dedi. Babasının "Dön" demesini bekledi. Ancak, şeyh, "Ev sahibi seni çıkartıyorsa git başka ev tut. Ya da kendine bir ev satın al oğlum. Sen köye gelmeyeceksin" deyince, Erol, babasını ikna etmek için şunları söyledi:

"Baba ben Ankara'yı sevmiyorum. Benim esas sevdiğim şehir Urfa. Orada askerlik yaparken kendime arazi de aldım. Menzil'e gelmemi istemiyorsan o zaman ben Urfa'ya gideyim."

Ancak şeyh, Ankara'da kalmasında ısrar edince, oğlu daha fazla direnmedi. Ankara Abdullah Cevdet Sokak'ta satılık bir ev buldu. Pazarlık yaptı. Evi almak için babasına sordu. Babası "Al oğlum, güle güle otur" dedi. Feyzeddin Erol artık Ankara-Çankayalı olmuştu. O günleri bu kitap için şöyle değerlendirdi:

> Şimdi dua ediyoruz ki bizi babam iyi ki köye götürmemiş diye. Bugün babamın beni götürmemekle ne kadar isabetli davrandığını daha iyi anlıyorum. Kitapta, "Allah'ın bir dostu bir kelam söylediği zaman, yirmi sene de olsa kırk sene de olsa Allah tecelli ettirir" diyor. Ankara'da kaldık. Tabii alışmışım ders vermeye, talebelerim de vardı. Benim hayatım ilimle geçmiş. Belki on medresede okumuşum; dışarıda kalmışım. Van'da okumuşum, Bitlis'te, Siirt'te okumuşum. Ankara Çankaya'da canım sıkılıyor.

Yemek hâlâ önümdeydi. Tam buğdaydan yapılmış üç küçük ekmek masadaydı. Feyzeddin Erol, "Bu bizim kendi unumuzdan yapılmış, kendi fırınımızda pişirilmiş ekmek. Tam organiktir. Yumurta da bizim. Tam köy yumurtası. Tavuklarımız var. Bak, kavurma da bizim. Yoğurt da. Bu ekmek bayatlamaz. Giderken sana vereyim yiyeceğin zaman ısıt, tıpkı fırından çıkmış gibi taze olur" dedi. Oruçlu bir kişinin karşısında yemek yemem uygun olmuyordu ama "Seyda" sürekli olarak beni yemeye teşvik ediyordu. Kavurmalı yumurta da gerçekten lezzetli görünüyordu. Ekmek banarak bu kez kavurmalı yumurtaya daldım.

Şeyhi, bayram günü zehirli iğneyle öldürmek istediler

1991 yılıydı. O gün bayram günüydü. Menzil Camii dolup taşmıştı. Türkiye'nin her tarafından insanlar "şeyh"le bayramlaşabilmek için gelmişti. Şeyhin elini öpmeye kalkışanlardan birisinin niyeti farklıydı. Şeyh Muhammed Raşit Erol'u iğneyle zehirleme girişimi yaşandı. Ayrıntılarını 1991 yılının belgeleriyle sonraki sayfalarda yazacağım. Bu olayı bir de Feyzeddin Erol'dan dinleyelim. Ona göre olay şöyle yaşandı:

> Bayram günüydü. Cami çok kalabalıktı. Binlerce kişi caminin içinde, binlerce kişi de dışarıda namaz kılıyordu. Gelen ziyaretçilerden birisi şırıngayı bileğine doğru elinin içinde gizlemiş. Bayramlaşma sırasında babamın eline iğneyi batırmaya çalışmış. Ben de o sırada dışarıda misafirlere yemek veriyordum. Haber geldi, baktım babam bayılmış. Apar topar Adıyaman'a hastaneye götürdük. Orada akşama kadar kaldık, sonra Ankara'ya gittik. Tarım ilacıyla zehirlemişler. Köyde, eskiden kalan köylüler de vardı. Babamı zehirlemeye çalışan ve Denizli'den geldiğini öğrendiğimiz kişi onların evinde kalmış. Bomba da yapmış. Onu da caminin altına koyacakmış. Namaz kılarken pişmanlık duymuş. Onun adamı, caminin altında bombaları sakladığı yerden alıp nehre atmış. Yoksa millet namazdayken patlatacakmış. Bu adamı babama karşı doldurmuşlar. İğne vurmaya kalkışınca yakaladılar. Babamın yanında korumaları da vardı. Babam, "Kimse bir fiske vurmasın bu adama. Devlete teslim edin" dedi. Yoksa orada linç edilirdi. Babam, bir tokat vurulmasına bile izin vermedi. Bize bu adamın mecnun, aklı yerinde olmayan birisi olduğu söylendi. Artık biz de peşine düşmedik. Babam da affetti.

Ancak, bu olayın, Feyzeddin Bey'in anlattığından daha vahim olduğunu ilerleyen sayfalarda iddianamesi, tutanağı, mahkeme kararı, yargı-Emniyet çekişmesi ve diğer belgeleriyle açıklayacağım. Meğer, yargı-Emniyet-Jandarma cephesinde neler olmuş neler... İnsan böyle olayların yaşanacağına inanamıyor. Ama belgelere ulaşınca "Vay bee" diyorsunuz.

Ankara'da "sosyetik sofi"lerin ziyareti sırasında polis baskını

Şeyh Muhammed Raşit Erol, zehirlendiği şüphesiyle Ankara'ya getirildiğinde, aynı zamanda ayağından da rahatsızdı. Şeyh, hastaneden taburcu edildikten sonra oğlunun Çankaya Abdullah Cevdet Sokak'ta bulunan evine geçti, burada dinlenecekti. Şeyh, oğlu Feyzeddin Erol'un aldığı evi çok beğenmişti. Feyzeddin Erol o günleri şöyle anlattı:

> Babamın geldiğini öğrenenler sokakta bir hayli kalabalık oluşturuyordu. Hepsi de hemen hemen sosyetik sofilerdi. Kimisi abdest alıyor, kimisi abdest alana yardımcı oluyordu. O çevreden birisi gazeteyi aramış ve gazeteci Ünal İnanç'a, "Bizim sokakta irtica hortladı. Burada bir şeyler oluyor" demiş.

Ankaralı gazeteciler Ünal İnanç'a "Baba" der. Görmüş, geçirmiş, saygı duyulan bir isimdi. Polis muhabiriydi ama İnanç'ın el atmadığı konu neredeyse yoktu. Motosikletle dolaşır, motosikletin arkasında da genç muhabirlerden biri otururdu. Rahmetli olan gazeteci ağabeyimiz "Ünal Baba" gelen telefon ihbarı üzerine Ahmet Cevdet Sokak'a gelir. Oradaki manzarayı görünce Feyzeddin Erol'un evinin olduğu kata çıkar. Gerisini Erol'dan dinliyorum:

> Tak tak kapı çaldı. Kapıyı ben açtım. Gelen Ünal İnanç adlı bir gazeteciydi. Beni görünce, "Hocam hayırdır; bu senin evin mi?" dedi. Evim olduğunu söyledim. "Telefonlar geldi bize. Kimdir, nedir öğrenip haber yazacaktım." Babam Şeyh Muhammed Raşit Erol'u rahatsızlığı nedeniyle getirdiğimi anlattım. Eve buyur ettim. "Yok, ben girmeyeyim, korkarım, beni götürme" deyince şaşırdım. Babama selam söylememi istedi. Buraya gelmişken babamı görmesi, elini öpmese de, kapıdan bir selam vermesi için ısrar ettim. İçeriye zorla götürdüm. Babamı görüp çıktı. Babam artık rahatsızlandıkça Ankara'ya geliyor, her gelişinde de en az bir ay evimde kalıyordu.

Muhammed Raşit Erol dizlerinden de rahatsızdı. Eklem ağrılarına Afyon'daki termal suyun faydalı olduğunu öğrendiler. En iyisinin bir kaplıca almak olduğuna karar verdiler. Bunun üzerine Afyon'da bir kaplıca aldılar. Feyzeddin Erol, başlangıçta kaplıcada babasının yanında bir iki ay kalıyordu. Sonra, orada sürekli kalmaya başladı. Cemaatin bir kısmı artık Afyon'a dayanmıştı. Kaplıcanın da işleri iyiydi. Hele, babasının bulunduğu dönemde, sevenleri onu Afyon'da akın akın ziyarete geliyordu.

Şeyh, vefat ettiğinde ders aldığı hocayla birlikte altı halifesi vardı

Şeyh Muhammed Raşit Erol'un durumu giderek kötüleşiyordu. Afyon'da olduğu dönemde rahatsızlığı arttı. Ankara'ya getirildi. Oğlunun Ahmet Cevdet Sokak'ta bulunan evinde vefat ettiğinde 1993 yılıydı. Şeyh Muhammed Raşit Erol vefat etmeden önce altı kişiye "halifelik" vermişti. Halifelik, bilgi, birikim ve liyakat bakımından yeterli bulunan kişilere verilen bir unvandı.

"Halife"lerden birisi de, şeyhin kardeşi Abdülbaki Erol'du. Bugün, Menzil şeyhi olan Abdülbaki Erol da rahatsızlandığında İstanbul-Pendik-Kurtköy'de yaptırdıkları "EMSEY" Hastanesi'ne götürülüyordu. Şeyh için özel bir kat hazırlandığı ve son derece lüks bir biçimde donatıldığı da orada denetim yapan müfettişler ve görev yapan doktorlar tarafından anlatılıyor. Hastaneye niçin EMSEY adı verildiğini anlatanlar, anlamının "Emret Seydam" olduğunu belirtiyorlar. Şeyhin son hastane ziyaretinde ortaya ilginç görüntüler çıktı. Şeyhin karşısında başında takke olan ve el pençe divan duran doktorlar vardı. Doktorlar, şeyhe, "Gavs-Gavsım" diyordu. Bu, insanların dua talep ettikleri aziz ve kerim kişi anlamına geliyor. Hemen belirtelim, bu hastane ile Feyzeddin Erol'un bir ilgisi yok.

Şeyh Muhammed Raşit Erol'un halifelerinden birisi İstanbul'da Mele Yahya, Konya'da Mele Muhammed, Van'da Mele Ahmet, Ağrı'da Şıh Yusuf, diğeri ise şeyhin hocası Mele Abdülbaki idi. Mele Abdülbaki'yle 2019 yılının Mayıs ayında görüştüğümde 105 yaşındaydı ve o gün oruç tutuyordu. Öğrencisi olan Feyzeddin Erol, onu yanından ayırmıyor, caminin hemen yakınında yaptırdığı evde oturtuyordu. Hem babasının hem de kendisinin "şıhlığı"nı yapmış olan Abdülbaki Hoca'nın, bir zamanlar öğrencisi olan Raşit Erol'un "halifesi" olmasına şaşırdığımı gören Feyzeddin Erol, "Evet, bu çok enteresan, önemli bir şey. Babam, bunun talebesi. Gel zaman git zaman Abdülbaki Hocam, babamın talebesi oluyor. Babamın yanında tövbe alıyor, babamın da halifesi oluyor. Bu çok önemli bir şey" diyor.

Feyzeddin Erol neden babasının yerine geçmedi?

105 yaşındaki "Halife" Abdülbaki Hoca Sivrihisar'ın Buhara köyünde, Feyzeddin Erol'un yanında kalıyor. Erol, hocasıyla şakalaşıyor, "İftara az kaldı" diyor.

Menzil "post" yüzünden ikiye bölünmüş durumda. Adıyaman'ın

Şeyhin hemen her gün ziyaret ettiği kişilerden birisi, hem rahmetli babası Şeyh Muhammed Raşit Erol'un hem de kendisinin eğitim aldığı Mele Abdülbaki. Röportajı yaptığımız dönemde Mele 105 yaşındaydı.

Kâhta ilçesine bağlı Menzil köyünde Semerkand cemaati, Eskişehir'in Sivrihisar ilçesine bağlı Buhara köyünde ise Şeyh Muhammed Raşit Erol'un oğlu "Seyda" Feyzeddin Erol var. Erol'a babasının yerine niçin geçmediğini soruyorum. Şöyle diyor:

> Aynı cemaatte herkesin gözü bende. Ama her şeyin bir zamanı var. Herkesin bir manevi dersi var. Bitmeden gidip bir şeyhlik, ağalık postuna oturmak değildir babamın postuna oturmak. Ayrıca şeyhlik babadan oğula geçmesin. İstersem geçerdim de. Bütün halkın gözü bendeydi. Kimse amcamı tanımıyordu. Gittim amcamın yanına, ben de aynı bir nefer gibi tövbe ettim, teslim oldum. İki üç sene sonra baktım ki babamın yolunda değiller. Vizyonu değişti. Değişince dedim ki: "Burada kalmam bunlara destek olmam demektir. Artık benim Menzil'de yerim yok." Gittim, babamın halifesine amelimi orada devam ettirdim. O zaman Urfa'daydı, gene de oradadır.

Şeyh Muhammed Raşit Erol'un vefatından sonra, Menzil ikiye bölünmüştü. Baba Erol, oğlu Feyzeddin'in daha küçük olduğunu belirtip, vefatından sonra kardeşi Abdülbaki Erol'un yerine geçmesini istemişti. Abdülbaki Erol döneminde, Menzil daha çok tanınır oldu. Hele, Sağlık Bakanlığı'na Prof. Dr. Recep Akdağ'ın, Enerji ve Tabii Kaynaklar Bakanlığı'na Taner Yıldız'ın getirilmesinden sonra bürokrasinin de cemaate ilgisi arttı. Hem de öyle bir arttı ki birçok bürokrat, ellerinde 99'luk tespihle, başlarında takkeyle Menzil'de dolaşıyordu.

Feyzeddin Erol, amcasının ve çocuklarının izlediği yolu beğenmiyordu. Babası 1993'te Ankara'da vefat edince, cenazesini Menzil'e götürmüştü. "Bugün yaşadığımız, külliyemizin bulunduğu bu köye gelmiş olsaydım, cenazeyi Menzil'e değil, buraya getirirdim. Niye götüreyim?" diyor. Aslında çok şey söylemek istiyor, sonra susuyor.

"Canım sıkıldığı için Pursaklar'da külliye açtım"

Namaz saati yaklaşıyordu. Feyzeddin Hoca'nın oruçlu olduğunu da bildiğim için daha fazla yormak istemiyordum. Aramızdaki konuşma şöyle devam etti:

Babanız öldükten sonra Ankara'da kalmaya devam ettiniz. Sonra Pursaklar'da bir külliye açtınız.

Afyon'da, Ankara'da hep ilimsiz kaldığım için canım da sıkılıyordu. "Bir cami olsun, biraz talebe yetiştireyim" diyordum. O zaman Ankara'nın Pursaklar köyünde (şimdi ilçe) arazi aldım. Bunun için biz 40 kişi bir kooperatif kurduk. Orada 20 dönüm araziden her birimize 500 metrekare arsa düştü. Caminin yerini ayırdık. Temelini attım. Babam geldi ilk namazı orada ona kıldırdım. Pursaklar'da biz böyle başladık. Abdullah Cevdet Sokak'taki evim 100 metrekareydi. Gelen giden çok olduğu için bana küçük geliyordu. Hem de orada beş altı ay çok eziyet çektim. 100-150 talebem de vardı. 28 Şubat döneminde Pursaklar'da evim birkaç kez basıldı, talebelerimin kaldığı yer basıldı. 12 Eylül 1980 darbesi döneminden çok daha kötüydü bu baskı. 12 Eylül'de görmediğimiz eziyeti gördük.

Amcanız bir rüya gördü ve sizi aradı gece vakti...

Ben Afyon'daydım. Seydah, "Sen amcanın yanında kal biraz" dedi. Bir sene bekledim, amcam beni yanına almadı. Böyle böyle dedim. En son kaç kere köye de gittim, amcam "ıhh" dedi. En son Ankara'da Kocatepe Camii'nde namaz kıldıktan sonra orada bir arkadaşın bürosu vardı. Telefon geldi. Baktım, Seydah bizim köyden. Telefon çekmiyor, oğlan bir tepeye çıkmış. "Acil gel, tövbe alman lazım" dedi. Telefonda bilgi verdi bana. "Çok acil" dedi.

"Tövbe almak" nasıl oluyor?

Tövbe alırken, "Yarabbi ben pişmanım, bütün yapmış olduğum günahlardan. Keşke yapmasaydım. Bir daha inşallah böyle yapmayacağım" diyoruz. Günde 70 kere, bazı hadisler 100 kere okunuyor ama bizim ne yapmamız lazım? Milyonlarca yapmamız lazım. Bu tasavvufun adaplarındandır.

Menzil'den niçin ayrıldınız?

Menzil'den ayrılma sebebim de; gördüm ki yanlış işler oluyor. Vakıf kurdular. Bu vakıf bizim için bir şey değildi. Çünkü babamın, dedemin vakfı yoktu. Dedemin ne televizyon kanalı, ne dergisi, ne radyosu, ne alışveriş merkezi vardı. Hiçbir şeyi yoktu. Kendi arazisinde ektiğini, biçtiğini kaldırırdı, oydu hepsi. Bunu görünce vakıf kurdular. Allah razı olsun amcam dedi ki: "Sen vakıf başkanı ol. Benim oğlum sana yardımcılık etsin." Ben amcama, "Kesinlikle olmaz. Babam da, dedem de vakıf kurmamıştır. Ben bu işte yokum" dedim, teklifini reddetmem ve aramızdaki konuşma pek hoş olmadı.

Amcanla aranızdaki bu gergin konuşmadan sonra küstünüz mü?

Küsmedim, yani gidiyorum geliyorum, aramızda da bir şey yok. Hepimiz beraberdik. Babamdan sonra ayrıldık. Bütün kardeşler hepimiz aynıydık. Biz de mal paylaşımı da yoktu. Biz ayrıldık. Allah razı olsun ki biz Ankara'da kaldık. Çok kalabalık olduğumuz için Pursaklar'da köy hayatı bizim için daha uygun ve güzeldir diye düşündük. Allah 2000 yılında da burayı nasip etti. Burası bir çöl gibiydi. Baktım bir vadidir, sakindir, güzeldir, sessizdir; dedim "Tam bize göredir."

Coğrafi olarak Menzil'e benzer mi?

Yok ya. Benzemesin inşallah. Burası benim için cennettir. Güzeldir benim için. Biz dört sene burada devletten çok eziyet çektik. O zaman da askerler geldi. 2000 yılında burayı aldığımda A takımının, devletin ileri gelenlerinin buraya helikopterle gelip gittiği yazıldı, söylendi. Hiçbiri doğru değildi vallah. Buranın yolu bile yoktu. Bir gün gazeteciler yürüyerek gelmiş, ben yoktum. Buraya önemli siyasilerin gelip gittiğini öğrenmeye çalışmışlar. Buraya o zaman bir defa helikopter inmişti.

Devlet erkânından gelenler olmuyor muydu?

Başlangıçta devlet erkânından buraya gelen olmadı. Ha sonra geldi. Köyün yolu asfaltlandıktan sonra Mehmet Ağar da, CHP'li Murat Karayalçın da geldi. Onlar yine helikopterle değil arabayla geldiler. Bir kere helikopterle bir işadamı İstanbul'dan geldi. İşi acildi, bir saat kaldı gitti. Şimdi helikopter pisti yaptırdım, kim gelirse gelsin serbest. Her şey var şu anda. Helikopter pistimiz de, otoparkımız da var elhamdülillah.

Helikopter pistiniz var; helikopterle gelen olmuyor mu?
Kim gelirse gelsin. Gelirse cumhurbaşkanı gelir. (Gülüyor.)

"Menzil'e gitmediğim için devlet hastanesinde beni muayene bile etmezler"

Evet, yıl 2000'di. Menzilcilerin Sivrihisar'da almak istediği çiftlik eski Demokrat Parti (DP) Milletvekili ve TBMM Grup Başkanı Abidin Potuoğlu'na aitti. Potuoğlu'nun vefatından sonra arazi torunlarına kalmıştı. "Kemikçi Cahit", bir ülkenin fahri başkonsolosu, Singapur Hava Yolları'nın da temsilcisiydi. Büyük torun Şan Özalap ise Afyon Kocatepe Üniversitesi öğretim üyesiydi. Çiftliğin satılığa çıkarıldığı gazete ilanıyla duyuruluyordu. Bugün, 3.000 dönümden fazla araziye sahip olan Erol'un, tapu işlemi sırasında parasını bir işadamı verdi. Bu ödünç bir paraydı. Şimdi tekrar Feyzeddin Erol'la sohbetimize dönelim:

"Arsayı aldığımız zaman çevrede bazı kişilerin, askerlerin köy köy dolaşıp, 'Bunlar PKK'lıdır. Bunlar sizi öldürecek' dediklerini duyuyorduk. O zaman da hem yöre halkından, hem de askerden çok eziyet gördük. Korkudan bize selam vermiyorlardı. Metanetimizi hiç bozmadık. Millet de devlet de biz de alıştık."

Bakanlıklardaki işlerinizi nasıl takip ediyorsunuz?
Samimiyetle söylüyorum kesinlikle ne bakanlıklarla, ne devletle işim var. Olsa da ben utanmam. Çekindiğim de yok, korktuğum da yok hiç kimseden. Bugün işim Sağlık Bakanlığı'na düşerse, hayatta beni muayene de etmezler. Menzil'e gitmediğim için. O yüzden biz devlet hastanesine değil, özel hastanelere gidiyoruz.

Sağlık Bakanlığı'na işiniz düşse?
Ben gitmem. Bilseler ki bizim iş, olacaksa bile tersini yaparlar. İşimi ters yaparlar.

Sağlık Bakanlığı'nda Menzilcilerin gücü ne?
Ne olacak... Enerji eski bakanı Taner Yıldız da, Sağlık eski Ba-

kanı Recep Akdağ da bizim evimizde büyüdüler. Her hafta yanımda olan insanlardı. Şimdi selam da vermiyorlar. Bizim bulunduğumuz topluluğa da gelmiyorlar. Ama babamın döneminde babama hep gelirlerdi. Biz, Menzil'den kopunca onlar da bizden koptular. Allah'a çok şükür, biz memnunuz koptuklarına. Biz değil, Menzilciler Türkiye'nin her yerinde güçlüdür. Bilmiyorum, devlette her yerde adamları var. Niye olmasın ki?

Fethullahçıların yerini Menzilciler mi alıyor? Onlar kadar güçlü mü?

Şu var: Fethullah gibi olmazlar ben sana diyeyim. Fethullah'ta bir organize vardı. Arkasında dünya gücü vardı. Bilim adamları var. Bunların bilim adamı yok. Kör topal gidiyorlar. Öyle bilinçli gittikleri yok yani. "Hee" desen 100 kilometre kaçarlar yani. Karambole gidiyorlar. Menzil'in ismine yazık ediyorlar.

Nerelerde güçlüler?

Şimdiki Sağlık Bakanı Fahrettin Koca, tahmin ediyorum bakanlıkta Menzilcilerin fazla gücünü bırakmadı, dağıttı, dağıldı yani. Kendisinden Allah razı olsun.

Emniyet'te güçlü mü?

Var orada ama bilmiyorum. Bürokraside fazlalar. Ankara'da olmadığım için çok bilmiyorum. Babam zamanındakilerin de çoğu emekli oldu. Babam zamanında kimler olduğunu da biz bilmiyorduk. Herkes kendi gayretiyle geliyordu. Tavsiyemiz veya başka bir şeyimiz kesinlikle olmazdı.

"Forsumu kullansaydım, bugün Türkiye'nin yarısı benim olurdu"

Siyasetçilerle sizin ilişkiniz nasıldı?

Rahmetli Cumhurbaşkanı Turgut Özal, neredeyse her gün görüştüğüm bir insandı. "Şunu alın, şuraya getirin" diye vallahi teklif etmemişim. "Şunu yapın" kesinlikle söylememişim. Eğer o günkü forsumla babamı kullansaydım inanın Türkiye'nin yarısı benim olurdu. Vatandaş olarak gidiyordum. İki üç saat kapıda bekliyordum, yine de babamın adını kullanmıyordum. Babama hiçbir zaman leke gelmesin istedim. Hangi gazete yazdı, babamın şu bakanla şunu bunu yaptı diye. Kimse diyemez. Sağlık Bakanlığı'nda Menzilcilerin gücü babamdan sonraki dönemdir.

Siz, amcanıza ve çocuklarına kızıyorsunuz. Neden?
Kızıyorum. O köyün, Menzil'in ismine yazık değil mi? Tertemiz bir köy adıydı. Köyümüzün adı niçin ihaleyle, rüşvetle, şununla bununla anılsın? İnsan üzülmez mi? Neticede dedem, babam orada yatıyor. İnsan üzülmez mi? Keşke yapmasalar. Her şey geçici. Dünya benim olsa ne olacak? En önemlisi insanın şerefiyle, namusuyla yaşamasıdır. Nedir yani? Bir saatimi, buradaki huzurumu bile yüz milyon kere Menzil'e değişmem. Alnımız açıktır, kimse gelip de "Şunu verdim sana, şu parayı verdim, şunu yaptım" diyemez elhamdülillah. Biz meydandayız, huzurlu geziyoruz.

Özellikle Özal döneminde etkinliğiniz vardı. Size iş bağlamanız için öneri gelmedi mi?
Kesinlikle. Geldiler ama ne zaman geldiler? Sağlık Bakanlığı zamanında yeni geldiler. Dedim ki: "Yanlış kapıyı çaldınız, burası değil." Son zamanlarda hem de benim eski bakan arkadaşlarım, Özal döneminden arkadaşlarım geldiler. "Yanlış geldiniz" dedim "bizim burası değildir. Gidin öbür tarafa."

İhale bağlamak için mi?
Artık bilmiyorum. Şimdi ramazandır. Tam kötü zamanda geldin. (Gülüyor.)

Şimdi bir Menzil köyü, bir de sizin bulunduğunuz Buhara köyü var. İki Menzilci grubun birbirinden ne farkı var?
Benim farkım tasavvuftur, onlarınki cemaattir. Cemaat nedir, tasavvuf nedir? Tasavvuf kalple ilgilidir. Milletin cebine, malına gözünü dikmiyor. Milletin kalbiyle meşgul, ibadetiyle. Cemaat olduğu zaman illaki vakfı olacak. Paraya dayalıdır cemaat. Yani bunu ayırmak lazım. İkisini ayırmak lazım.

Bugün diğer cemaatler de var. Hepsinin mutlaka vakfı, televizyonu, dergisi, takımı olacak, oteli olacak. Çünkü başka türlü cemaat yürümez ki. Binlerce insanı barındıracaklar. Bölgeleri var, vakıfları var, köyleri var; bunlar paraya dayalıdır. Birisi geldi mi zengin midir değil midir acaba ne verir diye ona bakarlar. Gerçek budur yani. Dün FETÖ ümmetten milyon milyon para topluyordu. O cemaattir. Tasavvuf ayrıdır ve ne malla ne mülkle ilgilenir.

Amcanızın başında olduğu Menzil'i şimdi nasıl görüyorsunuz?

Ben farklı görüyorum. Şu an onlar da cemaattir ve tamamen işi ticarete döktüler. Ben söylemiyorum bunu, halk söylüyor. Kimsenin günahını almayayım.

Babanızın adını kullanarak yapıyorlar değil mi?

Allah ıslah etsin. Menzil'i kullanıyorlar. Kim ne derse desin Menzil bir markadır. İsmi yine yeter oraya. Amcam olmasa da Menzil olduğu sürece o kalabalık yine orada olacak. Türbeye ziyarete gidecekler. Tabii amcam da dur dese, diyebilir yani. Sonuçta babalarıdır, büyükleridir. Aslında, Menzil'i de gidip görün Saygı Bey. Kendiniz görseniz, farkı da görürsünüz en azından. Ben daha fazla konuşup da hedef olmak istemiyorum.

Burada yaşantınız nasıl, günleriniz nasıl geçiyor?

Burada iyiyiz. 3.000 dönüm arazimiz var. Burayı bir işadamı almıştı, 70 yaşındaydı. Gazete ilanından da ben aldım. Kendime böyle bir yer arıyordum zaten. Çöldü ama güzeldi. Beğendim. Kendi imkânımıza göre yaptık.

Burada 30-40 tane talebem var. Onlara ders veriyorum. Camiye gidiyoruz, namazımızı kılıyoruz, ibadetimizi yapıyoruz. Vakit olursa bahçeyle, tarlalarla ilgileniyorum. 400 civarında koyunum, 60 ineğim var. Çobanlarımız var. İşçilerimizin hepsi maaşlı ve sigortalı. Asgari ücretle çalışıyorlar. Köyde de emekli iki üç kişi var. Ev verdim onlara, ihtiyardırlar. Köyde 100 kişi var. Cumartesi pazar buralar çok kalabalık oluyor. Herkes geliyor. Bazen cami doluyor, yer kalmıyor.

Vatandaş sizden ne talep ediyor?

Dua istiyor, başka bir şey yok. Bizden kimsenin bir talebi yok. İş taleplerine cevap vermiyoruz. Biz o işlere ne karışıyoruz ne de cevap veriyoruz.

"Turgut Paşa'nın evinde generallere dedim ki..."

FETÖ'ye bakışınız nasıl? Onlar da önceleri kuvvetliydi.

Tabii, gaye Allah olmazsa bu işin sonu boştur. Dünya menfaati oldu mu, o kısa dönemde biter. Allah olması lazım, çünkü dünya olduğu zaman hiçbir zaman bir yere gitmezler. Menfaat olduğu zaman hiçbir şey olmaz. Menfaat bitince dostluk da bitiyor. Tek dostluk Allah yolundaki olan baki dostluktur. Geri kalan dünya ticaretle, parayla pulla. Para pul bitince her şey biter.

Laiklik konusuna sizin bakışınız nasıl?

Zaten Türkiye'nin her şeyi oturmuş. Bir gün emekli Orgeneral Turgut Sunalp'in evindeydik. 10-15 generalin hepsi oradaydı. 7. Kolordu, 6. Kolordu komutanları da vardı. Tabii ben de içeriye girdim. Sunalp, "Nakşibendi tarikatından Feyzeddin geldi" dedi. Çok konuştuk onlarla. Dedim ki: "Bakın beyler, Türkiye hiçbir zaman İran olamaz. Korkmayın. Türkiye'ye şeriat de gelmez. Kesinlikle Erbakan'la şeriat gelmez. Mümkün değildir. Başörtüsüyle şeriat gelmez. İran'da bugün bakıyorsun, ilkokuldan tutun üniversiteye kadar şeriat okutuyorlar. 81 ilin valisi nereden şeriatı bilecek? Valilerimiz, oradan mı mezun? Bine yakın kaymakamımız, yirmi bine yakın savcı ve hâkim şeriatı nereden bilecek? Hiç korkmayın, bunu da kendi kafanızdan çıkarın. Çünkü bünyeniz yok, altyapınız da yok. Şeriat kiminle gelecek?" Ben konuştukça o komutanlar çok rahatladı. Gerçek budur yani.

Laikliğe bizim ne zararımız olmuştur? Bir şikâyetimiz yok şükür elhamdülillah. Daima serbest piyasa yanlısıyız; ekonomiye, siyasete, ticarete, turizme her şeye saygılıyız. Bu memleket bizimdir. Ne kadar yükselirse bizim için şereftir. Başka gidecek bir yerimiz var mı? Yok. Mademki yoksa mecburuz biz devletimize sahip çıkacağız. Her şeyini kabulleneceğiz.

"Atatürk keşke şimdi olsaydı; Atatürk'e kurban olsalardı"

Siyasi amacınız var mı?

Hiçbir zaman siyasi amacım olmadı, olmayacak da inşallah. Kendi hanımıma dedim, "Kızım kimi isterse ona veririm" diye. Bizde bir hürriyet var.

Atatürk'le ilgili tavrınız?

Atatürk keşke şimdi olsaydı. Bir ara neredeyse hepimizin başını keseceklerdi. Hakiki Atatürkçü kalmadı ki. Atatürk, Balıkesir'de minbere çıktı, hutbe okumadı mı? İmam hatip liselerini o açmadı mı? Kaç tanesi imam olmadı mı? Cumhurbaşkanlarımız niye imam olmuyor? Okumuyorlar da ondan. Atatürk'e kurban olsunlar. Cumhurbaşkanımız da çıksın hutbe okusun. Hiçbiri Atatürk gibi olmuyor. Onun yeri ayrıdır. Her zaman söylüyorum. Şimdi Atatürk gelse eminim hepinizi kesecek. Hiçbiriniz yolunda değilsiniz.

Atatürk hiçbir zaman aslında dine karşı değildi. Biz kendi kendimize bunu bu hale getirdik. Devamlı "Atatürk dine karşıydı, dine karşıdır" denildi. Atatürk demiştir ki: "Tasavvufu, tekke ve zaviyeleri kapatmakla iyi yapmadık geri getirmemiz lazımdır." Bunu Ecevit'e sordum, "Evet, doğrudur" dedi. Ben de "Geri getirelim" dedim. "Bir kere karar verilmiş. Türkiye'nin mozaiğidir bu tasavvuf" dedi.

Bazıları Atatürk'ün arkasına saklanıp din düşmanlığı yapıyorlar, yazık değil mi? Yazık. O da doğru değil. Her şeyin ortası güzeldir. Ne fazla aşırı ne fazla da geri, her şeyin ortası güzeldir hayrına olsa da. Müslüman'san ne aşırı olacaksın. Komünist olsan da güzel komünist olacaksın. Önemli olan bu.

Sizin vakfınız, okullarınız yok. Siz nasıl büyüyorsunuz?

Ben vakıfmış, şuymuş buymuşa hiç karışmam, bu işlere girmedim. Herkesin işi ayrıdır. Benim işim de tasavvuf. Ne işim var, okula karışacağım? Benim ne işim olacak dershane açayım, hastane açacağım? Herkes işini yapsa bugün bu hale gelinmezdi.

Ya siyasilerle ilişkiniz?

Ben kimsenin ayağına gitmem. Ama kapımız da herkese açıktır. Kim gelirse soframızı, yemeğimizi yer, çayımızı içiririz. Allah selamet versin. Herkesi misafir ederiz.

Diktatörlüğü, komünistliği çok inceledi

Camiyi kendi imkânlarınızla mı yaptırdınız?

Kendi imkânlarımla yaptırdım. Ama birisi gelse yardım ederse yardımı da reddetmem. Cami inşaatına 2003 yılında başladım. Param olsaydı bir senede bitirirdim ama ancak 16 senede yapabildim. Param oldukça yaptım. Cemaat olsam yapımı bir sene bile sürmezdi.

Köyünüzden bakınca Türkiye nasıl görünüyor?

O biraz siyasete giriyor. Türkiye iyi olacak. 1980 öncesiyle mukayese etmem mümkün değil. Ben dünyayı çok gezdim. Dağılmadan önce ne kadar komünist ülke varsa hepsini gezdim. Komünistlik, diktatörlük nedir diye o zaman çok merak ediyordum. Çok inceledim. Okumak ayrıdır.

Örneğin, Moskova'da bir ay kaldım. Romanya, Macaristan, Doğu Almanya, Bulgaristan'da kaldım. Daha aklınıza neresi gelirse. Hakikatten, Türkiye başka bir şey. Bence burası güzel bir kamp, içinde rahat dolaşım yapıyoruz, o kadar. Türkiye'de bir zaman demokrasinin kokusu bile yoktu. Şimdi biraz kokusu var. Geldi, gelecek, geliyor...

Özal'la yakın olduğunuza göre ilginç anılarınız da vardır.

Turgut Özal iyi bir insandı. İleri görüşlüydü. Türkiye Özal'la gözünü açtı. Süleyman Demirel de çok sevdiğim, her gün beraber olduğum biriydi. Sohbeti hoştu. Güniz Sokak'taki evine gider gelirdik. Şakalaşıyorduk çok... 1980 darbesinden sonra götürüldüğü Zincirbozan'dan gelmişti. Eve "geçmiş olsun"a gittim. "Tamam" dedi, "bırak siyaseti de baban ne yapmış, Gökçeada'ya mecburi ikamete tabi tutuldu? Bunlara zeval olmaz, bunlar gidecek" dedi. O zamanki politikacılar da çok başkaydı.

1979'da Süleyman Demirel başbakan. Ankara çok soğuk. Fuel oil yok ki yakalım da ev ısınsın. Başbakanlık binasına, Devlet Bakanı Ekrem Ceyhun'un yanına gittim. Katalitik sobayı yakmış, onunla ısınmaya çalışıyor. O da soğuktan nezle olmuş. Beyaz bir mendille devamlı burnunu siliyor. Oradan Demirel'in yanına gittim. Beni kapıda karşıladı "Babana (Şeyh Muhammed Raşit Erol) çok çok çok selam söyle, bize dua etsin. Bizim işimiz çok zor çok" dedi.

Ben, siyasetçileri ziyaret ederdim. Elhamdülillah hiçbir zaman babamın cemaatine, tasavvufuna hiçbirinin siyasetini karıştırmadık. Mesela, Pursaklar'da iftar yemeği veriyordum. Bütün partileri ayrım yapmadan çağırıyordum. Hepsini topluyordum.

Peki, seçimlerde hangi partiyi destekliyordunuz?

Hayır hayır, hiçbirini. Erbakan bir iki kere geldi. Babam, "Biz siyasete karışmıyoruz" dedi. Hatta Erbakan benim milletvekili olmamı istedi. Babam, "Hayır, benim oğlum o işleri bilmez" deyip konuyu kapattı. Milletvekili olmak benim için çok kolay. Ama hiçbir zaman, elhamdülillah tevessül etmedik. Yakınımızı, akrabamızı da hiç kimsemizi siyasete sokmadık. Kimseye liste de götürmedik, kimseyi de önermedik. Şimdi de öyleyim ben. Ama, Menzil, amcamın orası öyle mi, bilmiyorum artık.

İki öğün çorba, altı küçük ekmek

Feyzeddin Erol'la sohbetimizi öğrencileri de dinliyordu. O konuştukça, yere kapaklanmış vaziyette oturan gençler başlarını sallıyor, onun sözlerini onaylıyorlardı. Odadan, uzayıp giden tarlalara baktık. Geçen yıl, bin tondan fazla soğanının elinde kaldığını anlatıyor. Tarlaları eliyle işaret ediyor, "Bu sene 100 dönüm patates,1500 dönüm mısır ektim. İnşallah bu yıl bir aksilik çıkmaz" diyor. Karşıdaki büyük bir binayı gösteriyor, oraya buğday koyduklarını, onu öğütüp gelen ziyaretçiler için ekmek yaptırdığını söylüyor.

Feyzeddin Erol, küçüklüğünde çakmaktaşından kitap satışına kadar değişik işlerle de uğraşmış. Yedi çocuğu olan Erol, köyünde yalnız çiftçilikle, hayvancılıkla uğraşmıyor. Yurtdışına da açılmış. Fildişi Sahili'nde beton fabrikası var. Fildişi Sahili'nden bir bakana eşlik etmek üzere Türkiye'ye gelen kişi Müslüman olmuş.

Buraya gelen kimse aç kalmıyor. Bittikçe yeniden pişirilen bulgur çorbası var. Sabah ve ikindi vakti çorbanın yanı sıra küçük tam buğday ekmekler veriliyor. Gelenler, "Şifalıdır" diye çorbayı da, ekmeği de büyük bir iştahla yiyor.

Caminin dışında ise başka bir hayat var. Market, lokanta, pastane, hediyelik eşya satılan dükkânların hepsi Feyzeddin Erol'un. Hepsinin adı da Buhara. Yiyecek satılan yerlerde asılan tabelalarda "Şifa olsun" yazıyor. Bu yazı, derdine şifa arayanların daha çok alışveriş yapmalarına, yeme içmelerine neden oluyor. Misafir az olduğu için gelen herkese lokantada iftarlık veriliyor, çaylar içiliyor.

Buhara'da bütün lokantalar, pastaneler, marketler şeyhe ait. Her tabelanın sonunda "Şifa olsun" yazıyor. Bu yazı, gelen müritlerin iştahını açıyor.

Başında takkesi olan sivil polis görev başında

Orada, devletin görevlendirdiği sivil polis olduğu kadar, Feyzeddin Erol'a gönülden bağlı olan çok sayıda gönüllü koruma da var. Bunu hemen fark ediyorsunuz.

Sivil polisin başındaki takke dikkatimi çekiyor. Ama sonradan öğreniyorum ki kendisini gizlemek, sanki oraya gelen bir ziyaretçi gibi hareket edip, bilgi toplamak için takke takıyor. Köyün her tarafında güvenlik kameraları var. Kim geliyor, kim gidiyor, kim nerede ne yapıyor hepsi takip altında. Gelip de orada istediğin kadar kalma diye bir şey yok. Gelen kişinin en fazla üç gün kalmasına izin veriliyor. Bu süre dolunca, dikkatli görevliler onları bir kenara çekip gitmeleri gerektiğini söylüyor. Bazılarının kimliklerini alıp kişi hakkında Emniyet'in de yardımıyla bilgi topluyorlar. Konuştuğum bir görevli, "Sızmalara karşı dikkatli davranıyoruz" diyor.

Daha önce aynı yerde 24 saat jandarma bulunuyordu. Jandarma bölgesi olmasına rağmen şimdi polis görev yapıyor. Feyzeddin Erol, cipine binerken, önünde arkasında duran öğrencileri bir yanlış yapmamak için dikkat ediyorlar.

Feyzeddin Erol'la birlikte Sakarya Nehri üzerinde kurduğu şelaleye gidiyoruz. Yanında özel misafirler için konuk evi yaptırmış. Bahçede çeşit çeşit meyve sebze var. Et pişirmek için ocaklar yapılmış.

Tarikat çiftliği, Bilgin Paşa'nın, Hava Kuvvetleri Komutanlığı'nı engelledi

Bilvanis, Erol ailesinin yıllar önce Siirt'te kaldıkları köyün adı. Şeyh Feyzeddin Erol, köye "Buhara" adını vermeden önce burası kayıtlarda "Bilvanis Çiftliği" olarak geçiyordu. Askerlere dönük sahte belgelerin, dijital verilerin yayıldığı günlerde Ergenekon-Balyoz Dosyası'nın içine "çok gizli" bir belge girdi. Eskişehir 1. Hava Kuvvetleri Komutanlığı'ndan Hava Kuvvetleri Komutanlığı'na hitaben yazılan Şubat 2007 tarihli belgede, Bilgin Balanlı'nın unvanı "1. Hava Kuvvet Komutanlığı Hava Korgeneral Bilgin Balanlı" olarak geçiyordu. Belgenin ikinci maddesi, çiftliğe hava taarruzu yapılacağına ilişkin iddialara dayanak gösteriliyordu. Korkunç bir iddiaydı. O belgede şöyle yazıyordu:

> 1. Nakşibendi tarikatının kollarından olan Adıyaman Menzil grubunun, şeyhlerinden Feyzeddin Erol tarafından 30 Aralık 2002 tarihinde Sivrihisar ilçesi, Aşağıkepen köyü, Veletler Mevkii'nde arazi satın alarak söz konusu araziyi "BİLVANİS ÇİFTLİĞİ" adı ile yerleşim birimi haline getirme faaliyetlerine başladıkları bilinmektedir.
>
> 2. Bahse konu çiftliğe ilişkin ilgi ile gönderilen hususlara ilave olarak elde edilen bilgiler EK-A'da gönderilmiş olup, çiftliğin mevcut detaylı hava fotoğrafları incelenerek, emir verildiğinde havadan yere taarruz icra etmek üzere ayrıntılı hedef analiz çalışması yapılacaktır.

Korkunç bir durumdu. Ama çiftliğin bombalanması, hava

GİZLİ

GİZLİ
T.C.
HAVA KUVVETLERİ KOMUTANLIĞI
1'İNCİ HAVA KUVVETİ KOMUTANLIĞI
ESKİŞEHİR

İSTH. : 2270- -07/İKK.Ş. Şubat 2007

KONU: BİLVANİS Çiftliği.
(İSTH.BŞK.LIĞI DİKKATİNE) KİŞİYE ÖZEL

HAVA KUVVETLERİ KOMUTANLIĞINA
ANKARA

İLGİ : 1'inci Hv.Kv.K.lığının 24 Ekim 2003 tarihli ve İSTH.:3590-743-03/İKK.Ş. sayılı yazısı.

1. Nakşibendi tarikatının kollarından olan Adıyaman Menzil grubunun şeyhlerinden Fevzettin EROL tarafından 30 Aralık 2002 tarihinde Sivrihisar ilçesi, Aşağıkepen köyü, Veletler mevkiinde arazi satın alarak, söz konusu araziyi "BİLVANİS ÇİFTLİĞİ" adı ile yerleşim birimi haline getirme faaliyetlerine başladıkları bilinmektedir.

2. Bahse konu çiftliğe ilişkin ilgi ile gönderilen hususlara ilave olarak elde edilen bilgiler EK-A'da gönderilmiş olup, çiftliğin mevcut detaylı hava fotoğrafları incelenerek emir verildiğinde havadan yere taarruzlar icra etmek üzere ayrıntılı hedef analiz çalışması yapılacaktır.

Arz ederim.

Bilgin BALANLI
Hava Korgeneral
1'inci Hv.Kv.K.

EKLER :
EK-A (6 Sf.Elde Edilen Bilgiler)

Orgeneral Bilgin Balanlı Hava Kuvvetleri Komutanı olacakken işte bu sahte belgeye dayanarak tutuklandı. Sözde, şeyhin yaşadığı köyü havadan bombalayacaktı. Yalan ortaya çıktı, ama Balanlı'nın komutanlığı da engellenmiş oldu.

taarruzu yapılması hiçbir yetkilinin aklından bilge geçmemişti. Ancak, bölgede Menzil örgütlenmesi yakından takip ediliyor, çiftlikte yeni yapılanmalar fotoğraflar karşılaştırılarak da izleniyordu. Bilvanis Çiftliği'nin fotoğraflarında şunlar yer alıyordu:

1. İnşaatı tamamlanmış muhtemel iki katlı bina (2005 yılında inşaat halinde bulunmaktaydı).

2. 2005 yılında üzerinde inşaat çalışmaları görülen binanın kaldırıldığı alan.
3. İnşaat halinde çok katlı bina.
4. Yeni yapıldığı tespit edilen iki koridorlu sera.
5. 2005 yılında tel örgü içerisinde bulunan küçük binanın kaldırıldığı alan.
6. Çiftliğin dış emniyet duvarına teğet olarak bulunan küçük binanın kaldırıldığı alan.
7. Yeni yapıldığı tespit edilen su yolu.
8. Yeni yapıldığı tespit edilen küçük bina.
9. Çiftlik sınırlarını genişleterek yeniden yapıldığı tespit edilen çevre emniyet duvarı.
10. 2005 yılında inşaat alanı olarak değerlendirilen çevre düzenlemesi amaçlı yapılmış alanlar.
11. Yeni yapıldığı tespit edilen stabilize yol.
12. Tesviye ve düzenlemesi amaçlı yapılmış alanlar.
13. Toprak alana bağlı güneydoğu istikametinde geçişi sağlayan köprü.
14. Çiftliğin elektrik bağlantısını sağlayan gerilim hattı.
15. Yola paralel olarak genişletilmiş ve tesviye edilmiş toprak alan.
16. Muhtemel tek katlı binalar.
17. Muhtemel çift katlı binalar.
18. İnşaatı devam eden çok katlı bina.
19. Havuz.
20. Çevre emniyet duvarı.
21. Traktör.
22. Tarım aletleri ve traktör aparatları.
23. 3 adet römork.
24. 1 adet kamyonet.
25. 8 adet binek araç.
26. İnşaat malzemeleri ve hafriyat.
27. Çelik kafes tipi anten direği ve trafo binası.

Çiftliğin 23 Mart 2005 tarihli eski görüntüsü ile son görüntüsü arasında yapılan karşılaştırma ilk 15 maddede belirtildi. 12 numarada gösterilen tesviye ve düzeltme çalışmaları saptanan toprak alanın, 11 numara ile gösterilen ve yeni yapıldığı tespit edilen stabilize yol ile irtibatlandırıldığında, bu yolun bölgeye giden tek geçiş yolu olduğu anlaşıldı. 12 numarayla gösterilen toprak alan, çiftliğin bilinen sınırları dahilinde çok yoğun bir inşaat faaliyeti yürütüldüğünü ve çiftliğin sınırlarının giderek genişletildiğini gösteriyordu.

Raporun sonunda, "Yukarıda belirtilen değerlendirmeler ve kıymetlendirme sonuçlarının diğer istihbarat kaynaklarından alınan bilgilerle teyit edilmesinin uygun olacağı değerlendirilmektedir" deniyordu. İstihbarat, Bilvanis'teki gelişmeleri izliyordu.

Bilgin Balanlı'nın Hava Kuvvetleri Komutanlığı'na atanmasına kesin gözüyle bakılıyordu. Ancak, birileri bu atamayı engellemek için sahte belge üretmeye ve bununla da Balanlı'yı ilişkilendirmeye çalıştı. Açılan soruşturma ve dava, Balanlı'ya o yolu kapatıyordu. Ama gerçeğin ortaya çıkarılması için avukatı İbrahim Şahinkaya, Haluk Pekşen ve diğerlerinin büyük bir çabası vardı. Avukat İbrahim Şahinkaya, Hava Kuvvetleri Komutanlığı'ndan, İstanbul 10. Ağır Ceza Mahkemesi'nin 2010/283 esas sayılı dosyasında görülen yargılamada, Hava Orgeneral Bilgin Balanlı hakkındaki iddialara yönelik savunmada kullanılmak üzere 4 Mayıs 2012'de bilgi-belge talebinde bulundu. Hava Kuvvetleri Komutanlığı adına Hava Hâkim Binbaşı Adli Müşavir Vekili Bedrettin Özgür tarafından, avukatın sorularına şu karşılık verildi:

1. Eskişehir ili Sivrihisar ilçesi sınırları içerisinde yer alan ve "Bilvanis Çiftliği" olarak adlandırılan bölge ile ilgili haberlerin gazetelerde gündeme gelmesi sebebiyle, 12 Mayıs 2009 tarihinde dönemin 1. Hava Kuvvet Komutanı Hava Orgeneral Bilgin Balanlı'ya bir bilgi notu arz edilmiştir. Bilgi notunda;
   a. 4 Nisan 2003 tarihinde yapılan İl Emniyet Komisyon toplantısında İl Jandarma Komutanlığı tarafından Nakşibendi tarikatı kollarından Adıyaman Menzil grubunun, Sivrihisar ilçesinin 30 km güneyinde bulunan Aşağıkepen köyü Veletler Mevkii'nde çiftlik arazisi satın aldığı,
   b. Çiftliğin bulunduğu araziyi satın alan Feyzeddin Erol'un daha

önce Nakşibendi tarikatının kolu olan Reşit Erol grubunun ekonomik ve siyasi işler sorumlusu olarak görev yaptığı,

c. Feyzeddin Erol'un söz konusu araziyi 30 Aralık 2002 tarihinde satın alarak faaliyetlerine başladığının öğrenildiği,

d. Bu arazinin üzerine cami, ibadethane, okul ve alışveriş merkezi gibi tesisler kurulabileceği değerlendirilerek, elde edilen bilgilerle beraber 08 Nisan 2003 tarihli İl Emniyet Komisyon toplantısı sonuç raporunun Hava Kuvvetleri Komutanlığı'na gönderildiği,

e. Hava Kuvvetleri Komutanlığı'nın 211530C MAY 03 (21 Mayıs 2003, saat 15.30)'da gönderilen mesaj emri ile bahse konu çiftliğin ve çevresindeki arazinin detaylı hava fotoğrafları ile elde edilen diğer bilgilerin gönderilmesinin emredildiği,

f. Anılan çiftliğin hava fotoğraflarının 16 Mayıs 2003 tarihinde çekilerek elde edilen diğer bilgiler (video görüntüleri, çiftlik arazisinin üzerine kayıtlı olduğu şahısların nüfus kayıtları, tapu bilgileri, yer fotoğrafları, kullanılan araçların plaka bilgileri vb.) ile birlikte aynı tarihte dijital ortamda Hava Kuvvetleri Komutanlığı'na gönderildiği,

g. Elde edilen tüm bilgi ve fotoğrafların 22 Mayıs 2003 tarihli yazı ile Hava Kuvvetleri Komutanlığı'na gönderilerek, hava fotoğraflarından birer nüshanın İl Jandarma Komutanlığı, Emniyet Müdürlüğü ve MİT Bölge Müdürlüğü'ne gönderildiği,

h. Belirli periyotlarla (2004-2005-2006) çekilen fotoğraflarda inşaat çalışmalarındaki gelişmelerin detaylı şekilde hazırlanarak Hava Kuvvetleri Komutanlığı'na gönderildiği ifadeleri yer almıştır.

2. Hava Orgeneral Bilgin Balanlı 2002-2009 yılları arasında;
   a. 19 Ağustos 2002 - 19 Ağustos 2003 tarihleri arasında Hava Kuvvetleri Komutanlığı/Ankara,
   b. 19 Ağustos 2003 - 16 Ağustos 2005 tarihleri arasında 2'nci Hava Kuvvet Komutanlığı/Diyarbakır,
   c. 16 Ağustos 2005 - 15 Ağustos 2006 tarihleri arasında Hava Kuvvetleri Komutanlığı/Ankara,
   d. 15 Ağustos 2006 - 21 Ağustos 2009 tarihleri arasında 1. Hava Kuvvet Komutanlığı/Eskişehir'de görev yapmıştır.
3. Bu kapsamda Hava Orgeneral Bilgin Balanlı;

a. Yukarıda belirtilen İl Emniyet Komisyonu tarafından 4 Nisan 2003 tarihinde yapılan toplantı esnasında Hava Kuvvetleri Komutanlığı'nda Ankara,
b. Hava Kuvvetleri Komutanlığı'nın bahse konu çiftliğin ve çevresindeki arazinin detaylı hava fotoğrafları ile elde edilen diğer bilgilerin gönderilmesinin emredildiği 21 Mayıs 2003 tarihinde Ankara'da görev yapmıştır.
c. İnşaat çalışmalarındaki gelişmelerin takibi amacıyla 2004, 2005 ve 2006 yılları içerisinde belirli periyotlarla fotoğrafların çekildiği dönemle ilgili olarak;
    1. En son 18 Temmuz 2006 tarihinde 1 adet 10x10 ve 5 adet 50x60 hava fotoğrafı, 113. Filo Hafok Kıta Komutanlığı tarafından senetle (fotoğrafları alan kısmında Hava İstihbarat Yarbay Hakan Büyük yazmakla birlikte evrak senedi üzerinde imzası bulunmamaktadır) 1. Hava Kuvvet Komutanlığı İstihbarata Karşı Koyma Şube Müdürlüğü'ne teslim edilmiştir.
    2. En son fotoğrafların teslim edildiği 18 Temmuz 2006 tarihinde Hava Orgeneral Bilgin Balanlı, Hava Kuvvetleri Komutanlığı/Ankara'da görev yapmaktadır.
    3. Söz konusu çiftlikle ilgili fotoğraflarla ilgili olarak Eskişehir İl Jandarma Komutanlığı ve Emniyeti arasında yazışmalar yapılmış olmakla beraber bu yazışmalarda Hava Orgeneral Bilgin Balanlı'nın imza ve parafesi bulunmamaktadır.
    4. 1. Hava Kuvvet Komutanlığı İstihbarata Karşı Koyma Şube Müdürlüğü'ndeki bilgisayarlardan alınan imajlarda emekli Albay Hakan Büyük'ün evinde yapılan aramada çıkan birtakım evrakların dijital nüshalarına ulaşılmış olmakla beraber bu imajlar arasında Şubat 2007 tarihli imzasız evrak (Bilvanis Çiftliği'ne hava taarruzu yapılmasıyla ilgili) bulunamamıştır.
    5. Bilvanis Çiftliği ile ilgili 1. Hava Kuvvet Komutanlığı elindeki belgelerin Temmuz 2006 tarihli hava fotoğraflarının alınması ile son bulduğu, bu tarihten itibaren Mayıs 2009 tarihinde gazetelerde çıkan haberler üzerine hazırlanan bilgi notunun arzına kadar süren dönemde bu hususla ilgili ya-

zışmaların olmadığı tespit edilmiştir. Emekli Albay Hakan Büyük'ün evinde ele geçirildiği belirtilen flash bellek içerisinde yer alan, Bilvanis Çiftliği ile ilgili taranmış Word dosyalarına ait bir kısım orijinal imzalı evraklar, 1. Hava Kuvvet Komutanlığı elindeki evraklar içerisinde bulunmuş olmasına rağmen, Şubat 2007 tarihli çiftliğe taarruz ile ilgili yazının imzalı nüshasının bulunmaması ve 1. Hava Kuvvet Komutanlığı İstihbarata Karşı Koyma Şube Müdürlüğü'ndeki bilgisayarlarda tespit edilememesi sebebiyle sahte olarak üretilerek diğer belgelerin arasına konulduğu kanaati oluşmuştur.

ÖZEL HABER

BİLVANİS HAVA HAREKATI!

Hava Kuvvetleri Komutanlığı'nın 9 yıldır Eskişehir'deki bir çiftliği tarikat yapılanması iddiasıyla havadan ve karadan izlediği ortaya çıktı. 2003'te başlayan yasadışı izleme faaliyetlerinde her havalanması on binlerce liraya mal olan RF-4 keşif jetleri kullanıldı. 1. Hava Kuvvetleri Komutanlığı'na bağlı ünlü 113 filoya ait uçaklar havadan, istihbaratçı askerler ise karadan Bilvanis Çiftliği'ni görüntüledi.

Adı Balyoz belgelerinde geçen Harp Akademileri Komutanı Orgeneral Bilgin Balanlı'nın 1. Hv.K.K olduğu 2006-2009 döneminde Bilvanis operasyonu zirve yaptı. Çiftlikteki fidanlar ve yetiştirilen ürünler dahi fişlendi. Balanlı Hava Kuvvetleri Komutanlığı'na emir verildiği taktirde yakın takibe aldığı çiftliğe havadan operasyon yapılabileceğini bildirdi.

113. Filo'dan anten direğine sorti

O sahte belgeye dayanarak, özellikle hükümete yakın gazetelerde çiftliğin bombalanacağına ilişkin haberler yayımlandı, ancak işin doğrusu ortaya çıktığında hiç o konulara ilişkin haber yapılmadı.

Bu yazıda İstihbarat Başkanı Hava Pilot Tümgeneral Ziya Cemal Kadıoğlu'nun imzası vardı. Kadıoğlu, Bilvanis Çiftliği'ne hava taarruzu yapılmasıyla ilgili belgenin sahte olduğunu belirtiyor, ama Bilgin Balanlı'nın Hava Kuvvetleri Komutanı olması da bu sahte belgeyle önleniyordu. Balanlı'nın avukatlarından Aziz Sabri Esen, bir davayla ilgili olarak İstanbul 2. Asliye Hukuk Mahkemesi'ne sunduğu dilekçede bu yalanı şöyle aktardı:

> Müvekkilim Hava Orgeneral Bilgin Balanlı, Hava Kuvvetleri Komutanı olmak üzere iken, TSK'ye karşı girişilen yıpratma, sindirme ve etkisizleştirme operasyonunun bir parçası olarak tüm ülke ve dünya kamuoyunun bildiği üzere, gerçekdışı ve kasten yaratılmış delil ve belgelerle suçlanmak suretiyle tutuklanmış, bilahare yapılan hukuktan uzak bir yargılama ile mahkûm edilmiş olup halen cezaevinde hükümlülüğünü sürdürmektedir. Ancak Yargıtay'da onanan mahkûmiyet kararı, Anayasa Mahkemesi ve AİHM'den de geçerek nihai şeklini alacak olup yasal aşamalara uygun olarak gerekli başvurularda bulunulmuş ve hukuki süreç başlatılmıştır.

Davanın kumpas olduğu ortaya çıktı ve 30 Mayıs 2011'de Balyoz Davası'ndan tutuklanan Balanlı, 20 Haziran 2014'te tahliye edildi, ardından da beraat etti. Ama üzerindeki "Bilvanis Çiftliği'nin bombalanması yolunda birtakım eylem ve hazırlıklarda bulunduğu" iftirası bir türlü ortadan kalkmadı. Balanlı'nın avukatı da, "Haber ve yayınlarda müvekkilimin Hava Kuvvetleri'nin mensubu olarak kendi topraklarını bombalatacağını, Bilvanis Çiftliği'ne havadan taarruz edeceğini belirten ve gerçeklerle yakından uzaktan hiçbir alakası olmayan açıklamalar yer almış ve bu husus müvekkilimin büyük ve açık mağduriyetine neden olmuştur. Davalıların bu eylemleri başta Türkiye Cumhuriyeti Devleti'nin manevi şahsiyetine açık bir hakaret olup aynı zamanda müvekkilimin kişilik haklarına açık ve pervasız bir tecavüzdür" diyordu.

Yazışmalarda, İstihbarat Albay Nuri Kureş tarafından hazırlandığı belirtilen Bilvanis (şimdiki Buhara köyü) ile ilgili şu bilgi de yer alıyor:

> Söz konusu köyün nüfusunun ortalama 1.000 civarında olduğu ve 130-140 haneden oluştuğu, köye gelen günlük ziyaretçi sayısının 1.000-1.500'ün altına düşmediği, hatta bu sayının hafta sonu 10 bine, bayram ve kandillerde 15 bine çıktığı bilinmektedir. Türkiye'nin her yerinden otobüslerle her yıl ortalama 500 bin insanın tövbe almak için ya da meraktan geldikleri söylenmektedir. Oradaki sosyal tesislerin, bazı haberlerde belirtildiği gibi spor ve sosyal tesis olmadığı ve gelen ziyaretçilerin konaklaması için inşa edilen özel bir yapı olduğu değerlendirilmektedir.

Bilgin Balanlı'nın adının yazıldığı belge sahteydi, ama ilgili çevreler amacına ulaşmış, Menzil tarikatı gerekçe gösterilerek bir komutan harcanmıştı. Feyzeddin Erol'la bu konuyu konuştuğumda, uçakların alçaktan uçuş yaptığında büyük bir gürültü olduğunu, çocukların korku içinde saklandıklarını anlattı. Ancak, Bilgin Balanlı'yla ilgili sahte belge konusunun kendileriyle ilgisinin bulunmadığını da kaydetti. Sonuçta, Menzilcilerin çiftliği, Bilgin Paşa'nın komutanlığını önlemişti. Kitabı hazırlarken, bu durumu Bilgin Balanlı Paşa ile de konuşmak istedim. Ancak, kendisi konuşamayacak kadar rahatsızdı.

"40 esrarkeşi otobüse bindirip Menzil'e doğru yola çıktık"

Menzil köyüne giden özel bir otobüs firması var. Bu firma Semerkand Vakfı'na ait. İnsanlar, değişik şehirlerden organize olup Menzil'e gidiyorlar. Aslında böyle bir kafilenin arasına katılmak için girişimde bulundum. Menzil'in önemli isimlerinden biri, kendisinin yaşadığı bir olayı anlattı ve son sözü, "Sakın ha öyle yapma, perişan olursun, kendine gelemezsin" oldu.

Bazı yerlerde Diyanet görevlisi ile Menzil görevlisi iç içe geçmiş. Bakıyorsunuz cami ama çevrede o cami "Menzil Camii" olarak biliniyor. Görevli, Diyanet İşleri Başkanlığı personeli ama onun görevleri arasında Menzil'le ilgili çalışma yapmak da var.

Yöntem şöyle: Diyanet İşleri Başkanlığı'na bağlı caminin Menzil kontrolüne geçmesi isteniyorsa, cami derneği ele geçiriliyor. Dernek ele geçirilince kadınlar, çocuklar için kurslar açılıyor, sohbetler yapılıyor. Cami giderek Menzilcilerin karargâhına dönüşüyor. Menzil'e yakın din görevlisi atanması sağlanıyor. Bu sağlanmazsa ne oluyor? Dernek yöneticilerinin çabaları sonucu o kişinin görev yeri değiştiriliyor.

Caminin imamı, Menzilci olduğunu gizleme gereği bile duymuyor. Kendilerini "İslam dinine hizmet eden cemaat" olarak tanımlıyor. Menzil'e her isteyen yurttaşın gidebileceğini belirtiyor. Menzil, köy olmaktan yıllar önce çıkmış, küçük bir ilçe görünümünde. Ama geceleri Nemrut Tepesi'nden bakıldığında her tarafı ışıl ışıl. İmam, "Nemrut Dağı'nın tepesinden Menzil'i ışıl ışıl gören, ne hikmetse gelip nasibini alıyor. O ışığı gören ve Menzil'e gelenlerden Müslüman olanların sayısı da az değil" diyor. Aynı sözü, Sivrihisar'ın Buhara köyünde bulunan Menzil'in diğer kolundan da duymuştum. Fildişi Sahili'nden gelen bir bakanın maiyetinde bulunanlardan Müslüman olan ve sonra çocuklar gibi sevinen bürokratın hikâyesini dinlemiştim. Buhara'nın da pek çok ilçede, ilde olmayan elektrik direkleriyle ışıl ışıl hale getirildiğine tanığım.

"Tövbe almak" için gidenler daha çok kimlerden oluşuyor?

İnsanların Semerkand ve Buhara'ya daha çok "tövbe almak" için geldiklerini öğrendim. Menzil'e yani Semerkand'a yurttaşları götüren, gitmeye teşvik eden imam, "Gidenlerin çoğu 'tövbe almak' için gider. Onların çoğunluğu da içki içenler, esrar çekenler, anne babaya asilik yapanlar, açıkçası ipi kopmuş kişilerdir" diyor.

Menzilci imam, bir okuma evinde sohbet ederken, "Bir şeye sebep olan kişi, o işi yapmış gibi sevap, kötülüğe sebep olan da o kötülüğü yapmış gibi günah kazanır" dedi. Arka sırada, sırtını duvara dayamış olan biri toparlandı ve imamla aralarında şu konuşma geçti:

– Hocam, ben meyhaneden çıkmayan, devamlı içki içen biriydim. Menzil'e gittim, bir daha aynı şeyi yapmayacağıma ilişkin "tövbe aldım" ve o günden sonra da içkiyi bıraktım. Ama benim meyhaneye alıştırdığım ve şimdi meyhaneden çıkmayan arkadaşlarım var. Şimdi onlar ne olacak?

– Onları nasıl içkiye, meyhaneye alıştırdıysan, tövbeye de hazırla.

– Ben bunu yaparım. Ama sen de bizimle olacaksın.

– İnşallah... inşallah...

Aradan on gün bile geçmemişti. Kendisi içkiyi bıraktığı için mutlu olan ama arkadaşlarını meyhaneden çıkmayacak kadar içkiye, esrara alıştıran kişi vicdan azabı çekiyordu. Hocayla konuşmasından sonra harekete geçti ve onları kiraladığı otobüse bindirdi. Kendisinin işi vardı. İmamın yanına geldi.

– Hocam, biz hazırız. Arkadaşlarımızla otobüste sizi bekliyoruz.

– Ne yani, esrara, içkiye alıştırdıklarını Menzil'e mi götürüyorsun?

– Siz dediniz ya hocam, "Onları alıştıran da, içkiden, esrardan kurtaran da aynı derecede sorumludur" diye. Ben, alıştırdıklarıma şimdi bırakmaları için vesile oluyorum. Bizi Menzil'e götürür müsün?

– Peki, gidelim.

– Şöyle bir durum var: Bunlar hiçbir şekilde esrara dayanamazlar. Yani onlar otobüste de olsa illaki kullanırlar. Yol boyu sigara gibi kullanırlar.

– Sigara gibiyse bir şey olmaz. Adıyaman'a kadar kullansınlar problem değil. Allah yolumuzu açık etsin.

Birlikte otobüsün yanına geldiler. İmam, otobüsün merdivenine adımını atar atmaz ağır bir kokuyla karşılaştı. Esrar, sigara içildiğini hemen anladı. Araçtan inmeyi düşündü. Ancak verdiği sözü hatırladı. İnmeye utandı; ne olursa olsun onlarla birlikte 14 saate yaklaşan yolculuğu yapacak ve orada "tövbe" aldıktan sonra yine birlikte dönecekti. İmam, bu kitap için şunları anlattı:

> Ben esrarın kötü koktuğunu bilmezdim. Kendi kendimi teselli ettim, "Dayan" dedim. "Menzil'e kadar bunlar içeceklerini içsinler, ondan sonrası için Allah kerim." Ama daha yolun başındaydık. Ankara'nın Gölbaşı ilçesini yeni geçmiştik. Otobüsü havalandırmak ve içeceklerini dışarıda içmeleri için mola verdik. Benim başım dönüyor, kokuya dayanamıyordum. Bir ara oradan kaçmayı kafama koydum. Sonra, "Hoca nefsini düşündü kaçtı" dedirtmemek için, "Öleceksem de böyle öleyim" dedim. "Allah rızasıdır, öl" dedim kendi kendime ve kaçmaktan vazgeçtim. Seyahatimize devam ettik. O uzun yolda Allah sabır verdi, güç verdi.

Esrar içenler kendilerinden geçiyordu. Gelirken, direnip esrar içmeyenler, kendilerini bu illetten kurtarmak için niyetlenenler de vardı. Menzilcilerin yol güzergâhında akaryakıt istasyonu, lokantaları var. İmam, bunların nerede olduğunu biliyor ve orada mola veriyorlardı. İmam, mikrofonu eline alıp onlara içkinin, uyuşturucunun zararlarını anlatıyordu ama boşuna. Sözü yeniden imama bırakalım:

> Namaz vakitlerinde durduk. Onları bu kötülüklere alıştıran ama şimdi kurtarmaya çalışan arkadaş, şoför, muavin ve ben namaza gittik. Onlara da namaz kıldırdım. Diğerlerine de kıldırmak istedim ama onlar kılmadı. Onlar kendi âlemindelerdi. Otobüste birlikte gittik ama sanki hiçbir irtibatımız yok gibiydi. Ben konuştum, onlar dinlediler ama adamların kafası yerinde değildi. Ne kadar faydalı olabilirdim ki?

Yorucu bir yolculuktan sonra Menzil'e gelmişlerdi. Hoca, "mübarek" dediği Şeyh Abdülbaki Erol'un yanına çıktı, ona "Size önce bir hikâye anlatacağım. Sonrası size kalmış" dedi. Şeyh sakalını düzeltirken gülümseyerek "Hele anlat bakalım" karşılığını verdi. İmam anlatmaya başladı:

> Zamanın birinde biri bir köye imam olur. Bakıyor ki hiç kimse namaza gelmiyor. Vatandaşa niçin namaza gelmediklerini soruyor. Bazıları, "Hocam biz rençberiz (çiftçi). Camiye gelince ayakkabılarını çıkaracaksın, namaz kılacaksın, yine ayakkabılarını giyeceksin. Oysa bizim o kadar zamanımız yok" diyor.
>
> Hoca, "Yav kardeşim kim diyor size ayakkabılarınızı çıkarın? Ayakkabınızı çıkartmanızı isteyen hoca bilmiyordur. Ben size fetva veriyorum, ayakkabıyla namaz kılabilirsiniz" diyor. Ayakkabıyla namaz kıldıracağını söyleyen hocanın, birkaç gün sonra tayini çıkıyor ve köyden ayrılıyor. Köye yeni bir imam geliyor. Bakıyor ki herkes ayakkabıyla camiye girip namaz kılıyor. Kendi kendine, "Bu nasıl bir din, böyle şey olur mu?" diyor. Cemaatin karşısına geçip yapılanın doğru olmadığını anlatıyor. Cemaatin ileri gelenleri, giden imamın ayakkabıyla camiye girilip namaz kılınabileceğine dair fetva verdiğini söylüyorlar. Hoca, müftülüğün aylık toplantısında o hocayı göreceğini ve fetvayı soracağını belirtiyor.
>
> İki hoca, müftülük toplantısında bir araya gelince aralarında şu konuşma geçiyor:
>
> – Ben yeni gelen imamım. Yahu sen nasıl ayakkabıyla camiye girilir diye fetva verirsin?

– Bak azizim, ben o köye geldiğimde hiçbiri Allah'a secde getirmiyordu. Ben ayakkabıyla onları namaza başlattım, sen de görev olarak ayakkabılarını çıkarttır.

Şeyh, imama, "Şimdi ne oldu?" dedi. İmam, "Vallaha ben bir otobüs dolusu esrar içen, içki içen insan getirdim" dedi. "Benim görevim onları buraya kadar getirip götürmek. Bundan sonrası size ait. Ama başlarında olan kişi, 'Bunlar asla tövbe almazlar. Onlar tövbe almamak için kaçarlar' dedi." İmamın "Mübarek" dediği şeyh gülümsedi ve şunları söyledi: "Tövbeye kadar getirsinler, tövbe alsınlar, tövbeden sonra dokunmayın onlara. Kaçarlar, çünkü şeytan kesinlikle bırakmaz."

Akşam namazı kılındı. Getirilen esrarkeşlerin yarısı camiye gelmemişti. Onları Menzil'e gelmeye ikna eden kişi, camiye gelmeyenleri tek tek yakalayıp getirdi ve onların da tövbe almasını sağladı. Tövbe bittikten sonra şeyh imama, "Sabah namazından sonra bunları bir kenarda topla, onlarla konuşacağım" dedi. Daha önce, şeyhin bir grupla ayrı olarak sohbet ettiğine hiç tanık olmamıştı imam. Şaşırdı, başını "Evet" anlamında sallarken sık sık "Sultanım" da diyordu.

"Tövbe almak" nedir, tövbe alınırken neler söyleniyor, tövbeden sonra ne yapılıyor?

Getirilen ve şeyhin karşısına çıkarılanlara, şeyh kırık Türkçesiyle, söylediklerini tekrarlamalarını istedi. "Tövbe"de şeyh şunları söylüyor, diğerleri de tekrarlıyor:

> Yarabbi bütün yapmış olduğum günahlardan ben pişmanım. Keşke yapmasaydım. İnşallah bir daha yapmayacağıma söz veriyorum.

Şeyh, tövbe alanın elinden tutuyor. Ancak son yıllarda gelen ziyaretçi çok olduğu için "ip atma" uygulaması yapılıyor. Uzun bir ip, onun üzerine belli aralıklarla bağlanmış ipler de bulunuyor. İp, kalabalığın üzerine atılıyor. İpin ucunu şeyh tutuyor. İpi tutanlar da, şeyhin elini tutmuş sayılıyor. "Tövbe alırken" ipin sağ elle tutulması gerekiyor. İmam, geçmiş yıllarda yani kalabalığın az olduğu dönemlerde yapılan tövbe almayı şöyle anlatıyor:

> Çok iyi hatırlıyorum. Mübarek gelenlerin elinden tek tek tutuyordu. Elini tutarak tövbe veriyordu. Şimdi bir an da 150 kişi tövbe alıyor. Yani elle tutma imkânı yok. Sabaha kadar değil, o kalabalık üç gün bitmez yani. Binlerce insan geliyor oraya. Bunlar tövbeyi aldıktan sonra bir gusül abdesti alıyorlar. Tövbenin kabul olması için bir arınma, bir temizlik yapılmış oluyor. Bir defaya mahsus olmak üzere yatsı namazından sonra yatma zamanı banyoya giriliyor. O vatandaş tövbe niyetiyle gusül abdesti alıyor. Tövbe akşam namazından sonra veriliyor. Yatsı namazı kılınıyor. Yatmadan önce tövbe niyetiyle gusül abdesti alınıyor. Tövbeyle ilgili sekiz şart var. Bunların ilk dördü gözler açık olarak yapılır. Son dördü yapılırken gözler kapatılır:
>
> 1. Tövbe niyetine gusül.
> 2. Tövbe niyetiyle normal abdest.
> 3. İki rekât istihare namazı.
> 4. Tövbe anında aldığımız tövbenin üç kere tekrarlanması.
> 5. 25 defa "Estağfurullah" demek.
> 6. 8 defa Fatiha okumak.
> 7. Ölüm rabıtası yapmak, yani ölümü düşünüyorsunuz; örneğin, cenazesi defnedilen birinin yerine kendinizi koyuyorsunuz. Peygamber Efendimiz diyor ya "İki defa ölümü düşünürse insan günah işlemesi imkânsızdır" diye.
> 8. Mürşit rabıtası yapmak.
>
> Bu tövbeye, şarta başlarken sabah güneş doğana kadar yemiyor, içmiyor ve konuşmuyorsunuz. Sabah namazına kadar yani güneş doğana kadar cinsi münasebet yok. Kur'an okuyabilirsiniz. Dünya kelamı yok, dünyayla irtibat yok. Sadece iç dünyanız var.
>
> Şeyh Abdülbaki namaz saatinde camiye gidiyor. Caminin avlu giriş kapısına geliyor. Sofiler, korumalar yan yana duruyor, onların arasında camiye giriyor. Camiye girince "Selamünaleyküm" diyor ve namaz kıldırıyor. Namaz bittikten sonra, "tövbeye girmek" iste-

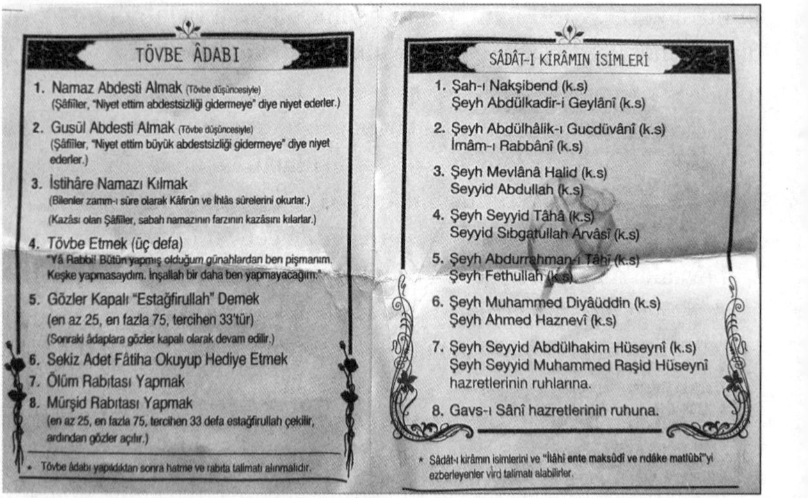

TÖVBE ÂDABI

1. Namaz Abdesti Almak (Tövbe düşüncesiyle)
   (Şâfiîler, "Niyet ettim abdestsizliği gidermeye" diye niyet ederler.)
2. Gusül Abdesti Almak (Tövbe düşüncesiyle)
   (Şâfiîler, "Niyet ettim büyük abdestsizliği gidermeye" diye niyet ederler.)
3. İstihâre Namazı Kılmak
   (Bilenler zamm-ı süre olarak Kâfirûn ve İhlâs sûrelerini okurlar.)
   (Kazâsı olan Şâfiîler, sabah namazının farzının kazâsını kılarlar.)
4. Tövbe Etmek (üç defa)
   "Yâ Rabbi! Bütün yapmış olduğum günahlardan ben pişmanım. Keşke yapmasaydım. İnşallah bir daha ben yapmayacağım."
5. Gözler Kapalı "Estağfirullah" Demek
   (en az 25, en fazla 75, tercihen 33'tür)
   (Sonraki âdaplara gözler kapalı olarak devam edilir.)
6. Sekiz Adet Fâtiha Okuyup Hediye Etmek
7. Ölüm Rabıtası Yapmak
8. Mürşid Rabıtası Yapmak
   (en az 25, en fazla 75, tercihen 33 defa estağfirullah çekilir, ardından gözler açılır.)

* Tövbe âdabı yapıldıktan sonra hatme ve rabıta talimatı alınmalıdır.

SÂDÂT-I KİRÂMIN İSİMLERİ

1. Şah-ı Nakşibend (k.s)
   Şeyh Abdülkadir-i Geylânî (k.s)
2. Şeyh Abdülhâlik-ı Gucdüvânî (k.s)
   İmâm-ı Rabbânî (k.s)
3. Şeyh Mevlânâ Halid (k.s)
   Seyyid Abdullah (k.s)
4. Şeyh Seyyid Tâhâ (k.s)
   Seyyid Sıbgatullah Arvâsî (k.s)
5. Şeyh Abdurrahman-ı Tâhî (k.s)
   Şeyh Fethullah (k.s)
6. Şeyh Muhammed Diyâüddin (k.s)
   Şeyh Ahmed Haznevî (k.s)
7. Şeyh Seyyid Abdülhakim Hüseynî (k.s)
   Şeyh Seyyid Muhammed Raşid Hüseynî hazretlerinin ruhlarına.
8. Gavs-ı Sânî hazretlerinin ruhuna.

* Sâdât-ı kirâmın isimlerini ve "İlâhî ente maksûdî ve rıdâke matlûbî"yi ezberleyenler vird talimatı alabilirler.

Adıyaman'ın Kâhta ilçesine bağlı Menzil köyüne "tövbe" almak için gidenlerin uyması gereken birtakım kurallar var. O gün ben de "tövbe aldım". Yapmam gerekenleri önceden hazırlanmış bu broşürle bana anlattılar.

yenler varsa, atılan ipi tutuyorlar. Bazıları tövbenin sonunda, "Ben de tarikatın şeyhi Seyda Abdülbaki'yi şeyh olarak kabul ettim" diyor ve böylece tarikata girmiş oluyor.

Kadınlar kapı arkasından "tövbe" alıyor

Namaz bitince, tövbeye girenlere, tarikatın kendilerine verdiği görevler izah ediliyor. "Sofi oldun, tarikata girdin" deniyor. O fasıl bittikten sonra, şeyh odasına gidiyor. Çok özel misafirler orada oturuyor. 5.000 kişi gittiyse onun oturduğu yere ancak 50 kişi oturabiliyor. Onlar da şeyhin tanıdığı ya da saygı duyduğu kişiler, bürokratlar. Şeyhin cemaatle ilgisi bu kadar.

Menzil'e kimler gelmiyordu ki... Uyuşturucu tutkunlarından travestilere kadar toplumun değişik kesimlerinden pek çok kişi "tövbe almak" için geliyor. Kötü işlere bulaşmamak için gelenler arasında kadınlar da vardı. Gelip de, "gerçekten içki ve diğer kötü alışkanlıklardan kurtulduğunu" söyleyenler olduğu gibi, "Gittim ama bir fayda görmedim" diyenler de var. Kadınlar, erkeklerin bulunduğu camide değil, kadınlar için yaptırılan camide namaz kılıyorlar. Onlardan da tövbe etmek isteyenler için şeyh, kapı arkasından "tövbe" veriyor. Kadınlar şeyhi göremiyor, sadece sesini duyuyorlar.

O adamlar, başlarına takke takıp bir kenarda şeyhi bekledi

Sabah namazından sonraydı. İmam, getirdiği kişileri, şeyhin isteği üzerine bir kenarda topladı. O da gördüğüne şaşırmıştı. Dün köy içinde sağa sola koşup yakaladığı ve camiye getirdiği kişiler, bu kez başlarına takke takmış, imamın dediği yerde bekliyorlardı. Bu durum imamın çok hoşuna gitti, "Maşallah, maşallah sanki yirmi yıldır buraya mensup gibisiniz" deyince kimisi güldü, kimisi takkesini düzeltti, kimisi de "Şimdi ne olacak" diye söylendi.

Şeyh Abdülbaki Erol dizleri ağrıdığı için onlara doğru yavaş yavaş yaklaştı. Hepsi ayağa kalktı, boyunlarını büküp ellerini önlerinde bağladılar. Şeyh eliyle oturmalarını işaret etti. Oturdular. Şeyhin sandalyesi de gelmişti. Onlara Allahü Teâlâ'nın esrarı, içkiyi haram kıldığını, önemli olanın ahret olduğunu, bu dünyaya Allah'a ibadet için gelindiğini anlattı. Bu öğütler yaklaşık on beş dakika sürdü. Şeyhi başları önlerinde sessizce dinlediler. Sonra şeyhle vedalaştılar.

Orada bir gece kalmışlardı. Artık gitme vakti gelmişti. Sabah bulgur çorbası ve ekmeklerini aldılar. Karınlarını çorba ve ekmekle doyurduktan sonra otobüse bindiler. Şoför, otobüsü iyice havalandırmıştı. Otobüse bindiklerinde herkes yerine oturdu. Kimse kimseyle konuşmuyordu. Hemen herkesin elinde diş temizlemek için kullanılan birer misvak, başlarında takke vardı. Herkes kendi iç dünyasına çekilmişti sanki. Bu durum imamı etkiledi. Mikrofonu eline alıp onlara, "Dün gece herkes ne yaşadığını bana anlatsın" dedi. Rüyaları dinledikçe imamın tüyleri diken diken oldu.

Adana'ya geldiklerinde namaz için mola verdiler, ardından da yemek yiyeceklerdi. İmam ile onları getiren kişinin gözleri tövbekârların üzerindeydi. Yemek için durdukları lokantanın yanında tekel ürünleri satan bir büfe vardı. İmam, içkileri görünce, içinden "Eyvah" dedi. Şimdi onların içki almaya gireceğini düşündü. Gördüğüne inanamadı. İçki satılan dükkânı görmelerine rağmen, kimse içeriye girip içki almadı.

Aradan uzun bir süre geçmişti. Arkadaşlarını içkiye, esrara alıştıran kişiyle imam karşılaştı. Onların durumunu sordu, "Hiçbirisi eskiye dönmedi. Hepsi de namazına, niyazına devam ediyor" karşılığını aldı.

Şeyhin oğlu ile eski bakan arasındaki ilginç konuşma

Bırakın yalnız içkiyi ve esrarı, sigarayı bırakmak için bile Menzil'e gidenler oluyor. Bazıları döndüklerinde "okunmuş çorba içtiklerini" belirtiyorlar. Oysa araştırdığımda çorbayla ilgili herhangi bir "okunma" olmadığını öğrendim. Dahası, o çorbanın hiç bitmediğine inanıyorlar. Şeyh, "Çorba bitmez mi? Bittiği zaman yeniden pişirirsin. Ama bazıları çorbanın hiç bitmediğine inanıyor. 'Şeyh uçmaz, müritler uçurur' sözünü hatırlatıyorum" diyor.

Oraya gidip de uyuşturucuyu, içkiyi, sigarayı bırakanlar da oluyor. Onlara sadece "Bunlar zararlıdır" nasihatinde bulunuluyor. Bırakanlar gibi Menzil'den çıkar çıkmaz içki satılan yere giden ya da aracının zulasında sakladığı esrarı saran da oluyor. Uzun yıllar bakanlık yapan, parti üst yönetimlerinde görev alan bir siyasetçiden dinliyorum:

> Bizim ilin bir mahallesinde uzun yıllar muhtarlık yapan Vehbi K., içkiden kurtulmak için Menzil'e gitti. Bir süre kaldıktan sonra döndü. İçkiyi hiç ihmal etmeyen, camiye ayağı girmeyen Vehbi gitmiş, yerini başka birisi almıştı. Vehbi camiden çıkmıyor, ibadetini yapıyordu. Aradan üç dört ay geçti, muhtar yeniden içki içmeye başladı. Abdesti, namazı unuttu.
>
> Ben, o dönem Menzil şeyhi olan Muhammed Raşit Erol'un oğlunu tanıyordum. Bir yerde karşılaştığımızda, "Sizin oraya gelen muhtarımız içkiyi bıraktı, üç ay sonra yine başladı" deyince, şeyhin oğlunun cevabı şöyle oldu: "Sayın bakanım, doktora bir muaye-

ne için gidince ilaç veriyor. 'Üç ay sonra yeniden gel' diyor. Muhtar üç ay içki içmemiş. Demek ki üç dört ayda bir kendisini tazelemek için bize gelmesi, ilaç terkibini değiştirmesi gerekiyor."

Bu sözlere hem bakan, hem de şeyh güldü... Vehbi ise içmeye devam ediyor.

TBMM tutanaklarında Menzil: "Valilik desteğiyle, uyuşturucu kullananları Menzil'e götürüyorduk"

Menzilci olduğu bilinen dönemin Sağlık Bakanı Recep Akdağ'ın, müsteşarlığını ise yine Menzilci Necdet Ünüvar yapıyordu. Ünüvar, bazı mahkeme kararlarını uygulamadığı için mahkûm olunca, onu kurtarmak ve dokunulmazlık kazandırmak için milletvekili yapılmıştı. 2008 yılında TBMM'de kurulan Uyuşturucuyla Mücadele Komisyonu'nun başkanlığına da seçilmişti. Ünüvar'ın, komisyona davet ettiği isimler arasında İskender Erbay da vardı. Erbay, İzmir'de Alkol ve Madde Bağımlılığı ile Mücadele Derneği'ni (ALMADER) kurmuş, aynı zamanda bu derneğin başkanlığını yürütüyordu.

İskender Erbay komisyon üyesi milletvekillerine kendisini tanıtırken, "Derneğimizin özelliği, eşekten düşeni eşekten düşen anlar. Bizim yönetimimiz, üyelerimiz hepsi eşekten düşenler. Biz, alkol, uyuşturucu kullanıp bırakanlarız. Üyelerimiz ya alkol kullanmıştır ya madde kullanmıştır ya da ikisini birden kullanmıştır" diyordu.

Erbay, her gün yarım şişe, bir duble, iki duble falan derken içkiyi artırmıştı. Ramazan ayında ve cuma geceleri içmiyordu. Ege Üniversitesi'nde bir yıl tedavi görmüş, sonrasında içkiyi bırakmıştı. İçki ve uyuşturucu kullananlara yardımcı olmak amacıyla dernek kurup kendini bu işlere adamıştı.

İskender Erbay'la TBMM Araştırma Komisyonu'na verdiği ifadeden 11 yıl sonra konuştuğumda, "Yıllar önce derneği kapattım" dedi. Komisyonda söylediklerinin çoğunu da hatırlamadığını belirtti. Örneğin, uyuşturucu kullananları Menzil'e gönderdiklerini hatırlatınca, "Demek ki TBMM'de söylediklerimi yanlış yaz-

TBMM
Tutanak Müdürlüğü

Komisyon : (10/6) Giriş :11.30 Tarih : 26/6/2008 Grup : Didem Sayfa : 2

Zaten alkolikler orta yaş grubu oluyor, madde kullananlar genç kesim, yeni jenerasyon. O yüzden çocuk hastaneden çıktıktan sonra, çocuğun tedavisi yarım kalıyor. Neden? Çünkü, arkasından koşturan herhangi bir dernek yok. Biz yeni açtık, 11 Eylülde Allah nasip ederse bir yıl olacak. Biz takip ediyoruz gücümüz yettiği kadar ve bu son üç aylık faaliyet raporunda -İzmir Valilik kurumundayım şu anda- 97 çocuğu hayata kavuşturduk, hiçbir profesyonel yardım almadan, hiçbir hekime göndermeden, empati yoluyla. Bazılarını da bir 160 kişilik grubu da namaz yoluyla dize getirdik, bunla da ilgili bir çalışmamız var. Menzil'e gönderiyoruz, otobüs paralarını veriyoruz, iaşelerini veriyoruz. Sayın Valimizden yardım istedik, dedi ki: "Ben iaşe bedelini öderim." Sağ olsun yardım etti ve bu çocuklar da dört aydır ayık, içmiyorlar ve hepsi potansiyel suçlu. Cezaevinden çıkmış, kimisi cinayet, kimisi uyuşturucu, hepsi potansiyel sabıkalı.

Sıkıntılarımız var. Valilik bize güzel bir yer vermişti üç katlı, çok güzel çalışmamız vardı. Sonra satılacak diye geriye alındı. Şu anda dernek yeriyle ilgili sıkıntımız var. Ben aşağı yukarı bir buçuk yıldır, çünkü, değişik yerlerde hep yer tuttuk, bunun ücretini falan hep kendim karşılıyorum, yönetimden talep etmiyorum. Zorlanıyorum, çünkü emekli adamım, çok zengin bir adam değildim. Tutacağımız yer 500 oluyor, emekli maaşı 570... 500'ünü oraya veriyorum, ama kırtasiye giderleri? İnsanlardan gidip makbuzla da ben bağış almıyorum, ben dilenci gibi hissediyorum kendimi, amacımın dışına çıkmış oluyorum. Beni kullanmış oluyorlar o zaman. Bana işi düştüğü için gelmesi insan. Hakikaten o çocuğun kurtulması için geldiyse, ben ona elimden geleni yaparım. Yeşil kart için gider koştururum, sigarasını alırız, orada kendimiz bir tencere yemek yapıyoruz, Allah ne verdiyse hep beraber yiyoruz, ama gidip kimseden ben bir bağış istemedim. Benim şu ana kadar topladığım bağış -tabii tam iki yıl öbür dernekle beraber- 1 milyar küsur... Çok komik bir rakam, telefon parası değil. Ama önemli olan bu çocuklar bizim geleceğimiz, bizi temsil edecekler yarın bugün, belki aralarından birisi bir başbakan olacak, cumhurbaşkanı olacak, bir şey olacak.

İzmir'de bir dernek, içki içen, uyuşturucu kullanan gençleri bunlardan kurtulmaları için Menzil dergâhına götürüyordu. Konu hakkında TBMM'de komisyonda bilgi veren İskender Erbay, bunun için valilikten destek aldıklarını açıklıyordu.

mışlar. Ben kendim bile Menzil'e gitmedim. Kimseyi de göndermedim" dedi. Oysa tutanakta gönderdiklerini söylemişti. Acaba, Menzilci komisyon başkanından destek almak için mi bu yola başvurmuştu, bilemem. O dönem tutanaklardan alıntı yapılarak *Milliyet* gazetesinde yayımlanan haberi okuyalım:

TBMM Uyuşturucuyla Mücadele Komisyonu'nun dinlediği ALMADER Başkanı İskender Erbay, uyuşturucu kullanan gençleri valiliğin desteğiyle Adıyaman'daki Menzil tarikatına gönderdiklerini anlattı. İzmir'deki uyuşturucu bağımlılarına "namazla tedavi" uygulandığı, bir grup bağımlının da bu kapsamda sivil toplum örgütleri ve valiliğin desteğiyle Adıyaman'daki Menzil tarikatına gönderildiği ortaya çıktı.

TBMM Uyuşturucuyla Mücadele Komisyonu, 26 Haziran 2008'de Alkol ve Uyuşturucu Maddeyle Mücadele Derneği (ALMA-

DER) Başkanı İskender Erbay'ı dinledi. Komisyonun tutanaklarına göre, alkol bağımlısı olduğunu ve tedavi gördüğünü açıklayan Erbay, dernek yöneticilerinin de kendisi gibi bağımlılıktan kurtulanlardan oluştuğunu kaydetti. Erbay, "Eşekten düşeni eşekten düşen anlar. Bizim yönetimimiz, üyelerimiz, hepsi eşekten düşenler" dedi. Bir yıldır faaliyet gösterdiklerini belirten Erbay, kendilerine 300 başvuru yapıldığını anlattı. Hastaneden çıkan çocukları takip ettiklerini vurgulayan Erbay şu bilgileri verdi:

"Hastaneden çıkan çocuğun takibini kimse yapmıyor. Hekim hastasını bir kere görüyor, hastaneye yatırıyor, 21 gün akut dedikleri ayılma tedavisi görüyor, ondan sonra hastasını unutuyor. Biz hastaneden çıkan çocukların birçoğunu okullara yazdırdık. Birçoğu ise işsiz. Sabıkalı oldukları, uyuşturucu kullandıkları için çocuklara iş temin edemiyoruz. İş olmayan yerde de şiddet ve suç var."

TBMM'de, esrarkeşlerin doktor yerine Menzil'e gönderilmesi konuşuldu

Hiçbir profesyonel yardım almadan ve hiçbir hekime göndermeden, empati yoluyla 97 çocuğu hayata kavuşturduklarını anlatan Erbay, bazılarını da "namaz yoluyla" dize getirdiklerini açıkladı. Komisyon üyelerinin şaşkınlıkla dinlediği Erbay şöyle devam etti:

"Bazılarını, 160 kişilik grubu da namaz yoluyla dize getirdik, bununla ilgili bir çalışmamız var. Menzil'e gönderiyoruz, otobüs paralarını veriyoruz, iaşelerini veriyoruz. Sayın valimizden yardım istedik, 'İaşe bedelini öderim' dedi. Sağ olsun, yardım etti ve bu çocuklar dört aydır ayık, içmiyorlar. Hepsi potansiyel suçlu. Cezaevinden çıkmış, kimisi cinayet, kimisi uyuşturucu, hepsi potansiyel sabıkalı."

Alkole yakalanan sürücülerin ALMADER'de toplu terapi görmesini de öneren Erbay, "Çünkü insanlar bazı sorunlarını kimseyle paylaşamazlar. Herkes kendi grubuyla paylaşır. Her insanın içinde karanlık bir nokta vardır. Zaten o karanlık noktayı bastırmak için insanlar alkolik olur veya bir maddeye yönelir. Duygusal insanlar bu hastalığa kapılır" dedi.

Milliyet'e konuşan Erbay, "Bağımlıları Menzil tarikatına mı gönderiyorsunuz?" sorusuna şu yanıtı verdi:

"Menzil, Adıyaman'da dini bir oluşum, Allah yolunda mücadele ediyor. Bu çocukları terapi ediyorlar. İzmir Mardinliler Derneği aracılık etti. Valilikten destek aldık. Valilik bünyesinde oluşturulan Alkol ve Uyuşturucuyla Mücadele Kurulu da devrede. Ben sivil toplum örgütleri adına bu kurula katılıyorum. Bu çocuklar için mücadele ediyoruz."

CHP'li Ersin'den tepki:
Tarikatlı tedaviyi Meclis'e taşıyacağım

TBMM Uyuşturucuyla Mücadele Komisyonu'nun üyesi, CHP İzmir Milletvekili Ahmet Ersin, tarikat yöntemleriyle uyuşturucu mücadelesinin kabul edilemeyeceğini belirtti ve şunları söyledi:

"Bilimsel bilgi ve tedavi araştırmaları varken, bağımlıların, çocukların tarikatların kucağına atılması kabul edilemez. Vali nasıl çocukların tarikat kucağına atılmasına destek olur? Bunun hesabı verilmeli. Konuyu TBMM gündemine taşıyacağım. Olayın araştırılması için önerge vereceğim. Bu, tarikatların her alanda fink attığının göstergesi. Tarikat yöntemleriyle uyuşturucuyla mücadele olur mu?"

Aslında, o gün İskender Erbay'ı hayranlıkla dinleyen, onun Menzil'i anlatmasından memnun olan komisyon başkanı vardı. Ancak, İskender Erbay, şimdi o sözleri asla söylemediğini, TBMM tutanaklarına yanlış geçirildiğini söylüyor.

Birbirlerine "Çorbacılar", "Pilavcılar" diyorlar

Menzil'e giden de, Buhara'ya gidenler gibi en fazla üç gün kalabiliyor. "Hizmet" için kalacak olanlar seçiliyor, diğerlerine ayrılmaları söyleniyor. Kimin ne zaman geldiğini de çok iyi biliyorlar. Menzil'de de, Buhara'da da sabah ve ikindi namazından sonra bulgur çorbası ve ekmek veriliyor. Yani günde iki öğün çorba var. Çorbalar ve ekmekler tamamen Menzil ve Buhara'dan. Ekmek üç adet verilirken, çorba için sınır yok, iç içebildiğin kadar. Bazıları "sevap" diye bulgur çorbasını aynı tencereden içtikçe içiyor. Bittikçe de çorba dolu tencere getiriliyor. Bazı tarikat mensupları çorbanın hiç bitmediğine inanıyor. Bulgur çorbası içtikleri için Fethullahçılar, Menzilcilerden söz ederken "Çorbacılar", Menzilciler de Fethullahçılar için "Pilavcılar" diyor. Fethullahçıların, ışık evlerinde en çok yedikleri "maklube"dir. Baharatlı kuşbaşı etler kavruluyor. Pilav pişiriliyor. Pilav piştikten sonra üstüne kavrulmuş etler diziliyor. Biraz bekledikten sonra geniş bir tepsinin ortasına bu tencere ters çevrilerek bırakılıyor. Tepsinin tam ortasında üzerinde etlerden oluşan bir örtüyle kaplı bir pilav dağı bulunuyor. Tepsinin yan tarafına ise pilavı dairesel şekilde kaplayacak biçimde salata malzemeleri ve yoğurt konuluyor.

Bu yemek daha sonra bir yer sofrasına bırakılıyor. Bu yer sofrasında bağdaş kurarak oturan cemaat üyelerinin hepsi aynı tepsi içindeki maklubeyi kaşıklayarak yiyor. Herkesin aynı tepsiden yediği bu yemek cemaatin ortak kültürünün gelişmesine de katkıda bulunuyormuş. Maklubenin yanında en popüler içeceğin de ayran olduğu söyleniyor.

Fethullahçılar maklubelerini, Menzilciler çorbalarını över. Türk Kızılayı'nın 120 milyon avroluk ihalesini kazanan, Menzil tarikatına hayranlığını da gizlemeyen Ferhat Danışman, Menzil'le ilgili paylaşımlarında, "Menzil'de içilen çorbanın kişinin midesinden yüz yıl çıkmayacağını" belirtiyor. Menzil köyü için "Güller diyarı, ilim-irfan merkezi" diyor, vefat eden Şeyh Muhammed Raşit Erol'un fotoğraflarını da sosyal medyada paylaşıyor. Menzil tarikatından olmak ve tarikat liderlerine övgüler dizmek son dönemlerde giderek yaygınlaşıyor.

Caminin altında yatakhane var. Orada da herkes yorganını yastığını alıp dilediği gibi yatıyor. Ekmek, çorba ve yatacak yerler için Buhara'da da, Menzil'de de herhangi bir ücret alınmıyor. Her gün ikindi namazından sonra "Hatma" yapılıyor. Bu "olmazsa olmaz"lardan. Bin tane İhlas suresi, 79 İnşirah suresi, 200 tane de salavat. Bunlar bağışlanıyor ve hepsi gözü kapalı yapılıyor. Takriben 15-20 dakika sürüyor. Akşam namazından sonra da "mürşit rabıtası"na geçiliyor. Bir nevi iletişim. Yüz yüze ya da telefonla müridin, mürşidiyle irtibatı gibi. Mürşit yol gösteren, rehber demek. Herhangi güzel bir şey yaşamışsa onu mürşidiyle paylaşıyor. Kalbi irtibat denen iki kalp arasındaki irtibat. Her sabah namazından sonra 5.000 zikir çekiliyor. Kalbi zikir. Elinde tespih sessizce kalbinizden "Allah" diyorsunuz. Allah dışında o an sizin söylediğinizi kimse duymuyor, bilmiyor.

Oraya gidene "tövbe" veriliyor; çorba, ekmek, yatma, camiye yardım adı altında para istenmiyor. Ama çorba, ekmek parası için katkıda bulunmak isteyenlerin yardımı da kabul ediliyor. Buhara'da da, Menzil'de de çeşit çeşit lokantalar, pastaneler var. Bunların çoğunun şahıslara ait olduğu belirtilse de, hepsinin şeyhlere ait olduğu biliniyor. Lokantaların önündeki tabelalara yemek isimleri yazıldıktan sonra altına mutlaka "Şifa olsun" yazılıyor. Yemekleri "şifa olsun" diye, yardım olsun diye yiyenler de var.

Dergâhın marketleri, hediyelik eşya mağazaları da var. Buraya gelen kişi dergâha yardım için çok alışveriş yapıyor. Geniş arazilerde bölgenin özelliğine göre her türlü ürün yetiştiriliyor. Şeyh Feyzeddin Erol, tarlalarında çalışanların maaşlı ve sigortalı olduğunu söyledi. Menzil'de de aynı şeyleri duydum. "Kimse bedava orada çalışmıyor. Gönüllü olarak şöyle bir durum olur: Biz gittik bir tarlada bir hizmet var. İşi olmayan, çalışmak isteyen varsa belki bir günlüğüne, belki üç günlüne gider çalışır" deniyor. Bazı kamu görevlilerinin izinlerini Menzil'de geçirdikleri de biliniyor. Onlar arasında çobanlık yapan üst düzey bürokratlar bile var. Bunlar, üç gün değil, izin süresince kalıyorlar. Bu işler böyle garip...

"Evet, her türlü meslek grubundan devlet görevlisi geliyor"

Menzil'in Ankara temsilcisi konumunda olan Diyanet İşleri Başkanlığı personeliyle sohbetimiz devam ediyor:

Menzilcilerin devlet içinde gücü, etkisi nedir?

Devletin görevlileri geliyor. "Herkes bir yerde olsun, birkaç yeri tutalım da bizim olsun" diye bir şey yok. Öyle bir durum yok. O niçin olur abi? Dünyevi bir maksatla olur. Onların da orada dünyevi bir beklentileri yok.

Genellikle hangi meslek grupları geliyor?

Bütün meslek gruplarından gelenler var. Hiç fark etmez. Polisler, askerler, bürokratlar. Kimisi meraktan geliyor. Yabancılar nasıl gelip tövbe alıyor ya öyle. Hatta buraya kötü niyetle gelenlerin, kalbine bir muhabbet geliyor. Bir bakıyor ki tövbe alıyor. Hatta itiraf edenler oldu; zarar vermek için gelenler, bir rüya görüyor ya da bir şeyler oluyor, zarar vermekten vazgeçiyorlar.

Menzil, siyasetçilerin de çok geldiği bir yer mi?

Siyasetçilerin hepsi de gelir. Siyasilerin tek bir maksadı var, oy toplamak değil mi? Hepsinin de oya ihtiyacı olduğuna göre ona binaen hepsi de gelir. Siyasetçi olarak rahmetli Muhsin Yazıcıoğlu Menzil'le irtibatlıydı. O tövbeliydi. Her zaman geliyordu. Hiçbir zaman Menzil'e bağlı olduğunu, Nakşibendi olduğunu gizlemiyordu.

(Bu konuyu, rahmetli Muhsin Yazıcıoğlu'nun yakın arkadaşı olan ve Büyük Birlik Partisi'nde genel başkan yardımcılığı görevinde bulunan Selahattin Şenliler'e sordum. "Mensubiyeti yoktu ama onlara karşı bir muhabbeti vardı. Müritlik-şeyhlik içinde olduğunu duymadım. Esad Coşan'a da muhabbeti vardı. Ahmet Yesevi felsefesiyle hareket ederdi. Yesevi'nin türbesini ziyaret edip otele dönmüştük. Sonra, eşiyle birlikte otelden ayrıldı. Biz oteli beğenmeyip başka bir otele geçeceğini düşündük. Meğer, gece türbeyi açtırıp sabaha kadar ağlayıp dua etmiş. Muhsin'in tarikatı, dine bakışı bu. Arap kültürünün din olmadığını belirtir, tam bir Ahmet Yesevi'ci olduğunu söylerdi. Tarikat, cemaat liderleri hakkında hiç kötü söz söylememizi istemezdi" dedi.)

Muhsin Bey ile çok konuştuk, görüştük, Menzil'de çok buluştuk. Dergâhta hiçbir şekilde hiçbir partiye yani "Siz buraya oy vereceksiniz" diye emir yok. Sağ partilerin Süleyman Demirel'den Turgut Özal'a, Necmettin Erbakan'a kadar hepsinin Menzil'e bir yakınlığı vardı. Hatta Erbakan bir ara geldi, Sivrihisar-Buhara'da bulunan Şeyh Feyzeddin Erol'u milletvekili yapmak için babasının olurunu almak istedi. Onu ayrıca genel başkan yardımcısı yapacağını söyledi. (Sorduğumda Feyzeddin Erol da bunu doğruladı.)

Şeyh Muhammed Raşit Erol, bir gün Erbakan'a şunu anlattı: Çok zengin bir baba vefat edeceği zaman malının üçe bölünmesini, birisiyle kendisi için hayır yapılmasını, birisinin kendilerinin olmasını, üçüncü parçanın ise dünyanın en ahmak insanına verilmesini vasiyet ediyor. Ahmak arıyorlar. Bir gün bakıyorlar ki bir adamı eşeğe ters bindirmişler alay ediyorlar, tükürüyorlar. Niye böyle yaptıklarını sorunca, "Efendim bizim buralarda gelenektir. Valilik yapıp görevi sona erenlere böyle uğurlama yapıyoruz" diyor. Parayı vermek için ahmak arıyorlar ya, "İşte bulduk" diyorlar. Valinin yanına oturtuyorlar ve ona emaneti teslim etmek istiyorlar. Yeni vali köpürüyor, "Bana nasıl böyle hakaret edersiniz?" diyor. Bunun üzerine, "Sizden önce geleni görüyoruz, siz de bu duruma düşeceğinizi bile bile burada oturuyorsunuz" diyorlar. Şeyh bunu anlattıktan sonra, "İnsan Allah yolunda olursa daha güzel olur hiçbir zaman mertebesi düşmez. Onun için siyasetle ilgisi yok" deyip konuyu kapatıyor.

Recep Akdağ'ın bakanlığından sonra gelenlerin sayısı üçe dörde katlandı

Recep Akdağ'ın Sağlık Bakanlığı Menzil'i nasıl etkiledi?

Onu da anlatayım: Bilfiil bildiğim için söylüyorum; Recep Akdağ, Menzil'in mensubu hatta mübareğin vekili. Bakan olmadan önce Erzurum'da üniversitede hocalık yaparken geliyordu. Bakan olduktan sonra Menzil'de kalabalık üçe dörde katladı. Bakana iyi görünmek için herkes Menzil'e gitti, takke taktı, şu oldu bu oldu. Bakanlıktan ayrıldıktan sonra gözümüz burada kimseyi görmedi daha. Recep Bey'in Menzil'e dokunan bir özelliği yoktu. Sadece onlara şirin görünmek için, makamlarından olmamak için genel müdürleri bir ellerinde tespih camide bulunuyordu. Bakan gittikten sonra o cami de boş kaldı diyebilirim yani. Bakan görsün diye geliyorlardı. Bakanlığa bağlı hastanelerin başhekimleri hep oradaydı. Mesela, ben bir başhekim biliyorum, zerre kadar Menzil'le ilgisi yoktu ama kendisini Menzil'in mensubu gibi gösterirdi. Her yerde, "Mübareğe kaç kere geldim" diye konuşurdu. Bunun gibi sırf mevkiini makamını korumak için yapanlar da vardı. Başardılar da. Recep Bey bunları, "Başları secde görüyor" diye görevden almadı. O da Reis gibi. O da aldandı.

Enerji Bakanlığı'nda durum nasıldı?

Taner Yıldız'ın Enerji Bakanlığı döneminde, Menzil'e bu bakanlığın ve bağlı kuruluşların bürokratları akın ederdi. Aynen Recep Bey'in bürokratlarının yaptığını yapıyorlardı. O koca adamlar ellerinde 99'luk tespih, başlarında takkeyle dolaşıyorlardı. Dolaşabilirler ama sırf makam mevki yüzünden yaptıkları için doğru bulmuyorum. Gelenler, Menzil'e şöyle bağlı, böyle bağlı olduklarını söylüyorlardı ama soruşturduğumda adamın namaz bile kılmadığını öğreniyordum. Bu durumda olanlara asla referans olmuyorum. Menzilci bakanlar gidince, bürokratların da ayağı kesildi.

Milletvekilleri de çok gelirdi. Eski Yozgat milletvekili şimdi külliyede görev yapan Osman Coşkun sık gelirdi. Kendisi çok temiz, şeker adam. Telefonunu vermiş internette, herkes onu arıyor, onlara yardımcı oluyor. Başka hiçbir işi yok abi. O da gelir gider.

Bakanların gelişleri gidişleri gizli mi olurdu? Resmi plakalı araçla mı gelirlerdi?

Sivil plakalı araçla gelirlerdi. Bakanlar, tepki olmasın diye gizli gelip giderlerdi.

Nasıl oluyor o gizlilik?

Mesela, akşamları geliyorlardı, Menzil'e zarar vermesin diye. Bir de şöhretten çok kaçıyorlardı. İsim olmasın, bu yere leke sürülmesin diye dikkat ediyorlardı. Ankara'da bulunan Forum İş Merkezi'ne şeyh geldiği zaman oraya da geliyorlardı. O zaman gelenlerin sayısı da fazla oluyordu. Onların aralarında eski bakanlar da vardı. Dua isteyip gidiyorlardı. Aklına gelen kim varsa hepsi geliyordu. Siyasilerin maksadını benden daha iyi biliyorsun. Allah rızası içindir, bilemem tabii niyetlerini, Allah bilir.

Tayinlerde etkili oluyorlar mı?

Mübarek, tayin işleri için gelenleri pek dinlemezdi. Gelen kişi sizi tanıyor, ama siz onu tanımıyorsunuz. Gelen kişi, Sağlık Bakanlığı'nda bir işinin olduğunu söyleyince, şeyh hemen eliyle o kişiyi itiyor. "Biz din işleriyle, zikirle ilgileniyoruz. Zikirle, ahretle ilgili bir şey varsa söyle yardımcı olalım. Biz dünya işleriyle ilgilenmiyoruz. Hiç kimsenin işine karışmıyoruz referans olmuyoruz" diyordu.

Vakıflar, dernekler ne durumda?

Her ilde vakıflarımız, derneklerimiz var. Bunlar ayrı ayrı isimlerde. Mesela burada Semerkand, Kahramanmaraş'ta Kevser, başka ilde başka bir isimledir. Genelde aynı işler yapılıyor. İstanbul'daki hastane vakfın değildir, şahsidir. Herkes gibi onlar da ticaret yapıyorlar. *Semerkand* dergisi var, geliri dergâhadır. Semerkand TV var. Semerkand Yayınları var. Dini içerikli kitaplar. Dünyanın her tarafında var böyle şeyler. Din dışında bir şey yok. Bir amaç yok. İhtilal, darbe yapayım hiç öyle bir şey yok.

Mesela, her bir ilde bir vakıf var. Ne yapıyor bu vakfı?

Fakir fukaranın ihtiyaçlarını gideriyor. Mesela, durumu iyi olmayıp da Menzil'e gitmek isteyenlerin yol parasıdır, harçlığıdır, evlenmesidir şudur budur, ne gerekiyorsa yapılıyor. Tamamı hizmette kullanılıyor. Kesinlikle bu bizdendir, değildir diye bir ayrım yoktur. Örnek veriyorum; fakir olsun oraya müracaat ettiği

Menzil'de binalar, işyerleri son derece modern. Oraya "köy" denilemeyecek kadar görkemli yapılar var. Köyün tamamı şeyh ve ailesine ait.

Semerkand Vakfı'nın değişik yerlerde "kültür merkezleri" bulunuyor. Ankara'da da böyle görkemli bir binaya sahipler.

zaman ya da onların ondan haberi olduğu zaman kesinlikle yardım yapılıyor. Ümmeti Muhammed yani hizmet dediğimiz şey bu. FETÖ'nün yaptığı gibi değil.

Menzil'in, FETÖ'den farkı ne?

İşte farkımız bu. Onlar sadece bir yapılanmaydı; amaçları, gücü elle almaktı. O gücü kullanmaktı. Sonradan gördük, onlar Allah rızası için değil, sırf dünyevi. Bizim dünyevi maksadımız yok, beklentimiz söz konusu olamaz. Farkımız sadece bir insanı kurtarmak, bütün insanları kurtarmak ayeti mealine binaen bizim maksadımız bu. FETÖ yapılanmaydı. Devlet dairelerini, oradaki gücü ele alma ve devirmeydi yani.

Sizinkiler de gücü almaya çalışmıyor mu?

Bizde öyle bir şey yok. Bizde öyle bir güç ve niyet de yok. Bakanlığı elimize alalım vs. olmadı, olamaz. Dünyevi beklentimiz yok. Tek maksat, Allah rızasıdır ve o insanları kurtarmaktır.

Tövbe işlerini kim yapıyor?

Vekil veriyor. Vekâlet var. Siz gittiniz, belli bir zaman geçirdiniz, vekillik yapacak duruma geldiğinizde mübarek size vekâlet veriyor. Mesela ben de vekâlet aldım. Kişi Menzil'e kadar gidemiyor, tövbe almak istiyor, veriyorum yani.

Şeyhe mesaj yazdım: "Sizinle konuşmak istiyorum." Cevap kısaydı

Menzil dergâhı ikiye bölünmüştü. Vefat eden Şeyh Muhammed Raşit Erol'un büyük oğlu Feyzeddin Erol, önce Ankara-Pursaklar'da, sonra Eskişehir'in Sivrihisar ilçesine bağlı olarak kurduğu Buhara köyündeydi. Amcası şeyh Abdülbaki Erol ise Menzil'i büyütüyordu. Büyük oğlu Şeyh Saki Erol'u da halife ilan etmişti.

Menzil, ilahiyatçı yazar Nazif Ay'ın 1979 yılında gittiği Menzil değildi. Orası köy ama bir ilçede olabilecek her şey var. Hemen bütün işyerlerinin üzerinde "Hizmet" yazıyor. Hizmet Pastanesi, Hizmet Lokantası, Hizmet Market, Hizmet Hediyelik Eşya... Ne kadar işyeri varsa tamamı şeyh ve ailesine ait. Tüm gelirler şeyhe geliyor. Buraya gelip binlerce dönüm tarlada gönüllü olarak çalışanlar var. Yapılana "Hizmet" diyorlar. Gelenlere de "Sofi". Gönüllü olarak çalışmak için gelenler bazen uzun süre burada kalıyor.

Doğan Kitap Bölge Müdürü Sefa Kılıç ile Denizli'de açılan kitap fuarına gitmiştik. O, kitapçı İlker Kalaycı ile koyu bir sohbete dalmışken, ben de okuyucularımıza kitaplarımı imzalıyordum. Dönüş yolunda Sefa Kılıç, "Fethullah Gülen'i 2010 yılında, en güçlü olduğu dönemde yazmışsınız. FETÖ'nün yerini METÖ alıyor, yani Menzilcilerin aldığı söyleniyor. 'Pensilvanya gitti, Menzilvanya geldi' deniyor. Bana göre Menzilcileri araştırmalısınız" dedi.

İlginç geldi. "Tamam ama birlikte Menzil'e gitmeye hazırsan" dedim. O da, "Ne zaman istersen ben de gelmek isterim" karşılığını verdi. Evet, gidecektik gitmesine, oraya gelen diğer ziyaretçiler gibi olacaktık. Onlar gibi aynı tencereden altı kişi birlikte çorba içecektik, caminin alt katında bir köşede kıvrılıp yatacaktık. Yani, gelen nasılsa, biz de öyle olacaktık. Tıpkı Nazif Ay'ın 1979 yılında yaşadıkları gibi. Ama bu yetmeyecekti. Mutlaka ve mutlaka Şeyh Abdülbaki Erol'un oğlu, halifesi, yerini alacak olan Şeyh Saki Erol'la da röportaj yapmak istiyordum. Biliyordum ki, Şeyh Saki Erol, herhangi bir röportaj vermiyor, basına konuşmuyor. Zaman zaman dini konularda gazeteci arkadaşımız Ruşen Çakır'la sohbetleri oluyordu. O zaman ilk girişim, Seyda Saki'nin telefon numarasını öğrenmek olmalıydı. Aileyi tanıyan, Güneydoğulu saygın bir siyasetçi numarayı verdi.

Telefon ediyorum, çalıyor ama açan yok. Bu değişik günlerde aralıklarla beş altı kez sürdü. Seyda Saki'nin tanımadığı numarayı

Menzil köyünde lokanta, pastane, kahve, hediyelik eşya dükkânı aklınıza ne gelirse hepsinin tabelasında "Hizmet" yazıyor. Bunların tamamı şeyh ve ailesine ait. Yani kasaya her gün milyonlarca lira giriyor.

görünce telefonu açmadığını tahmin ettim. Bu kez, başka bir yol denedim. Kendisine şu mesajı gönderdim:

> İyi günler. Ben gazeteci Saygı Öztürk. Menzil'le ilgili bir kitap çalışmam var. Bu konuda, uygun bulursanız sizinle de konuşmak istiyorum.
>
> Selamlar.

Mesajıma yanıt verilip verilmediğine sık sık bakıyordum. Bir saat olmuştu hâlâ cevap yoktu. O zaman görüşme olamayacağına göre Nazif Ay'dan Menzil'e gidişinde neler yaşadığını öğrenmeliyim diye düşündüm. İlahiyatçı-yazar Nazif Ay, izlenimlerini bana şöyle aktardı:

Tarikata bağlanmak için dört arkadaşıyla yola çıktı

Yıl 1979 idi. Bizim Mareşal Camii'nin cemaati içinde Nakşibendi tarikatına mensup sufilerin başında "Başçavuş" olarak bildiğimiz Mehmet Ağabey bulunuyordu. Bu kişi tarikatta halifeydi, yani tarikat şeyhinin bölge temsilcisiydi. Bana ve arkadaşlarıma kendi şeyhini ve tarikatının üstünlüğünü anlatır dururdu bu kamburumsu yürüyen zat. Bu şahsın belini kamburlaştırması galiba abartılı bir dindarlık gösterisiydi. Gereksiz alçakgönüllülük aslında gösterişe meraklı olma anlamıyla riyakârlık belirtisiydi.

Mehmet Çavuş ile Tornacı İbrahim ağabeylerin ısrarı sonucu ben, Gostivarlı arkadaş, Nihat ve mahallemizden sevdiğimiz Abdullah Ağabey ile birlikte Menzil şeyhine gitmeye, tarikata bağlanmaya karar verdik. Yola koyulmadan bir gün öncesinde tarikata giriş ritüelinin nasıl olacağına ilişkin ayrıntılı bilgi almıştık. Şeyhin elini öperek tarikata mensup olmanın ayrıcalığına kavuşmak harika olur diye düşünüyordum.

Hava sıcak mı sıcaktı. Ramazan ayının sonuna erişmiştik, yani arife gününe giriş yapacağımız geceyi idrak ediyorduk. Eyüp Camii'nin dış avlusunda bekleyen Magirus marka otobüsümüz biz müşterilerinin koltuklara yerleşmesini bekliyordu. Heyecanım zirvedeydi.

Cebimde üç beş kuruş param vardı ama üzerimdeki psikolojik yükü manevi destek olarak gördüğüm seyahatimle hafifletmeyi umuyordum. Söylediklerine göre, Nakşibendi tarikatı en hakikatli ruh disiplini sağlıyor, insanı süfli (aşağılık) mertebelerden yüce makamlara yüceltiyor, şeytana has bilimsel seviye ve mantıklı düşünüş noktasından alıp bilinmez gaybi âlemlere ve ilahi bilgi olan ilhamlara taşıyor, hayvani özelliklerden kurtarıp kerametli rütbelere intikal taşıyordu. Üstelik tarikatın şeyhliğini Hz. Muhammed'in soyundan geldiği iddia edilen "Seyyid" unvanlı Muhammed Raşit Erol el Hüseyni gibi yüksek seciyeli bir Allah dostu (veli, evliya, ermiş kutlu kişi) yapıyordu. Peygamber soyundan gelenlere İslam geleneğinde "Seyyid" ya da "Şerif" denirken, Muhammed Raşit'e Kürt sufiler "Seyda", bazen de "Arvasi" diye sesleniyorlardı.

Muhammed Raşit'in babasının Gavs/Gavsül Azam diye meşhur Abdülhakim el Hüseyni olduğunu ve kısa süre önce vefat ettiğini biliyordum. Demek ki bir yetim olarak ben, başka bir yetimin yanına ziyarete gidiyordum.

Gavs nedir diye araştırdığımda karşıma önce Kutup denilen bir tanrısal makam çıkmıştı. Kutup yüceliğindeki kişilerin Hz. Muhammed'in yeryüzündeki manevi vekilleri anlamına geldiğini, onun da ilerisinde daha yüce sıfatı olarak Gavslık payesinin bulunduğunu, Gavsların öldükten sonra bile evrenin işleyişine müdahale edebilen niteliklere sahip olduklarını öğrenmiştim. Abdülhakim el Hüseyni adlı şeyh ile palazlanan Menzil tarikatının gerçek sıçrayışı onun oğlu Muhammed Raşit zamanında olmuştu.

Ne mutluydu bana...

Ancak öldükten sonraki yaşam boyutunda kavuşabileceğim kutlu Allah eriyle bu dünyada yan yana gelebilecektim. Birkaç yıl önce dindarlığa geçiş süreci yaşamıştım ama sade bir dindar olmanın işe yaramadığı düşüncesi İslamcılarca bana telkin edilmişti. Dindarlığın yanında mistik olgunlaşmanın ve kemale ermenin, ayrıca İslamcı siyaset bayraktarlığı yapan Milli Selamet Partisi'ne gönül bağlamanın bir iman esası gibi kabul edilmesi gereğine inandırılmıştım. MSP ve Akıncılar'a bağlılığım tamamdı. Geriye manen tekâmül aracı olan tarikata intisap etme meselesi kalmıştı. Ben de bu amacıma ulaşmak üzere tarikatın kalbine gitmeliydim. Böylece dindarlığımın olmazsa olmazı ruhsal aşamayı tamamlamalıydım.

Menzil'in efsanevi şeyhi Muhammed Raşit Erol ile babası Abdülhakim el Hüseyni.

Çocuksu saf dimağım işte böylesi bir senaryoya inanıyordu. Bulutlar üstü gördüğüm hülyaya kavuşacağım anı bekliyordum. Varılacak hedef belliydi. Adıyaman ilinin Kâhta ilçesindeki Menzil köyü.

Yolculuğumuz oldukça meşakkatli geçiyordu. Yolculukta oruç tutmama gibi bir dini izin olmasına rağmen otobüs rehberliğini yapan yobaz kafile başkanlarının ruhları taciz eden baskıları sonucu hepimiz ramazanın son gününü oruca niyetli geçiriyorduk. Ağzımız kurumuş, betimiz benzimiz atmış, bir de Güneydoğu'nun hiç de alışık olmadığımız hararetinin arsızca yüzümüze saldırışı karşısında koltuklara yığılıp kalmıştık. Arife günü bitip akşam vakti iftara eriştiğimizde litrelerce su içmiştim.

Gece yarısına yakın Menzil dergâhına varmıştık. Kimileri tarikat köyüne girmeden önce arabalardan iniyor, köy girişindeki paslı bidonlara doldurulmuş sularla abdest ya da boy abdesti alıyordu. Sanki Menzil dergâhının bulunduğu mevki Mekke'nin merkezinde bulunduğu Harem denilen kutsal toprak gibi kabul ediliyor, kutsal alana girişin kapısı özelliğindeki Mikat'ta yıkanılıp ihrama girilmesine benzer bir tavır sergileniyordu. En anlaşılır şekilde şöyle söyleyeyim, Menzil tarikatının merkezi Mekke'deki Kâbe gibi kutsallaştırılmıştı.

Menzil tekkesinin bulunduğu saha mahşer yerini andırıyordu. Binlerce kişi kurak toprağa yayılmış vaziyette iç içe sohbetler ediyor, çay sigara içiyor, gözlerinin feri gitmiş bazı tarikat ehli şahıs ilahi aşka gelip cezbeye kapılıyor, tıpkı "Ekmek Teknesi" dizisindeki "Ölü" karakterinin titremeli bağırışına benzer çığlıklar atıyordu. Bağırmanın yerine, vücutlarını orantısız hareketlerle sağa sola sallayan kimi müritlerin ağızlarından anlamsız sözler çıkıyordu. Bize manasız gelen bu hallerin sebebini sorduğumuzda, bunun manevi sarhoşluk olduğunu öğrenmiştim. Sufilerin sigarayı çok içmelerinin nedeni de önceki tarikat şeyhi Abdülhakim el Hüseyni'nin bu merete tiryakiliği imiş. Anlayacağınız, ölmüş şeyhlerini sigara dumanında aramak ya da efsanevi liderlerinin sünnetine uymak gibi bir şeymiş sigara içmek.

O gece tarikat caminin içi, bahçesi ve alt katındaki tekke uyuyanlarca işgal edildiği için dışarıda bir köşede uyumak zorunda kaldık. Sabah uyandığımızda namaz için hazırlık yaptık. Abdest alıp bayram namazı için camiye gittiğimizde içeriye giremedik. Caminin dış kapısının aralığında uykulu ve yorgun vaziyette namazı beklerken Muhammed Raşit'in gelmekte olduğu söylendi. Şeyh tam önümden geçerken nasıl heyecanlandığımı anlatamam. Sanki cennetin koğuş ağası gibi birini seyrediyordum. O anlatılamaz heyecanla sabah ve bayram namazlarımızı kıldık.

Namazın bitiminden sonra bayramlaşma faslına geçildi. Şeyhle bayramlaşmak için sıraya girmiştik. Yerde tuhaf bağdaş kurma şekliyle oturan şeyhin yanına çöktüm. Elini üç kez öpmem gerektiği ama nefesimi eline üflememin adaba uygun olmadığı önceden söylenmişti bize, ben de aynen bu kurala dikkat ettim. Kendisine "Kurban" diye sesleniliyordu. Şeyh Muhammed Raşit bana tarikata girme merasiminde önce tövbe ettirdi, devamında kendisine değil babası Abdülhakim'e bağlanma sözünü söylememi deklare etti. Öyle de yaptım. Bana günde 5.000 kere Allah adını zikretme, onun adını gönlümden geçirme görevini verdi.

Merasimden sonra adamakıllı uyumak için mescitte bir köşeye serilip yattık. Öğlen uyandığımızda bize tekke bahçesinde çorba içebileceğimiz haberi geldi. Aman Yarabbi, o da neydi öyle! Güya, nefsimizi ezmek için bir büyük kazan içinde yağsız tuzsuz, suyun içinde serserice yüzen bulgur tanelerine birçok kişinin daha önce kullandığı tahta kaşıklarla saldıran heriflerin zavallı halleri gözlerimizi fal taşı gibi açmıştı. Arkadaşlarla birbirimize, Alibeyköyümüze özel ifadelerle böylesi bir maskaralığa figüran olamayacağımızı söyledik. Tekkenin yanındaki yıkıntı görünümlü bakkaldan satın aldığımız karpuz, üzüm ve bisküvilerle karnımızı doyurduk. Sonuçta karnımız doymuştu ama nefsimiz değişmemişti, eskiden nasılsa öyleydi, yani makyajsızdı ve iyi ki öyleydi. Nefsimizi o rezil çorbayla tezkiye etmeden de manevi mutluluğu yakalamak pekâlâ mümkündü.

Tülbent takıp, gözlerini yumdular, öleceklerı anı hayal ettiler

Öğle vakti tarikat şeyhini yine görebilmiştim ama daha bir ayrıntı arayan gözlerle. Muhammed Raşit güler yüzlü biriydi. Obez denecek kadar kiloluydu. Namazdan sonra imamın namaz kıldırdığı ön kısım olan caminin mihrabına oturduğunda başında bekleyen bir mürit elindeki koca yelpazeyi ona doğru yellendiriyordu. Kendimi bir an Hollywood filmlerinin çakma Arap gecelerinin canlandırıldığı film setinde hissetmiştim.

Yatsı vakti namazdan sonra tarikata etkin giriş ritüeline hazırdık. Banyolara girip boy abdesti aldık. Camiye geçip bir kenara çekildik, başımıza büyükçe bir tülbent örterek gözlerimizi yumduk ve "öleceğimiz anı farz etme hayali" adlı tasavvufi oyunu oynadık. Ölmeden önce ölme diye sloganlaşan ruhsal deneyi yaşamaya çabaladık. Hiç konuşmaksızın istihareye yattık ama rüyamızda bir şey göremedik.

Sabah uyandığımızda İstanbul'a dönmeye hazırdık. Menzil'den İstanbul'a dönüş güzergâhımız üzerinde Şanlıurfa da vardı. Halil İbrahim Gölü'nü gezerken ve bir ara ne yöne gittiğimizi takip edememişken otobüsümüzün kafile başkanı sesini yükselterek bir düz alanı gösterdi, "Burası Said Nursi'nin ilk gömüldüğü mezardır" dedi. O an çokça anlam veremedim ama boş mezar yerine doğru dönüp Fatiha okuduk. Uzun ve yorucu bir yolculuk sonrasında İstanbul'a dönebildik.

Eve dönmemizin ardından tarikat derslerine devam ediyordum. Zaten üç gün üst üste tarikat ödevleri yapılmadığında tekrar giriş prosedürünün yaşanması gerekiyordu. Nakşibendi tarikatında Zikr-i Hafi denilen Allah'ı gizlilik içerisinde anma ritüeli vardı. Geceleyin bir köşeye çekilerek ve başımızı örtüyle kapatarak gözümüz yumulu vaziyette Allah'ın adını zihnimizden geçiriyorduk. Elimizdeki yüzlük tespihi kalbimizin hizasına getiriyor, dilimizi üst damağa yapıştırarak kalbimizden Allah'ın adının geçtiğini hayal ediyorduk. Her yüz kerede bir estağfurullah çekiyorduk. Akşam namazlarından sonra sevap maksatlı "evvabin" namazı kılıyor, ardından gözlerimizi yumarak "rabıta" yapıyorduk. Rabıta, tarikat şeyhinin yüzünü hatıra getirmek ve onun alnının ortasından mavi renkli bir ışığın süzülüp tam kalbimizin üzerine dolduğunu varsaymak üzerine kurulu bir uygulamaydı. Ayrıca her günün yatsı namazından sonra diğer tarikat müritleriyle bir araya geliyor ve "hatme" adlı toplu zikri, cemaat halindeki halkayla icra ediyorduk. Hatmede bulunanlar yere bağdaş kuruyorlar, çember vaziyeti alıyorlar, herkesin dizi diğer arkadaşının dizine temas edecek şekilde manevi elektrik akımının hatları oluşturuluyordu. Hatmeye besmeleyle başlanıp tövbeler ediliyor, geçmiş zamanın tarikat büyükleri ile zamanın tarikat önderi Muhammed Raşit Erol anılıyor ve en sonunda Mülk suresinin okunmasıyla ortaklaşa zikir çekme bitiriliyordu. Tüm bunlarla birlikte haftanın bir günü toplanıp sohbetler ediliyor, tarikattaki evliyaya ait kerametler ve menkıbeler anlatılıyordu. Bu arada benim zikir sayım da dokuz bine çıkmıştı.

Menzil'in şimdiki şeyhi Abdülbaki Erol'dur. Önceki şeyh Muhammed Erol, "İmanı kurtarmanın ve pekiştirmenin yeterli olduğu bir devir yaşıyoruz" şeklinde bir anlayışa ve adeta Said Nursi tarzı bir söyleme sahipken, onun ardından gelişen tarikata birdenbire siyasilerden de ilgi yoğunlaşmış, mesela Büyük Birlik Partisi (BBP) eski genel başkanı Muhsin Yazıcıoğlu da bu dergâha intisap etmiş ve partinin gençlik kolu olan Alperen Ocakları'nın tasavvuf kapısı bir nevi Menzil tarikatı oluvermişti.

Seyda'dan cevap geldi: "Olur, memnuniyetle"

Yaşadıklarımızı Nazif Ay gibi anlatabilirdik ama seydayla görüşmeden dönmemeliydim. Seyda Saki'ye yazdığım mesajın üzerinden tam bir saat beş dakika geçmişti. WhatsApp üzerinden şu mesaj geldi:

> Olur, memnuniyetle Saygı Bey.

Önce inanamadım. Ama koca şeyhin yalan söyleyecek ha-

Menzil şeyhine ait akaryakıt istasyonları, dinlenme tesisleri var.
Kadınların lokantaya girdikleri ve yemek yedikleri bölüm ayrı.

li yoktu. Geleceğim günü de bildirdim. Sonra arayıp, Adıyaman Havaalanı'ndan beni aldırmak istediğini söyledi. Teşekkür ettim. Artık bana yol görünmüştü. Adıyaman'da kitapçı Sefa Kılıç'la yola çıktık. Çukurova'nın bereketli toprakları üzerinde ilerliyorduk. Gidiyorduk ama son anda şeyhle görüşememe kaygım da boşuna değildi. İstiyordum ki gelen kişilerin arasına karışıp, şeyhle konuşmadan önce onlar gibi yaşayayım.

Adıyaman'ın Gölbaşı ilçesi yakınlarında "Haşemi Dinlenme Tesisleri"nde durduk. İlk dikkatimizi çeken, dinlenme tesislerine kadınların ayrı bir bölümden gireceğine ilişkin yazı oldu. Haşemi Turizm, Menzilcilere ait bir şirket. Bu otobüsler doğrudan Menzil köyüne sefer yapıyor. Otobüslerin farklı bir özelliği daha var: Eğer otobüs özel olarak kiralandıysa, kadın ve erkekler arasına perde çekiliyor. Erkekler otobüsün ön tarafında, kadınlar arka tarafında oturuyor. Ancak, normal seferlerde harem-selam uygulaması yapılmıyor. Dinlenme tesisine erkeklerin girdiği bölümden girdiğimizde kadınlarla erkeklerin ayrı oturduğunu, küçük kızların örtülü olduklarını fark ettik; bir o yana bir bu yana koşturan çocukları izledik. Erkeklerin başında takke, ellerinde sigara vardı. Sigaranın Menzil'de çok içildiğine de tanık olduk. Tabii bu arada Sefa Kılıç da, sigara içenleri gördükçe sigarasını tellendiriyordu.

"Daha fazla kilometre yapılıyor, yemekleri de şifalı"

Menzilci turizm şirketinin dinlenme tesisleri de, akaryakıt tesisleri de var. Sadece kendi tesislerinde duruyor, kendi akaryakıt istasyonlarından mazot alıyorlar. Menzilcilerin, Şanlıurfa-Mardin yolu üzerinde akaryakıt istasyonu var. Diğer petrol istasyonlarına göre akaryakıt litre fiyatı aynı olmasına rağmen, oradan alınan akaryakıtla daha fazla kilometre yapıldığı anlatılıyor. Aynı miktarda alınan akaryakıta göre Menzil'den alınanla daha fazla yol kat ediliyor. Daha da ilginci, buradan akaryakıt alanların trafik kazası yapmadığı söylentisine inananların sayısı da bir hayli fazla. Bir başka söylenti de şöyle: Menzilcilerin dinlenme tesislerinde yediğiniz her yemeğin özellikle lahmacunun her derde deva olduğu belirtiliyor. Marketlerinde satılan suyun markası önemli değil, o suyun zemzem suyu gibi şifalı olduğu da dilden dile yayılmış.

Tesiste olduğu gibi, Menzil'de de "Hayırla geldin" tabelalarını, yazılarını sıkça gördüm. Evet, hayırlısıyla gelmiştik ama bakalım bundan sonra ne olacaktı. Aslında endişeli bir bekleyişe girmiştik. Adıyaman'ı, Kâhta'yı geçtik. Diyarbakır yolundan sola saptık. Menzil'e yaklaşıyorduk. Baraj yapılmadan önce Menzil'in Kâhta ilçesine uzaklığı 14 kilometreyken, şimdi 46 kilometreyi buluyor. Türkiye'nin dört bir yanından gelenler bu yoldan geçerek Menzil'e ulaşıyor.

TPAO petrol ararken sıcak su buldu; Menzil'e hediye etti

Menzil'e yaklaşırken karşıda son derece modern yapılar gördük. Bunlar, Menzilcilerin yaptırdığı devre mülklerdi. Daha inşaat halindeyken satışları yapılmıştı. Şeyhin evine uzaklığına göre devre mülkün fiyatı da değişiyordu.

Dağ başında bu kadar modern evler yapılması tabii ki dikkat çekiciydi. Tamamlanacak olanlarla birlikte devre mülk sayısı 1020'ye ulaşacak. Yapımı tamamlananların tamamı dolu. Kaplıca suyunun bulunmasının da ilginç bir öyküsü var. Onu da anlatalım:

Adıyaman Türkiye'nin önemli petrol bölgesidir. Türkiye Petrolleri Anonim Ortaklığı (TPAO) bölgede petrol arıyordu. Yaklaşık 3.000 metreye kadar inilmişti. Petrol yerine sıcak suya ulaşıldı. TPAO, petrol olmadığını bilmesine rağmen sondajı sürdürdü. Bu konuda değişik söylentiler var. Ama, kaplıca suyuna ulaşılması bölge için önemliydi. TPAO'nun uygulamasına göre bir yerde petrol aranıyor ve petrol bulunamıyorsa o kuyu kapatılırdı. Kaplıca suyu için öyle olmadı. Kuyu kapatılmadı, hatta Menzilciler, hemen yakınında kendi imkânlarıyla ikinci bir sondaj yaptırdı. Orada da önemli sıcak su bulundu. Bundan sonrası ise tesisler yapmaktı. Bölge için önemli bir yatırım yapıldı ve kısa sürede devre mülkler tamamlandı. Devre mülklerin bulunduğu yerden, yarım

Namaz saatlerinde bütün işyerleri kapanıyor. Namazdan sonra ise büyük bir canlılık oluyor. Şeyhe ait işyerlerinde yemek, içmek, bir şeyler almak sevap kabul ediliyor.

saatte bir Menzil'e servis kaldırılıyor. Evlerde de kaplıca suyu bulunuyor, ayrıca erkek ve kadınlar için ayrı havuzlar var.

Terör bölgesi olmayan köyde, devletin maaşa bağladığı korucular

Menzil köyü, terör bölgesinde bulunmuyor. Teröristlerin geçiş için kullanmadığı bir yer. Ancak, Adıyaman Valiliği Menzil köyü için 18 güvenlik korucusu, bir de korucu başı görevlendirilmiş. Kalaşnikof silah verilen güvenlik korucuları yörede "kuş uçurtmuyor" demek de yerinde olur. Terör bölgesi olmayan yerde, Menzilcilere, devlet korucu maaşı ödüyor. Yöreyi çok iyi bilen bir yurttaş, bize şunları anlattı:

> Güvenlik koruculuğu 26 ilde var. Bunlar, terörün olduğu, teröristlerin geçiş yolları üzerinde önlem alır. Ama, Menzil köyünde terör de yok. Teröristlerin geçiş yolu da değil. Buna rağmen köyde 19 güvenlik korucusu istihdam ediliyor. Bunların tamamı Menzilcilerden oluşuyor. Şu anda (Ekim 2019) bir güvenlik korucusu 2 bin 160 lira maaş, 135 lira ek ödeme alıyor. Yani güvenlik korucuları hem Menzil'de işyerlerinde çalışıyor, hem de devletten maaş alıyor. Ben, bir yurttaş olarak bunları doğru bulmuyorum.

Menzil köyü korucuları köyde çevre güvenliği sağlıyor, yol denetimlerine çıkıyor. Yani, bölgeye gelen kişileri durdurmak, kimlik kontrolleri yapmak gibi çalışmaları da bulunuyor. Üniformalı korucuların yanında bir de Menzilcilerin kendilerinin oluşturduğu ayrı bir güvenlik sistemi var. Bunlar özellikle Menzil'e yeni gelenleri gölge gibi izliyor. Dikkat çekmemek için bakıyorsunuz, başka birisinin takibine takılıyorsunuz.

Menzil'in adı köy olarak geçiyor ama burası tam anlamıyla modern bir ilçe görünümünde. Birbirinden lüks binalar, işyerleri ve hemen çoğunun üzerinde "Hizmet" yazısı var. İşyerlerinin çoğunda gelen gönüllüler çalıştırılıyor. Onlar, burada kalmakla sevap kazandıklarına inanıyor. İşyerlerinin tamamı şeyh ailesine ait. Camiye doğru araçla girişimiz yasaktı. Aracımızı parka çektik. Aman bu ne park öyle?

Menzil'e Adıyaman-Kâhta Özel İdare Müdürlüğü bütçesinden 972 bin lira harcanmış. Menzil'e devlet her konuda cömert davranmış. Hiçbir köyde olmayan burada var. 20 yataklı devlet hastanesi bulunuyor. Burada altı uzman hekim var. Menzilci vakıflardan birinin başkanının oğlu da hastanede görev yapıyor. Çevre köylerden Kâhta ve Adıyaman hastanelerine gidebilmek için önce Menzil hastanesine gelinmesi ve onların onayının alınması gerekiyor.

Köylere gitmeden maaş alan Menzilci "mele"ler

Menzil'de oturup, devletten maaş almanın bir başka yolu daha var. "Mele, Güneydoğu ve Doğu Anadolu bölgelerinde yaşayan Kürt kökenli vatandaşlarımızın imamlar ve dini konularda bilgili olduğu belirtilen kimseler için kullandıkları bir unvandır." Devlet, Güneydoğu'da "Mele" adı verilen imamlar için bin kişilik kadro vermişti. Meleler, seçim öncesi verilen böyle bir haktan yararlanmak için başvurmuştu.

Menzil dergâhı tarafından komşu köylere de hizmet götürülüyor. Örneğin, altı köye cami yaptırıldı. Buralara imam verilmesi aşamasında yine ilginç bir durum yaşandı. Köylerde görevlendirilen "mele"ler aslında Menzilci olarak bilinen, Menzil'de çalışan kişilerdi. Bunlar, hem Menzil'de başka işlerde çalışıyor, hem de atandıkları köylerde, devletten maaş alıyor.

Menzil şeyhi tarafından yaptırılan camiler için gelen ziyaretçilerin de katkılarının büyük olduğu biliniyor. Menzil'de yetişip de köylere imam olarak atananların durumunu araştırdığımda da yine ilginç bilgiler ortaya çıktı. İmamlar, atandıkları köyde değil, Menzil'de kalıyorlar. Sadece cuma günleri köye gidiyorlar. Güneydoğu'da kimsenin yaşamadığı bazı köyler var. Ama o köyün de imamı bulunuyor. Kimsenin yaşamadığı köylere atanan imamlar, orada oturmamasına rağmen sanki o köyde oturuyor, orada görev yapıyormuş gibi maaş alıyor. Bu da bölgenin ayrı bir ilginçliğiydi.

23 Haziran 2019'da İstanbul Büyükşehir Belediyesi'nin yenilenecek seçiminde Kürt kökenli seçmenin belirleyici olacağı bilini-

yor ve siyasi partiler de buna göre hazırlık yapıyordu. O günlerde şunları yazmıştım:

> AKP, Güneydoğu'dan yüzlerce "mele"yi İstanbul'a taşıdı... AKP lehine çalışan melelere, belediye başkanları ve bazı aşiret önde gelenleri de eşlik ediyor. Güneydoğu'dan gelenlere kullanmaları için önemli ödenek aktarıldığı da konuşuluyor.
>
> CHP de, bölgede etkin 10 mele ve kanaat önderini İstanbul'a getirdi. Onlar da AKP'ye oy vermiş seçmenleri, "mağdur" edildiğini belirttikleri Ekrem İmamoğlu'na oy vermeleri için çaba gösteriyorlar. Seçim döneminde CHP'nin taşıyacağı mele ve kanaat önderlerinin sayısı 44'e ulaşacak. Ama bu, AKP'nin taşıdıklarının yanında "devede kulak" misali.

Bölge insanı üzerinde hayli etkili olan melelerin, Menzil dergâhından çıkmaları ve onların çevre köylerde görevlendirilmesi de anlamlıydı. Menzil, kendilerine hizmet edenleri devlet eliyle de besliyordu.

Köye girişten itibaren başlayan takip

Menzil köyünün, hiçbir köyde olmayan başka özellikleri de var. Köyün her tarafında, hatta bağında bahçesinde bile kamera sistemi kurulmuş. Bunların hangi noktalara kurulması gerektiği konusunda kendilerine yardımcı olan, yol gösteren güvenlik görevlileri oldu.

Menzil köyüne girişten itibaren sıkı bir denetim altında tutulduğunuzu zaten hissediyorsunuz. Caminin bulunduğu bölgeye doğru ilerlerken işyerlerinin çoğunun üzerinde "Hizmet" yazılı olduğunu görüyorsunuz. Bunların tamamı Menzil dergâhına ait. Bunların başında da "Halife", "Seyda" denilen ve büyük saygı gösterilen Seyda Saki Erol var.

İlk kez geldiğimizi anlamışlardı. Bazen kimlik denetimi de yapılıyor ama benim kimliğimi kontrol etmediler. Burasının adı köy ama köyle hiç ilgisi yok. Sanıyorum, Adıyaman ve ilçelerinin en moderni. Köy nüfusu 2.000 civarında. Daha ilginci, bu köyde yaşayanlar Türkiye'nin 55 ilinden gelip yerleşmiş. Açıkçası, başka yerlerden gelip şeyhin iznini aldıktan sonra bu köye yerleşenler için Menzil'e çok büyük bir bağlılık gerekiyor.

Binalara, "Hizmet" yazılı işyerlerine bakarak ilerlerken, Şeyh Abdülhakim ve oğlu şeyh Raşit Erol için yaptırılan son derece görkemli binanın içinde yer alan kabirlerini görüyorum. Çevresinde dua edenler var. Bahçede de mezarlık var. Buraya, Menzil'e önemli hizmetleri bulunanlar defnedilmiş. Bakıyorum bazısının üzerinde "Hizmetçi", bazısında da "Sofi" yazılı. Bu durum, hizmet için buraya gelenleri Menzil'e daha bağlı hale getiriyor. Oradan çıkarken, gözüme kestirdiğim bir gencin yanına yaklaştım. Aramızda şu konuşma geçti:

– Merhaba kardeş. Nereden geldin?

– Kayseri'den. Bugün ikinci günüm.

– Hayırdır, ne yapacaksın burada?

– Hizmete geldim. Ne isterlerse onu yaparım. Fayansçıyım ben.

– Ne kadar kalacaksın?

– Ne kadar kalmamı isterlerse o kadar kalırım.

Ben de Yozgat-Sarıkayalı olduğumu, "hemşeri" sayılacağımızı söyledim. Yürürken sigarasını yaktı. Burada en çok ilgimi çeken durumlardan birinin de çoğunun camiye girmeden önce ya da camiden çıktıktan sonra sigara içmeleriydi. Burada bir şeyler öğrenmeye çalışıyorum. Kılıç, dikkat çekmeden meydanın fotoğraflarını telefonuyla çekmeye çalışıyor. Lüks binalara bakıp "Vay bee" diyoruz.

Menzil'e gitmeden önce, Adıyamanlı bir siyasetçi, "Tanınmamak için birkaç gün tıraş olma. Başına takke tak" demişti. "Eğer not alacaksan onların yanında alma. Bir kenara geç, dikkat çekmeden notlarını yaz, hemen cebine koy" diye de eklemişti. Ben, sakal da bırakmadım, başıma takke de almadım. Caminin alt katında abdest alma yerleri var. Burada da tuvaletlerde pisuar yok. Camiye gittiğimde ön sıraya, hem de imamın tam arkasına gelecek şekilde geçtim. Amacım, namazı kıldıracak olan Seyda Saki'yi yakından görmek, "tövbe almak" için atıldığını bildiğim ipi tutmaktı. Dahası, fırsatını bulursam da telefonla fotoğraf çekmek, Seyda'nın sözlerini not almaktı.

Şeyh Abdülhakim el Hüseyni ve oğlu Şeyh Muhammed Raşit Erol için köyde külliye de yaptırılmış. Ayrıca dergâha önemli hizmetleri olan "sofi" ve "hizmetkârlar"ın da bahçede kabirleri bulunuyor. Saygı Öztürk dergâhı dolaştı ve bu hatıra fotoğrafını çektirdi.

Şöyle bir arkama baktım, tarikatın yüzlerce mensubunun bulunduğu yerde, bu kadar öne geçmemi de yadırgadım. Beş altı saf geriye geldim. Önümdekilere baktım, herhalde takke takmadan gelenlerin sayısı onu geçmezdi. Bu arada, mihrapta önemli bir çalışma vardı. Seyda'nın namaz kıldıracağı yere yine özel bir örtü serilmiş olacak ki, cami görevlileri gelip o örtüyü düzeltiyor, biraz sonra aynı işlemi başka bir görevli yapıyordu. Sürekli ayakta duran, gözleri cemaatin üzerinde olanlar da vardı. Bunların yakalarında, üzerinde üç minareli sembol olan kokartlar takılıydı. Kimisi sakallı, kimisi sakalsızdı. Bulundukları yerde devamlı dönüyor, cemaati kontrol ediyorlardı. Bu arada camide misvakını çıkarıp dişlerini temizlemeye çalışan da, başını eğip başparmaklarını burnuna değdirip bekleyen de vardı.

Seyda, korumalarıyla camiye girerken, ben başka bir şey planlıyordum

Ezan okunuyordu. Caminin içinde yüzlerini tülbentle kapatmış bazı kişiler dikkatimi çekti. Hepsi de erkekti. "Allah" sözcüğünü en az 5.000 kere gözleri kapalı olarak zikretmek için yüzlerini tülbentle kapatmışlardı. Böyle bir uygulamayı da ilk kez Menzil'de gördüm. Gözler kapalıyken hep ölüm düşünülüyor, caminin dış kapısına kadar uzanan "Ölüümm" sözlerini duyduğunuzda irkiliyorsunuz.

Seyda Saki Erol gelmeden, ona ve arkasından gelecek "molla" ve korumalara rahat geçmeleri için yaklaşık üç metre genişliğinde geçiş yolu bırakılmıştı. Mihrabın önünde belli bir genişlikteki alan da boşaltılmıştı. Orada, mollalar ve şeyhle birlikte gelenler namaza duracaktı. En önde duran güvenlik görevlisi, şu anonsu yaptı:

"Seydamız camiye girmek üzeredir. Kimse yerinden kalkmayacak, fotoğraf çekmeyecek, sesli ve görüntülü kayıt yapmayacaktır. Bu uyarıya önemle uyulmalıdır. Şimdi, yönünüzü geçiş yoluna çevirin ve sessizce izleyin."

Feyzeddin Erol'un şeyhliğini yaptığı Sivrihisar-Buhara köyündeki uygulama ile Menzil'deki durum arasında bazı farklar ortaya çıkıyordu. Buhara'da şeyh geleceği zaman herkes ayağa kalkıp ellerini kavuşturuyordu. Menzil'de ise ayağa kalkılmıyor ama yan dönüp şeyhin geçişi izlenebiliyor. Şeyh Saki, siyah bir cüppe giymişti. Kendisi için açılan yoldan ağır ağır ilerlerken, camide çıt çıkmıyordu. Bütün gözler ona çevrilmişti. O geçerken, camide bulunan korumalar daha dikkatliydi. Etraflarını dikkatle izliyor, aralarında mikrofonla çok kısık bir sesle haberleşiyorlardı.

Saflar dolduruldu. Namaz başladı. Şeyhin bulunduğu yerde namaz kılmayan, sürekli etrafı gözleyen korumalar vardı. Hep de-

Menzil Camii'ni müritler doldurmuştu. Benim gibi ancak birkaç kişinin başında takke yoktu. Camide şeyhi korumak ve güvenliği sağlamak için dolaşan ve yakalarında kart bulunan görevlilerden biri benim başımdan ayrılmadı. Ama bu fotoğrafın çekilmesine de engel olamadı. (Oturanlardan sağdaki beyaz tişörtlü Saygı Öztürk.)

ğişik yönlere bakıyor, bir hareketlilik ya da olumsuzluk olup olmadığını kontrol ediyorlardı. Şeyh, namazı çok yavaş kıldırıyor, duaları ağır ağır okuyordu. Dualar edildi, cemaat dağılmadan önce görevli, "Tövbe almak isteyenler öne gelsin" dedi.

Ben de öne geçtim. Genelde ip atılırken, "tövbe almak" isteyenlerin sayısı o an 11 kişi olduğu için ip atmak yerine farklı bir uygulama yapıldı. Kurdele şeklinde ipler, sıraya sokulan bizlerin üzerinden geçirildi ve sağ elimizle bunu tutmamız, şeyhin söylediklerini tekrar etmemiz istendi. Tam tepemde korumalardan biri duruyordu. O an telefonla fotoğraf çekmenin zorluğunu anladım. Çünkü, diğer korumalar da "tövbe alınan" yerdeydi. Şeyh Saki'nin sözlerini, tuttuğumuz ipi bırakmadan tekrarlıyor, alışık olmamama rağmen sol elimle de şunları yazıyordum:

Yarabbi! Bütün yapmış olduğum günahlardan ben pişmanım.

Keşke yapmasaydım. İnşallah bir daha ben yapmayacağım. Seyda Abdülbaki'yi kendime şeyh kabul ettim.

Telefonum fotoğraf çekmeye hazırdı. Bir el sırtıma dokundu, sert bir biçimde, "Sen ne yazıyorsun öyle. Ver o kâğıdı bana" dedi. Tövbeyi yazarken, cami koruma görevlisi beni yakalamıştı. Sessizce, "Unutmayayım diye tövbeyi yazıyorum" karşılığını verdim. Bize tövbe adabının verileceğini, yazmamamı söyledi. Biz tövbeden çıkarken, cemaat caminin içinde halka olmaya başlamıştı. Dizleri birbirlerine değiyordu.

Camide "hatme"ye durulacaktı. (Genelde ikindi namazı ya da yatsı namazı sonrası yapılan zikir ve ardından okunan dualara hatme deniyor.) Buna, ilk kez tövbeye katılmış olanlar alınmıyordu. O yüzden bizi caminin dışına çıkardılar. Az önce tepemde duran görevli, eline "tövbe adabı" başlıklı bir kâğıdı almış, ertesi gün hatmeye girebilmemiz için neler yapacağımızı anlatıyordu.

Koruma, omzumdan tutup, "Hadi çık, çık" dedi

Bize dağıttığı broşürde hepsi yazılıydı ama yine de bunları anlattı. Gereklerini yerine getirmemiz gerektiğinden ancak ertesi gün hatmeye katılabileceğimiz söylendi. Camide o an başlamak üzere olan hatme için cemaat yerini almıştı.

Caminin giriş kapısında oturan görevli içeriye kimseyi almıyordu. Bunu bile bile yanına gittim, içeriye girmek istediğimi söyledim. İçeriye girebilmek için bir gün önce "tövbe alınması" ve onun gereklerinin yerine getirilmesi gerekiyordu. Meraktan yarını bekleyemeyecektim.

Kapının önünde başlarında takke olan onlarca çocuk vardı. Çocuklar içeriye alınmadığı için onlar da kendi aralarında oynuyordu. Bir genç yere uzanmıştı, belli ki derin bir uykudaydı. Belki de, uyuşturucu kullandığı için kendinden geçmişti.

Çocukların arasında hiç kız yoktu. Kızların, erkeklerin bulunduğu bölüme gelmeleri yasaktı. Caminin giriş kapısını tutan ve dışarıdan kimsenin girmesine izin vermeyen gencin yanına geldim. Aramızda şu konuşma geçti:

– Hatmeye katılacağım, açar mısın kapıyı?

– Tövbe aldın mı? Bugün tövbe alan hatmeye yarın katılabilir.

– Ben dün aldım. Şimdi gireyim.

Genç, tepeden tırnağa beni süzdü, içeriye alıp almamakta tereddüt etti ve sonunda kapıyı açtı. Biraz da gözden uzak durmak, içeride olanları daha rahat gözleyebilmek için bir sütunun dibine oturdum. İçeride "Allah" diye bağıranlar da, "Ölüümm" diyenler de vardı. Yani, kendilerinden geçiyorlardı. Bu duruma "cezbe" deniyordu. Hatme, kalbin titremesi anlamına da geliyordu. Oturalı bir dakika bile olmamıştı ki birisi omzumdan tutup, "Sen dışarıya. Hatmeye katılamazsın. Sen daha yeni tövbe aldın" dedi. Ben, "Daha önce de aldım" desem de inanmadı. "Çabuk, çabuk" dedi. Kalktım, girdiğim kapıdan çıkarken, az önce beni içeriye alan genç, "Ben zaten seni içeriye almayacaktım. Girdin de ne oldu, bak çıkardılar. Bizden kaçmaz" derken, ben karşılık vermeden uzaklaştım.

Caminin dışına çıktım. Başta, "Hizmet Hediyelik" mağazası vardı. Mağazada yüzükten küpeye, tespihten misvaka kadar pek çok farklı hediyelik eşya satılıyordu. İşyerleri namaz nedeniyle kapalıydı. Orada başında takke olan bir genç sigara içiyordu. Kahramanmaraşlı genç, uluslararası ilişkiler bölümünde okuyordu. Kaymakam ya da Dışişleri mensubu olmayı amaçlıyordu. Kendisine, eski milletvekili Fahrettin Oğuz Tor'u tanıyıp tanımadığını sordum. İsmen bildiğini ancak şahsen tanışmadığını söyledi. Ben de "sohbet" olsun diye sormuştum zaten. Üç arkadaş birlikte gelmişlerdi. "Hep duyuyordum, merak ettiğim için geldim. Değişik bir yermiş. Hoşuma gitti. Belki ileride yine gelirim" dedi.

Altı kişi aynı tencereye kaşık sallıyor, bulgur çorbası içiyor

Hatme bitmiş, insanlar camiden çıkmaya başlamıştı. Birisi beni yabancı görmüş olacak ki, "Çorba içtin mi hemşerim?" dedi. Aslında bu tabloyu görmek istiyordum. Caminin alt katında çorba içilen bölüm vardı. Çorba içmek için sıraya giriliyor, tam buğday unundan yapılmış üç küçük ekmek ile çorbayı içmek için ka-

Menzil'de gelen ziyaretçilere sabah ve öğleden sonra çorba ile üçer tane küçük ekmek veriliyor. Bazıları "Çorba hiç bitmez" diyor. Ama buna şeyh bile şaşırıyor. Bu fotoğrafı da Menzil'de ikindi namazından sonra çektim.

şık alınıyordu. Çocuklara ise bir ekmek verileceği yazıyordu. Kaşığı alan, küçük mermer sehpanın ortasına konulan tencerenin etrafında bulunan mermer oturaklara oturuyor ve aynı tencereden çorba içiyordu.

Hatme başlamadan Sefa'yı da camiden çıkarmışlardı. Onunla ancak çorba verilen yerde buluşmuştuk. Sefa, nereden duymuşsa, "çorba çeşmesi" olduğunu, çorbanın hiç bitmediğini öğrenmiş. Çorbanın tencereyle masaya konulduğunu ve altı kişinin aynı anda birlikte çorba içtiğini görünce şaşırmıştı. Gizlice fotoğraflar çektim.

Artık olanlar olmuştu. Esas bundan sonrası önemliydi. Çekine çekine, Seyda Sadi'nin telefon numarasını aradım. Yol boyunca hep nerede olduğumuzu, bir sıkıntımız olup olmadığını sormuştu. Ama, doğrudan Seyda Saki'ye gitmeden önce Menzil'i ve orada olanları tanımaya çalışmıştım. Şeyh telefonu açtı, "Geldiniz mi Saygı Bey?" dedi. Geldiğimi söyleyince nerede ol-

Bazı müritler orada içilen çorbanın yüz yıl midede kaldığına inanıyor ve bunu da sosyal medyada paylaşıyorlar.

duğumu sordu. Caminin önüne çıktığımı, hediyelik eşya mağazasının önünde bulunduğumu bildirdim. Hemen beni aldıracağını söyledi.

Rüyasında "Sahte din âlimlerini öldür, sevap kazan" denilince şeyhi öldürmeyi planladı

Şeyh Abdülhakim, Adıyaman'ın Kâhta ilçesine bağlı o dönem adı Durak olan köyüne geldiğinde, köyün sahibi, suyun olmadığı bu köyü bir an önce satmak istiyordu. Susuz köyü kim alacaktı? Fiyatta anlaştı ve şeyhe araziyi sattı. Şeyhin ilk işi köyde su arattırmak oldu. Kuyular vuruluyor ama bir türlü su bulunamıyordu. Bazı dini öykülerde olduğu gibi, "Köyde artık suyun çıkmayacağına inanılıyordu. Şeyh, bastonuyla kazılacak yeri işaret etti. Kazıldı ve su çıktı. Suyla birlikte köye bolluk bereket de gelmeye başladı" diye anlatıyor köylüler.

Köyü satan ağa, suyu görünce, köyü şeyhten geri almak için harekete geçiyor. Valiliğe gidiyor, "Bitlis'ten bir ağa geldi. Köyümüzü elimizden zorla aldı. Topraklarımızı almak için elimizden geleni yapacağız. Bunlar bize karşı gövde gösterisi yapıyor, etrafında insanlar toplanıyor, çoğalıyor. Huzurumuz kalmadı. Onları devlet gücüyle buradan gönderin" diyor.

Vali, ağayı dinledikten sonra, "Ben gidip, köyü boşaltmalarını bizzat kendim söyleyeceğim" diyor. Ne kadar sert mizaçlı olursa olsun şeyhin karşısında herkes saygıyla duruyor, hatta suspus oluyordu. Sofilere vali ile Şeyh Abdülhakim arasında geçen konuşma şöyle anlatılıyor:

– Sizi gördüm, tanıdım çok mutlu oldum. Siz nazik bir fidansınız. Sizin kırılmanızı istemiyoruz.

– Buyurun, talebiniz nedir valim?

– Kavga, gürültü çıkmadan geldiğiniz yere dönmenizi arzuluyoruz.

– Vali bey, sizinle bir anlaşma yapabilir miyiz?

- Nasıl?

- Vali bey, etrafımda kaç kişi var sayabiliriz. Diyelim ki 30 kişi. Bir ay sonra yine sizi buraya bekliyoruz. Niyetimiz Allah rızası için değilse siz geldiğinizde ne beni ne de bu 30 kişiyi göreceksiniz. Niyetimiz Allah rızası içinse emin olun gördüğünüz bu 30 kişi 300 kişi olur, buna hiç kimse de engel olamaz.

Vali bir ay sonra gelir ve arada çok fark vardır. Şeyh, Menzil'e yerleşmiştir artık.

Şeyhlerin yaşamı okuduğu kitaplardakine benzemiyordu

Şeyhi zehirli iğneyle öldürmek isteyen Murat Erol, Denizli'nin Babadağ ilçesine bağlı Gazi Mahallesi nüfusuna kayıtlıydı. Köye geldiğinde Hacı Bekir Çelik'in evine misafir olmuştu. Hacı Bekir ile şeyhin arası arazi anlaşmazlığı yüzünden açıktı. Anlatılanlara göre, şeyh, Çelik ailesine araziyi kendisine satması için baskı yapıyordu. Aralarında bu yüzden gerginlik vardı. Şeyhi öldürmek isteyen Murat Erol'a da bu yüzden Hacı Bekir Çelik, oğulları Muzaffer Çelik, Yasin Çelik, Enver Çelik'in yardımcı olduğu düşünülüyordu. İfadelerde buna ilişkin iddialar vardı. Şeyhin zehirlenme girişiminden sonra tutuklanmışlardı. Kâhta Cumhuriyet Savcılığı tarafından Adıyaman Cumhuriyet Başsavcılığı'na gönderilen 7 Mayıs 1991 tarih ve Hazırlık: No: 1991/153 sayılı iddianamede olay şöyle anlatılıyordu:

> Olay tarihinden evvel, sanık Murat Erol, dini yönden bir arayış içerisinde bulunuyordu. Tasavvufa merak sardı. Kendisine bir mürşidi kâmil aradı. Bu sebeple daha önceleri İzmir ilinde Fethullah isimli (Gülen o tarihte İzmir'de bulunuyordu S.Ö.) birinin yanına gitti. Ancak buradaki hayat kendi okuduğu dini kitaplardaki İslami hayata uymadı. Bu nedenle burayı terk etti. Daha sonra Murat Erol, Süleymancı ve Nurcu tabir edilen gruplara girdi. Ancak, bu grupların da İslami yaşantılarını beğenmedi. Daha sonra İstanbul'da Nakşibendi tarikatının önde gelenleri olan Mahmut Efendi'ye gitti. Burada da gerçek bir yaşantıyı bulamadı. Daha

sonra orada tanıdığı Hamdi isimli grubun içine girdi. Orada da istediği İslami yaşantıyı bulamadı. Daha sonra orada tanıdığı Hamdi isimli (Hamdi Kadiroğlu) şahıs, Menzil köyünde bir şeyh olduğunu, ona gitmesini, oradaki yaşantıyı bulacağını söyledi.

Olay tarihinden 1,5 ay önce Menzil'e geldi. Okuduğu kitaplardaki sahabe, yaşantıya uymadığı, aklına ahir zamanda sahte âlimlerin türeyeceğini, bu sahte din âlimlerinin öldürülmesi halinde büyük sevaba kavuşacağını okudu. Bu kitaplardan ve dinlediği çeşitli vaazlardan esinlendi. Mehmet Raşit Erol'un sahte din âlimi olduğuna kanaat getirdi. Bu nedenle Denizli iline gittiğinde bu şeyhi öldürmeyi kafasına koydu. Bu nedenle rüyada Peygamber Efendimizi gördü ve kendisinin yaptığı işin doğru olduğunu söyledi; bu nedenle hemen çalışmalara başlayıp uzaktan kumandalı bomba imal etti. Daha sonra Denizli'de bir şırıngaya zehir alarak olay tarihinden 3-4 gün önce Kâhta ilçesine geldi. Burada, daha önce tanıştığı Çelik ailesine ilk gelişinde, "şeyhin kerametlerinin bulunmadığı, sahte din adamı olduğunu" söyledi. Böylece, Murat Erol'da şeyhin sahte din âlimi olduğu kanaati kuvvetlendi. İkinci gelişinde ise Çelik ailesine "Menzil şeyhini öldürmeye geldiğini" söyledi bu amaçla imal ettiği bombaları ve zehirleri gösterdi. Bir de silah istedi. Ancak, Çelik ailesinin ruhsatlı silahı vardı. Kendisine silah bulunacağı söylendi ama bulunamadı.

Bayram günü Murat Erol, oluşturduğu bombayı caminin içerisine ve cami dışındaki avluya koymak istedi. Ancak etraf kalabalık olduğu için bombayı koyamadı. Koysa bile şeyhle birlikte bazı masum vatandaşların ölebileceğini düşündü. Bombayı Muzaffer Çelik ile Hacı Bekir Çelik'e verdi. Saklamalarını istedi. Zehirli iğne şırıngası bulunan enjektörle şeyhin yanına bayramlaşmaya geldi. Bayramlaşma maksadıyla elini öpeceği sırada elinin içine sakladığı enjektörü şeyhin eline batırarak şeyhin vücuduna enjekte etti. Ardından şeyhin etrafındaki şahıslarca olay yerinden kaçamadan yakalandı. Dışarı çıkarıldığında köyde bulunan çok kalabalık olan şahıslarca dövülmek istendi. Ancak o sırada şeyhi korumakla görevli olan polisler, sanık Murat Erol'u kalabalığın içerisinden çıkartarak arabaya bindirdiler. Erol bıçakla yaralandı. Şeyh ise Adıyaman Devlet Hastanesi'nde ilk müdahalesi yapıldı ve hayati tehlikesi kaydıyla müşahede altına alındı. Daha sonra taburcu edildi.

Sanık Murat Erol, sahte din âlimi olduğu gerekçesiyle, şikâyetçi Mehmet Raşit Erol'u öldürmeyi kafasına koydu ve bu meyanda bomba hazırladı, zehir, enjektör aldı ve bu malzemeleri Denizli'den Kâhta ilçesine getirdi; tasarlayarak, planlayarak teammüden adam öldürmeyi planladı. Bu planı da uygulama safhasına geçti. Ancak suçu, tam teşebbüs aşamasında kaldı. Murat ve Adem dışında kalan sanıkların ise sanık Murat Erol'un şeyhi öldüreceğini bildiği halde ona silah aradıkları, evlerinde barındırdıkları ve Murat'ın bomba koymaması nedeniyle bombayı sakladıkları ve böylece sanığın suçu bilerek isteyerek feri fail olarak katıldıkları anlaşılmıştır.

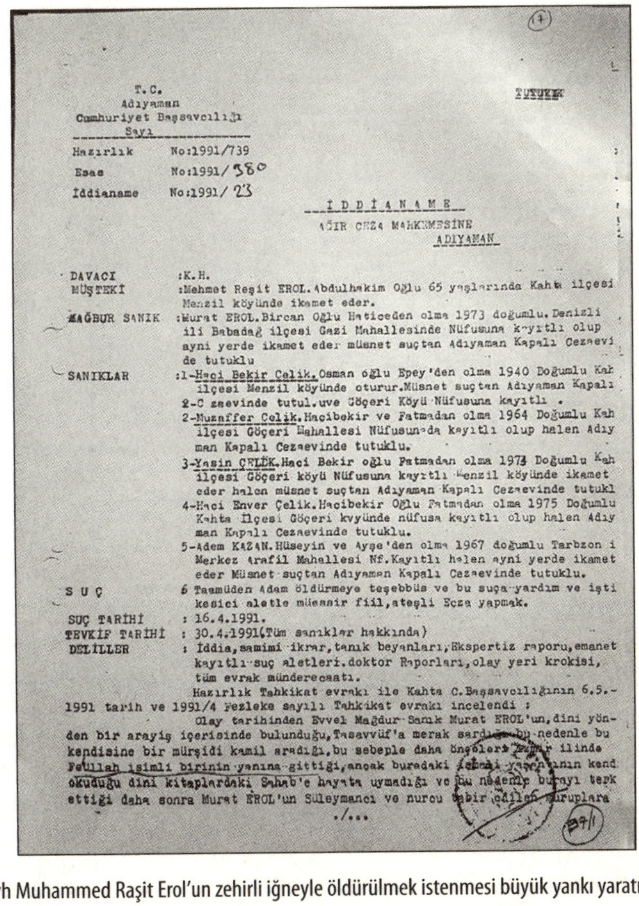

(17)

T.C.
Adıyaman
Cumhuriyet Başsavcılığı
Sayı

TUTUKLU

Hazırlık No:1991/739
Esas No:1991/380
İddianame No:1991/23

İDDİANAME

AĞIR CEZA MAHKEMESİNE
ADIYAMAN

DAVACI :K.H.
MÜŞTEKİ :Mehmet Reşit EROL. Abdulhakim Oğlu 65 yaşlarında Kahta ilçesi Menzil köyünde ikamet eder.
MAĞDUR SANIK :Murat EROL. Bircan Oğlu Haticeden olma 1973 doğumlu. Denizli ili Babadağ ilçesi Gazi Mahallesinde Nüfusuna kayıtlı olup ayni yerde ikamet eder müsnet suçtan Adıyaman Kapalı Cezaevi de tutuklu
SANIKLAR :1-Haci Bekir Çelik. Osman oğlu Epey'den olma 1940 Doğumlu Kah ilçesi Menzil köyünde oturur. Müsnet suçtan Adıyaman Kapalı C zaevinde tutul.uve Göçeri Köyü Nüfusuna kayıtlı .
2-Muzaffer Çelik. Hacibekir ve Fatmadan olma 1964 Doğumlu Kah ilçesi Göçeri Mahallesi Nüfusunda kayıtlı olup halen Adıyaman Kapalı Cezaevinde tutuklu.
3-Yasin ÇELİK. Haci Bekir oğlu Fatmadan olma 1973 Doğumlu Kah ilçesi Göçeri köyü Nüfusuna kayıtlı Menzil köyünde ikamet eder halen müsnet suçtan Adıyaman Kapalı Cezaevinde tutukl
4-Haci Enver Çelik. Hacibekir Oğlu Fatmadan olma 1975 Doğumlu Kahta İlçesi Göçeri kvyünde nüfusa kayıtlı olup halen Adıyaman Kapalı Cezaevinde tutuklu.
5-Adem KAZAN. Hüseyin ve Ayşe'den olma 1967 doğumlu Tarbzon i Merkez Arafil Mahallesi Nf. Kayıtlı halen ayni yerde ikamet eder Müsnet suçtan Adıyaman Kapalı Cezaevinde tutuklu.
SUÇ 6 Taamüden Adam öldürmeye teşebbüs ve bu suça yardım ve işti kesici aletle müessir fiil, ateşli Ecza yapmak.
SUÇ TARİHİ : 16.4.1991.
TEVKİF TARİHİ : 30.4.1991(Tüm sanıklar hakkında)
DELİLLER : İddia, samimi ikrar, tanık beyanları, Ekspertiz raporu, emanet kayıtlı suç aletleri. doktor Raporları, olay yeri krokisi, tüm evrak münderecaatı.

Hazırlık Tahkikat evrakı ile Kahta C.Başsavcılığının 6.5.-1991 tarih ve 1991/4 Fezleke sayılı Tahkikat evrakı incelendi :

Olay tarihinden Evvel Mağdur Sanık Murat EROL'un, dini yönden bir arayiş içerisinde bulunduğu, Tasavvüf'a merak sardığı bu nedenle bu kendisine bir mürşidi kamil aradığı, bu sebeple daha öncelere İzmir ilinde Fetullah isimli birinin yanına gittiği, ancak buradaki [illegible] kend okuduğu dini kitaplardaki Sahab'e hayata uymadığı ve bu nedenle burayı terk ettiği daha sonra Murat EROL'un Süleymancı ve nurcu tabir edilen guruplara

./...

Şeyh Muhammed Raşit Erol'un zehirli iğneyle öldürülmek istenmesi büyük yankı yaratmıştı. Bu konuda savcılık tarafından hazırlanan iddianame ilk kez bu kitapta yer alıyor.

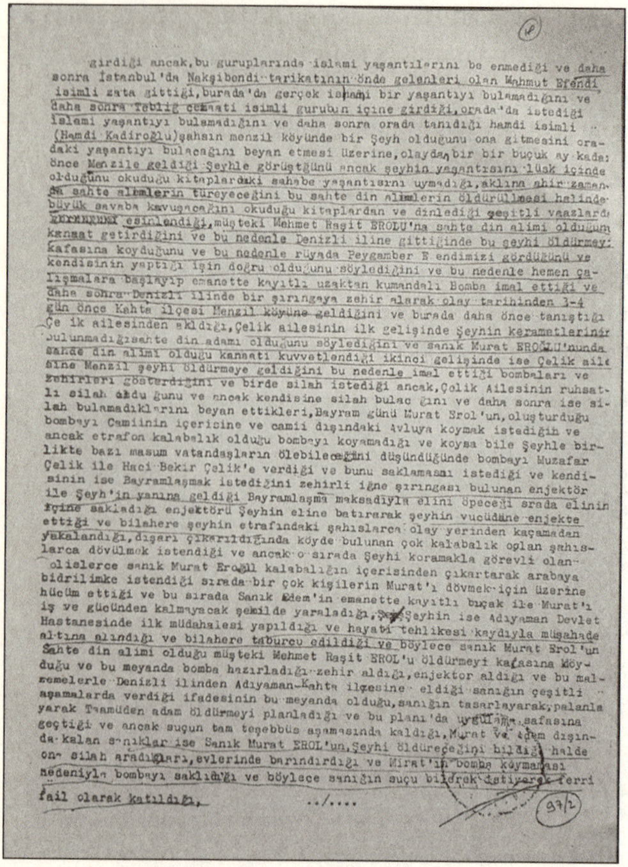

girdiği ancak, bu guruplarında islami yaşantılarını be enmediği ve daha sonra İstanbul'da Nakşibendi tarikatının önde gelenleri olan Mahmut Efendi isimli zata gittiği, burada'da gerçek islami bir yaşantıyı bulamadığını ve daha sonra Tebliğ cemaati isimli gurubun içine girdiği, orada'da istediği islami yaşantıyı bulamadığını ve daha sonra orada tanıdığı hamdi isimli (Hamdi Kadiroğlu) şahsın menzil köyünde bir Şeyh olduğunu ona gitmesini oradaki yaşantıyı bulacağını beyan etmesi üzerine, olaydan bir bir buçuk ay kadar önce Menzile geldiği Şeyhle görüştüğünü ancak şeyhin yaşantısını lüsk içinde olduğunu okuduğu kitaplardaki sahabe yaşantısına uymadığı, aklına ahir zamanda sahte alimlerin türeyeceğini bu sahte din alimlerin öldürülmesi halinde büyük savaba kavuşacağını okuduğu kitaplardan ve dinlediği çeşitli vaazlardan esinlendiği, müşteki Mehmet Raşit EROLU'na sahte din alimi olduğunu kanaat getirdiğini ve bu nedenle Denizli iline gittiğinde bu şeyhi öldürmeyi kafasına koyduğunu ve bu nedenle rüyada Peygamber Efendimizi gördüğünü ve kendisinin yaptığı işin doğru olduğunu söylediğini ve bu nedenle hemen çalışmalara başlayıp emanette kayıtlı uzaktan kumandalı Bomba imal ettiği ve daha sonra Denizli ilinde bir şırıngaya zehir alarak olay tarihinden 3-4 gün önce Kahta ilçesi Menzil köyüne geldiğini ve burada daha önce tanıştığı Çelik ailesinden kaldığı, Çelik ailesinin ilk gelişinde Şeyhin kerametlerinin bulunmadığı sahte din adamı olduğunu söylediğini ve sanık Murat EROĞLU'nunda sahte din alimi olduğu kanaati kuvvetlendiği ikinci gelişinde ise Çelik ailesine Menzil şeyhi öldürmeye geldiğini bu nedenle imal ettiği bombaları ve zehirleri gösterdiğini ve birde silah istediği ancak, Çelik Ailesinin ruhsatlı silah olduğunu ve ancak kendisine silah bulac ğını ve daha sonra ise silah bulamadıklarını beyan ettikleri, Bayram günü Murat Erol'un, oluşturduğu bombayı Camiinin içericine ve camii dışındaki Avluya koymak istediğin ve ancak etrafon kalabalık olduğu bombayı koyamadığı ve koysa bile Şeyhle birlikte bazı masum vatandaşların ölebileceğini düşündüğünde bombayı Muzafar Çelik ile Haci Bekir Çelik'e verdiği ve bunu saklamasını istediği ve kendisinin ise Bayramlaşmak istediğini zehirli iğne şırıngası bulunan enjektör ile Şeyh'in yanına geldiği Bayramlaşma maksadıyla elini öpeceği sırada elinin içine sakladığı enjektörü Şeyhin eline batırarak şeyhin vucüdüne enjekte ettiği ve bilahere şeyhin etrafındaki şahıslarca olay yerinden kaçamadan yakalandığı, dışarı çıkarıldığında köyde bulunan çok kalabalık oplan şahıslarca dövülmek istendiği ve ancak o sırada Şeyhi koramakla görevli olan [illegible]olislerce sanık Murat Eroğlu kalabalığın içerisinden çıkartarak arabaya bidrilimke istendiği sırada bir çok kişilerin Murat'ı dövmek için üzerine hücüm ettiği ve bu sırada Sanık Adem'in emanette kayıtlı bıçak ile Murat'ı iş ve gücünden kalmayacak şekilde yaraladığı, Şeyhin ise Adıyaman Devlet Hastanesinde ilk müdahalesi yapıldığı ve hayati tehlikesi kaydıyla müşahade altına alındığı ve bilahere taburcu edildiği ve böylece sanık Murat Erol'un Sahte din alimi olduğu müşteki Mehmet Raşit EROL'u öldürmeyi kafasına koyduğu ve bu meyanda bomba hazırladığı zehir aldığı, enjektor aldığı ve bu malzemelerle Denizli ilinden Adıyaman-Kahta ilçesine [illegible]eldiği sanığın çeşitli aşamalarda verdiği ifadesinin bu meyanda olduğu, sanığın tasarlayarak; palanlayarak Taamüden adam öldürmeyi planladığı ve bu planı'da uygulama safasına geçtiği ve ancak suçun tam teşebbüs aşamasında kaldığı, Murat ve Adem dışında kalan sanıklar ise Sanık Murat EROL'un, Şeyhi öldüreceğini bildiği halde ona silah aradıkları, evlerinde barındırdığı ve Murat'ın bomba koyamaması nedeniyle bombayı sakladığı ve böylece sanığın suçu bilerek istiyerek ferri fail olarak katıldığı,

../....

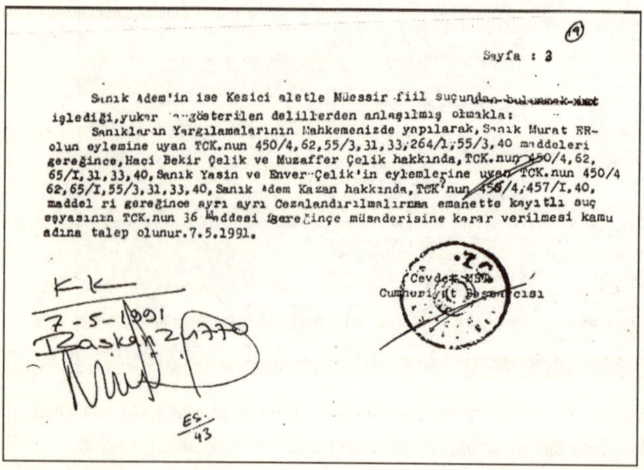

Sayfa : 3

Sanık Adem'in ise Kesici aletle Müessir fiil suçun[illegible] işlediği, yuk[illegible]r[illegible] gösterilen delillerden anlaşılmış olmakla:

Sanıkların Yargılamalarının Mahkemenizde yapılarak, Sanık Murat EROL'un eylemine uyan TCK.nun 450/4, 62, 55/3, 31, 33, 264/1, 55/3, 40 maddeleri gereğince, Haci Bekir Çelik ve Muzaffer Çelik hakkında, TCK.nun 450/4, 62, 65/I, 31, 33, 40, Sanık Yasin ve Enver Çelik'in eylemlerine uyan TCK.nun 450/4 62, 65/I, 55/3, 31, 33, 40, Sanık Adem Kazan hakkında, TCK nun 456/4, 457/I, 40, maddel ri gereğince ayrı ayrı Cezalandırılmalarına emanette kayıtlı suç eşyasının TCK.nun 36 Maddesi gereğinçe müsaderisine karar verilmesi kamu adına talep olunur. 7.5.1991.

Cumhuriyet Başsavcısı

Şeyhe zehirli iğne yapmaya çalışan Murat Erol'un amacı ancak uzun süre sonra ortaya çıktı. İddianamede Erol için ağır ceza istendi.

Şeyh yüzünden adliye ve Emniyet birbirine girdi; suçlamalar ağırdı

Şeyhin zehirlenerek öldürülme girişimiyle ilgili soruşturmada çok garip olaylar yaşanıyor, Ağır Ceza başkanının, Emniyet'e gelip sanıkların ifadesini almaya çalıştığına ilişkin tutanak düzenleniyor, tutanakta hâkimin, şeyhin karşısında el pençe divan durduğuna bile yer veriliyordu.

Emniyet 1. Şube Müdürlüğü'ne (bugünkü Terörle Mücadele Şube Müdürlüğü) hâkim ve savcıyla yaşanan olay 9 Temmuz 1991 tarihinde saat 11.55'te şöyle rapor ediliyordu:

> İlimiz Hâkimi M. Feyyaz Karabel'in C. Başsavcılığı'na hitaben yazmış olduğu 05.07.1991 tarihli dilekçe, C. Başsavcılığının aynı tarihli emirleri ile Müdürlüğümüze intikal etmiş olup, dilekçenin gereği olarak 1. Şube Müdürlüğü'nün 09 Temmuz 1991 gün ve 3628-1531 sayılı yazıları ile C. Başsavcısı Sayın Cevdet Met'e Kişiye Özel, konu hakkında gerekli yazı yazıldı, bu mazrufu (zarfı) 09.07.1991 günlü saat 11.30 sıralarında Adliye Sarayı'na giderek zimmet karşılığında C. Başsavcılığı'na verildi. C. Başsavcısı sekreterine biraz beklememi emrettiğinden ben C. Başsavcısının makamının giriş kısmında bekledim.
>
> Daha sonra sekreteri kanalı ile beni çağırdı. Bana hitaben, "Bu ne biçim yazı, bu yazının bu şekilde yazılması mı konuşulmuştu?" diye sordu. Ben kendisine yazıdan bilgim olmadığını, konunun içeriğini bilmediğimi söyledim. Bana hitaben 1. Şube ile telefon görüşmesi yapacağını söyledi. Ben C. Başsavcısının sekreterinin yanında 1. Şube Müdürlüğü'nün harici telefonu olan 118 28 no.lu telefonu çevirdim. 1. Şube Müdürlüğü'nde Sorgu Büro Amiri olarak görev yapan Komiser Hüsam Çelikbaş ile görüştüm. Bu görüşmede C. Başsavcısı Cevdet Met'in görüşmek istediğini bildirdim. Daha sonra C. Başsavcısının sekreteri C. Başsavcısını 118 28 no.lu telefonla görüştürdü.
>
> **"Bu yazıyı dürsün büksün münasip bir yerine soksun"**
>
> C. Başsavcısı Cevdet Met bana hitaben, "Bu ne biçim yazı, beni niye karıştırıyorsunuz, beni böyle şeye daha önce de karıştırdınız, benim hakkımda müfettişse ifade verdiniz, ben bunların tümünü biliyorum.

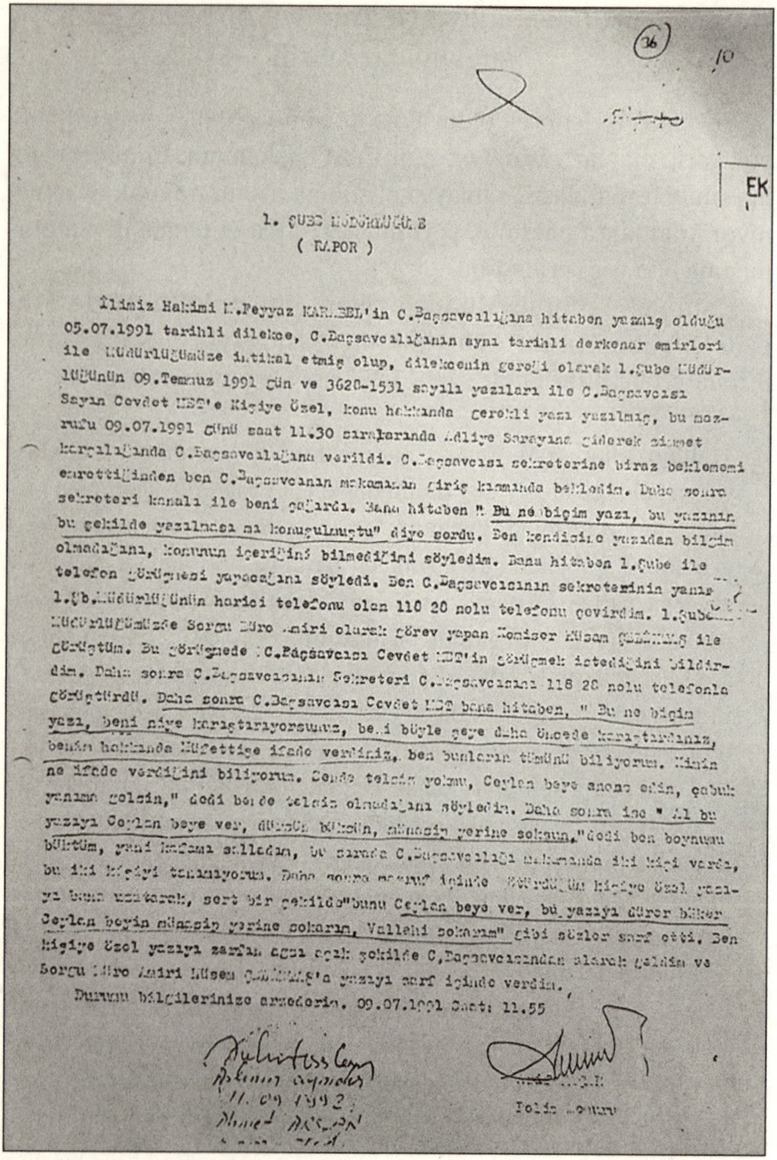

1. ŞUBE MÜDÜRLÜĞÜNE

(RAPOR)

İlimiz Hakimi M.Feyyaz KAR[illegible]BEL'in C.Başsavcılığına hitaben yazmış olduğu 05.07.1991 tarihli dilekçe, C.Başsavcılığının aynı tarihli derkenar emirleri ile Müdürlüğümüze intikal etmiş olup, dilekçenin gereği olarak 1.Şube Müdürlüğünün 09.Temmuz 1991 gün ve 3620-1531 sayılı yazıları ile C.Başsavcısı Sayın Cevdet [illegible]'e Kişiye Özel, konu hakkında gerekli yazı yazılmış, bu mazrufu 09.07.1991 günü saat 11.30 sıralarında Adliye Sarayına giderek zimmet karşılığında C.Başsavcılığına verildi. C.Başsavcısı sekreterine biraz beklememi emrettiğinden ben C.Başsavcının makamının giriş kısmında bekledim. Daha sonra sekreteri kanalı ile beni çağırdı. Bana hitaben " Bu ne biçim yazı, bu yazının bu şekilde yazılması mı konuşulmuştu" diye sordu. Ben kendisine yazıdan bilgim olmadığını, konunun içeriğini bilmediğimi söyledim. Bana hitaben 1.Şube ile telefon görüşmesi yapacağını söyledi. Ben C.Başsavcısının sekreterinin yanında 1.Şb.Müdürlüğünün harici telefonu olan 110 20 nolu telefonu çevirdim. 1.Şube Müdürlüğümüzde Sorgu Büro Amiri olarak görev yapan Komiser Hüsam [illegible] ile görüştüm. Bu görüşmede C.Başsavcısı Cevdet [illegible]'in görüşmek istediğini bildirdim. Daha sonra C.Başsavcısının Sekreteri C.Başsavcısını 118 20 nolu telefonla görüştürdü. Daha sonra C.Başsavcısı Cevdet [illegible] bana hitaben, " Bu ne biçim yazı, beni niye karıştırıyorsunuz, beni böyle şeye daha öncede karıştırdınız, benim hakkımda Müfettişe ifade verdiniz, ben bunların tümünü biliyorum. Kimin ne ifade verdiğini biliyorum. Sende telsiz yokmu, Ceylan beye anons edin, çabuk yanıma gelsin," dedi bende telsiz olmadığını söyledim. Daha sonra ise " Al bu yazıyı Ceylan beye ver, dürsün büksün, münasip yerine soksun," dedi ben boynumu büktüm, yani kafamı salladım, bu sırada C.Başsavcılığı makamında iki kişi vardı, bu iki kişiyi tanımıyorum. Daha sonra mazruf içinde gördüğüm kişiye özel yazıyı bana uzatarak, sert bir şekilde "bunu Ceylan beye ver, bu yazıyı dürer büker Ceylan beyin münasip yerine sokarım, Vallahi sokarım" gibi sözler sarf etti. Ben kişiye özel yazıyı zarfın ağzı açık şekilde C.Başsavcısından alarak geldim ve Sorgu Büro Amiri Hüsam [illegible]'a yazıyı zarf içinde verdim.

Durumu bilgilerinize arzederim. 09.07.1991 Saat: 11.55

Polis Memuru

Şeyhe iğne vurulması olayında yargı ve Emniyet'in birbirine girdiğine bu tutanakla tanık oluyoruz. Bu belgeler de ilk kez bu kitapta yer alıyor.

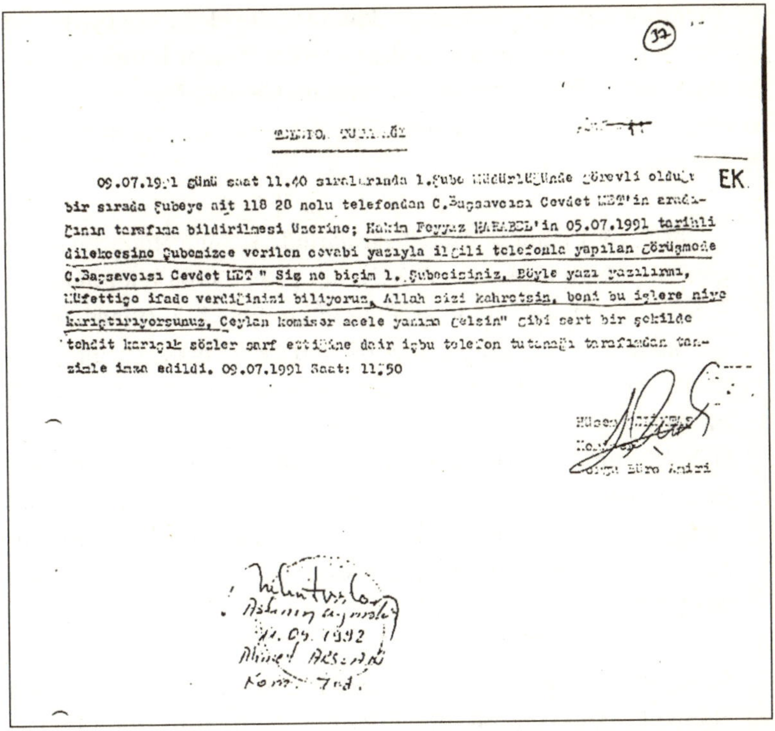

TELEFON TUTANAĞI

EK

09.07.1991 günü saat 11.40 sıralarında 1.Şube Müdürlüğünde görevli olduğum bir sırada Şubeye ait 118 28 nolu telefondan C.Başsavcısı Cevdet MET'in aradığının tarafıma bildirilmesi üzerine; Hakim Feyyaz KARABEL'in 05.07.1991 tarihli dilekçesine Şubemizce verilen cevabi yazıyla ilgili telefonla yapılan görüşmede C.Başsavcısı Cevdet MET " Siz ne biçim 1. Şubecisiniz, Böyle yazı yazılarını, Müfettişe ifade verdiğinizi biliyorum, Allah sizi kahretsin, beni bu işlere niye karıştırıyorsunuz, Ceylan komiser acele yanıma gelsin" gibi sert bir şekilde tehdit karışık sözler sarf ettiğine dair işbu telefon tutanağı tarafımdan tanzimle imza edildi. 09.07.1991 Saat: 11.50

Hüsem ÇELİKTAŞ
Komiser
Sorgu Büro Amiri

Yargı ve Emniyet arasında öyle bir güvensizlik oluşmuştu ki her konuşma tutanak altına alınıyordu. Emniyet, Ağır Ceza Hâkimi'ni Menzil müridi olmakla bile suçladı.

Kimin ne ifade verdiğini biliyorum. Sen de telsiz yok mu? Ceylan Bey'e anons edin, çabuk yanıma gelsin" dedi. Bende telsiz olmadığını söyledim. Daha sonra ise "Al bu yazıyı Ceylan Bey'e ver, dürsün büksün, münasip bir yerine soksun" dedi.

Ben boynumu büktüm, yani kafamı salladım. Bu sırada C. Başsavcılığı makamında iki kişi vardı. Bu iki kişiyi tanımıyorum. Daha sonra zarf içinde götürdüğüm "kişiye özel" yazıyı bana uzatarak, sert bir şekilde, "Bunu Ceylan Bey'e ver, bu yazıyı dürer büker Ceylan Bey'in münasip yerine sokarım. Vallahi sokarım" gibi sözler sarf etti. Ben kişiye özel yazıyı zarfın ağzı açık şekilde C. Başsavcısından alarak geldim ve Sorgu Büro Amiri Hüsem Çeliktaş'a yazıyı zarf içinde verdim. Durumu bilgilerinize arz ederim. 09.07.1991 saat: 11.55.

Yargı ile Emniyet arasında kavga giderek büyüyordu. Artık her konuşma tutanağa dökülüyordu. Zarfın içindeki yazıya tepki gösteren Cumhuriyet Savcısı Cevdet Met, 1. Şube'yi aradığında, sorgu amiri Hüsem Çeliktaş da aşağıdaki tutanağı düzenledi:

> 09.07.1991 günü saat 11.40 sıralarında 1. Şube Müdürlüğü'nde görevli olduğu bir sırada Şube'ye ait 118 28 nolu telefondan C. Başsavcısı Cevdet Met'in aradığının tarafıma bildirilmesi üzerine; Hâkim Feyyaz Karabel'in 05.07.1991 tarihli dilekçesinde şubemizce verilen cevabi yazıyla ilgili telefonla yapılan görüşmede C. Başsavcısı Cevdet Met, "Siz ne biçim 1. Şubesiniz, böyle yazı yazılır mı? Müfettişe ifade verdiğinizi biliyoruz. Allah sizi kahretsin. Beni bu işlere niye karıştırıyorsunuz? Ceylan Komiser acele yanıma gelsin" gibi sert bir şekilde, tehditle karışık sözler sarf ettiğine dair iş bu telefon tutanağı tarafımdan tanzimle imza edildi. 09.07.1991 saat: 11.50.

Bitmiyordu. Artık iş tam bir yargı-Emniyet savaşına dönmüştü. Saat 11.50'de tutanak düzenleniyor, aynı gün saat 14.00'te Hüsem Çeliktaş da yine ağır ifadeler bulunan bir tutanağı imzalıyordu.

Emniyet müdürü, savcıya bağırdı: "Şıha bağlı olacağınıza, Allah'a, devlete, bayrağa, temsil eder göründüğünüz adalete bağlı olunuz"

09.07.1991 günü saat 14.00 sıralarında Adıyaman Emniyet Müdürü Süleyman Ekizer'i, makam telefonundan Cumhuriyet Başsavcısı Cevdet Met aradı. Sonraki dönemde Emniyet Genel Müdürlüğü Terörle Mücadele Dairesi Başkanlığı görevinde de bulunacak olan Süleyman Ekizer, 1. Şube Sorgu Büro Amiri Komiser Hüsem Çeliktaş'ın da tanık olduğu konuşmaya ilişkin şu tutanağı düzenledi:

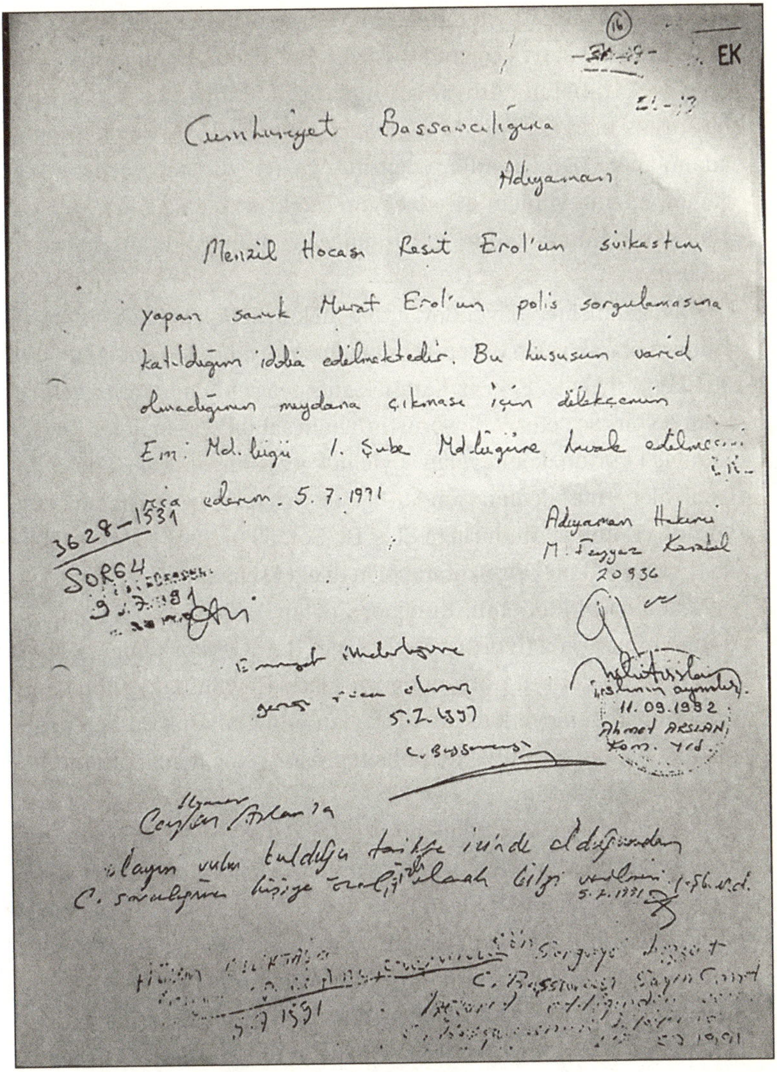

EK

Cumhuriyet Başsavcılığına
Adıyaman

Menzil Hocası Reşit Erol'un suikastını yapan sanık Murat Erol'un polis sorgulamasına katıldığım iddia edilmektedir. Bu hususun varid olmadığının meydana çıkması için dilekçemin Em. Md. lüğü 1. Şube Md.lüğüne havale edilmesini rica ederim. 5.7.1971

Adıyaman Hakimi
M. Feyyaz Karabel
20936

Ağır Ceza Hâkimi Feyyaz Karabel yetkisi olmamasına rağmen, şeyhi zehirle öldürmeye çalıştığı öne sürülen Murat Erol'un sorgusuna katıldı. Emniyet bu durumu tutanak altına alınca soruşturmadan kurtulmak için yeni arayışlar içine girildi ve Emniyet'ten "Sorguya katılmamıştır" raporu alınmaya çalışıldı. Bu da yine tutanaklara geçti. İşte Feyyaz Karabel'in dilekçesi.

C. Başsavcısı Cevdet Met, son derece asabi ve yüksek bir ses tonu ile "Bu yazıyı Ceylan mı yazdı? Biz sizden bunu mu istedik. Feyyaz Karabel'in (Adıyaman Ağır Ceza Mahkemesi Üyesi) polis sorgusuna gelmediğini yazmanızı istemiştik. O, Ceylan denen adamı acele bana gönder. O yazdığı yazıyı münasip yerine sokacağım. Ağzına bilmem ne edeceğim (açıkçası sıçacağım). Size güvenmiştik. Bundan sonra görürsünüz" gibi birçok küfür ve tehdit savurdu.

Ben kendisine, "Savcı Bey, lütfen makul ol. Ben kimseye Emniyet Müdürü olarak yalan beyanda bulunmalarını emredemem. Ağır Ceza Mahkemesi Üyesi Feyyaz Karabel, sorguya seninle beraber gelmiş. Hem de birkaç sefer. Adli soruşturmanın sahibi sensin. Eğer Feyyaz Karabel'i korumak için yalan söylemek icap ediyorsa sen söyle. Polisimi alet etme" dedim. Gönderdiğimiz yazı da zaten bu anlamı taşıyor idi. (Emniyet Müdürlüğü Şb.1 Br. Sor. 09.07.1991 tarih ve 3628-1531 sayılı Hâkim Feyyaz Karabel'in dilekçesi hakkında.)

Daha da hiddetlendi, Komiser Ceylan Arslan'ı kendisine göndermemi ısrarla istiyordu. Ben, "Savcı Bey, Ceylan'ı sana göndermem. Yazıyı getiren polis memuru Arif'e Ceylan hakkında söylediklerini söylemeye kalkarsın, Ceylan bildiğin kolay lokma değildir. Olay çıkartır. Adliye ile polisin arasını iyice açmış olursunuz" dedim ve gönderdim.

Sonra Cevdet Met benden bu sefer daha yumuşak, alttan alır şekilde "Sayın Müdürüm, sen o adamlarına fazla güvenme. Seni severiz. Olay sırasında tabii sen yoktun. 1. Şube bizim gözümüzden düştü. Her türlü güvence verdiğimiz halde sanığa hiç baskı yapmadılar. Üstelik komünistlerle bir olup, komünist müfettişe, 'Feyyaz Karabel sorgulamaya katıldı' diye ifade vermişler. Bizim bakanlıkta adamlarımız var. Biz her şeyi biliyoruz. Bundan sonra görürsünüz. Her sanığı doktora çıkaracağım. En ufak bir şeyde işkenceden tıkacağım içeriye" deyince dayanamadım.

"Şıha saldırana polisin işkence yapmasını mubah sayacaksınız"

"Şıha bağlı olacağınıza, Allah'a, devlete, bayrağa ve her şeyden önce temsil eder göründüğünüz adalete bağlı olunuz. Bizim kimseden korkumuz olamaz. Biz işkenceci değiliz. İşkence nasıl şıha saldırana yapılmamış ise, kimseye yapılmamıştır. Şıha saldırana işkence yapılsaydı demek mubahtı. Aferin size" dedim.

Bu kadar ağır konuşmama rağmen kızacağına aldırmazlıktan geldi. Yalvaran bir ses tonuyla, "Sayın Müdürüm, inan biz seni severiz. Bu mesele lütfen aramızda kalsın. Sen bizim hedefimiz de-

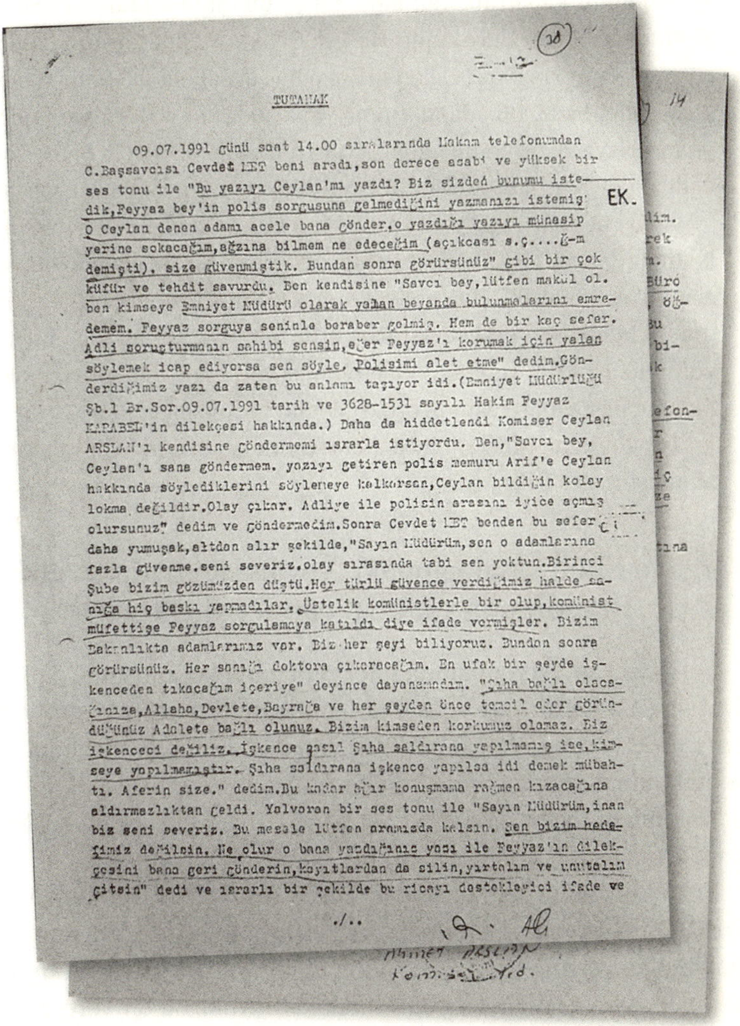

TUTANAK

09.07.1991 günü saat 14.00 sıralarında Makam telefonumdan C.Başsavcısı Cevdet LET beni aradı, son derece asabi ve yüksek bir ses tonu ile "Bu yazıyı Ceylan'mı yazdı? Biz sizden bunumu istedik, Feyyaz bey'in polis sorgusuna gelmediğini yazmanızı istemiştik. O Ceylan denen adamı acele bana gönder, o yazdığı yazıyı münasip yerine sokacağım, ağzına bilmem ne edeceğim (açıkcası s.ç....ğım demişti). size güvenmiştik. Bundan sonra görürsünüz" gibi bir çok küfür ve tehdit savurdu. Ben kendisine "Savcı bey, lütfen makul ol. ben kimseye Emniyet Müdürü olarak yalan beyanda bulunmalarını emredemem. Feyyaz sorguya seninle beraber gelmiş. Hem de bir kaç sefer. Adli soruşturmanın sahibi sensin, eğer Feyyaz'ı korumak için yalan söylemek icap ediyorsa sen söyle, Polisimi alet etme" dedim. Gönderdiğimiz yazı da zaten bu anlamı taşıyor idi. (Emniyet Müdürlüğü Şb.1 Br.Sor.09.07.1991 tarih ve 3628-1531 sayılı Hakim Feyyaz KARABEL'in dilekçesi hakkında.) Daha da hiddetlendi Komiser Ceylan ARSLAN'ı kendisine göndermemi ısrarla istiyordu. Ben, "Savcı bey, Ceylan'ı sana göndermem. yazıyı getiren polis memuru Arif'e Ceylan hakkında söylediklerini söylemeye kalkarsan, Ceylan bildiğin kolay lokma değildir. Olay çıkar. Adliye ile polisin arasını iyice açmış olursunuz" dedim ve göndermedim. Sonra Cevdet LET benden bu sefer daha yumuşak, altdan alır şekilde, "Sayın Müdürüm, sen o adamlarına fazla güvenme. seni severiz. olay sırasında tabi sen yoktun. Birinci Şube bizim gözümüzden düştü. Her türlü güvence verdiğimiz halde sanığa hiç baskı yapmadılar. Üstelik komünistlerle bir olup, komünist müfettişe Feyyaz sorgulamaya katıldı diye ifade vermişler. Bizim Bakanlıkta adamlarımız var. Biz her şeyi biliyoruz. Bundan sonra görürsünüz. Her sanığı doktora çıkaracağım. En ufak bir şeyde işkenceden tıkacağım içeriye" deyince dayanamadım. "Şıha bağlı olacağınıza, Allaha, Devlete, Bayrağa ve her şeyden önce temsil eder göründüğünüz Adalete bağlı olunuz. Bizim kimseden korkumuz olamaz. Biz işkenceci değiliz. İşkence nasıl Şıha saldırana yapılmamış ise, kimseye yapılmamıştır. Şıha saldırana işkence yapılsa idi demek mübahtı. Aferin size." dedim. Bu kadar ağır konuşmama rağmen kızacağına aldırmazlıktan geldi. Yalvaran bir ses tonu ile "Sayın Müdürüm, inan biz seni severiz. Bu mesele lütfen aramızda kalsın. Sen bizim hedefimiz değilsin. Ne olur o bana yazdığınız yazı ile Feyyaz'ın dilekçesini bana geri gönderin, kayıtlardan da silin, yırtalım ve unutalım gitsin" dedi ve ısrarlı bir şekilde bu ricayı destekleyici ifade ve

./..

İş o kadar büyümüştü ki artık Emniyet Müdürü'nün Başsavcı'yla konuşması bile tutanak konusu oluyor ve bunlar dosyalanıyordu.

ğilsin. Ne olur o bana yazdığınız yazı ile Feyyaz'ın dilekçesini bana geri gönderin, kayıtlardan da silin. Yırtalım ve unutalım gitsin" dedi ve ısrarlı bir şekilde bu ricayı destekleyici ifade ve komplimanlar yaptı. Ben, "İşte yırtıyorum, sen merak etme" dedim. Güvenmiyor ve geri istiyordu. Ben "Vallahi işte yırttım" diyerek Feyyaz Karabel'in dilekçesini ikiye ayırdım.

Telefonu kapattım. Yanımda bütün bu olanlara tanık 1. Şube Müdürlüğü Sorgu Büro Amiri Hüsem Çeliktaş atıldı. "Durun Müdürüm, ne yapıyorsunuz? Öğleden önce bu savcı beni telefonla tehdit etti. Hedef biziz. Bu adamların ne yapacaklarını ve hangi komployu hazırlayacaklarını bilemem. Bu yazı ileride bizim için belge olacaktır" deyince, hak verdim. Yazı ve dilekçeyi kendisine iade ettim.

Aynı gün saat 17.00'ye doğru Hâkim Cahit Hacıhaliloğlu telefonla aradı. "Sayın Müdürüm, bize bu yapılır mı? Biz bu güne kadar sizi milliyetçi bilirdik. Hep polisi koruduk. Bundan sonra bizden yardım beklemeyin" gibi sözler sarf etti. Ben de, "Hukuk dışı hiçbir yönümüz yoktur. Bundan önce olduğu gibi bundan sonra da size muhtaç olacağımızı sanmıyorum" dedim ve konuşmamı kestim.

İş bu telefon tutanağı aynı gün tarafımdan tanzimle imza altına alınmıştır. 09.07.1991 saat 18.00.

Yargı ve Emniyet arasındaki "şeyh skandalı"nın "gizli" raporunda yer alan çarpıcı bilgiler

Yargı ve Emniyet arasında ipler tamamen kopmuştu. Cumhuriyet savcısı ile birlikte Ağır Ceza Mahkemesi üyesinin şüphelileri sorgulamaya gelmesi bardağı taşırmış, Emniyet mensupları ise hâkimin, sorgulamaya girdiğini tutanağa geçirmişlerdi. Üstelik hâkimler şeyhin karşısında el pençe divan dururken, şeyhin tanıklarına ne söylemeleri gerektiği bile tembihlenmişti.

Soruşturmanın jandarmadan alınıp Adıyaman Emniyet Müdürlüğü'ne, sonra Adıyaman'dan alınıp Kâhta İlçe Emniyet Amirliği'ne verilmesi gerilimi daha da artırmıştı. Hele, hâkimin sorgu odasına girdiğine ilişkin tutanak, olayı farklı bir yere götürüyordu. Savcı, hâkimi kurtarmak için çaba gösteriyordu. Hâkim, savcılığa dilekçe verecek, kendisinin Emniyet'te sorgu odasında

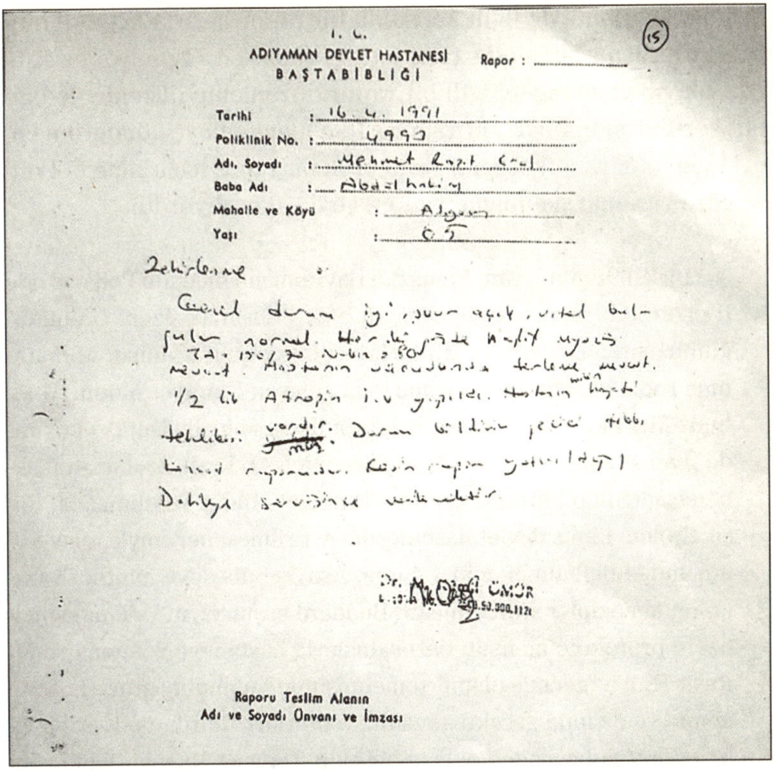

T. C.
ADIYAMAN DEVLET HASTANESİ
BAŞTABİBLİĞİ

Rapor : ....

Tarihi : 16. 4. 1991
Poliklinik No. : 4993
Adı, Soyadı : Mehmet Raşit Erol
Baba Adı : Abdülhakim
Mahalle ve Köyü : ....
Yaşı : ....

Raporu Teslim Alanın
Adı ve Soyadı Ünvanı ve İmzası

Şeyh Raşit Erol'un iğneyle zehirlenmesi girişimine ilişkin doktor raporu da ilk kez bu kitapta gün ışığına çıkıyor.

olup olmadığının bildirilmesini isteyecek, Emniyet de bu yönde cevap vermeyince ilişkilere küfür karışacak, bunlar aynen tutanağa da geçirilecekti.

Şeyhin zehirlenmek istenmesiyle ilgili "çok gizli" rapor hazırlayan Emniyet Müdür Yardımcısı Mehmet Güven, 1. Şube Müdür Vekili Ceylan Arslan, Sorgu Büro Amiri Hüsem Çeliktaş, İstihbarat Şube Müdür Vekili Abdullah Erhan, İstihbarat Şube'de görevli Şinasi Ertuğrul tarafından imzalanıp, Emniyet Müdürü Süleyman Ekizer'e sunulan 22 Nisan 1991 tarihli "çok gizli" raporda, olay başından itibaren tüm ayrıntılarıyla anlatılıyordu. Ancak, bu raporu, Emniyet'in kendiliğinden mahkemeye göndermesi mümkün olmuyordu.

Sanık avukatlarından Mustafa Köroğlu, Emniyet'in şeyhin zehirlenme girişimiyle ilgili kapsamlı bir rapor hazırladığını öğrenmişti. Duruşma sırasında, taleplerini sıralarken, "Emniyet tarafından olayın gelişimiyle ilgili bir rapor düzenlenip düzenlemediğinin sorulmasını, böyle bir rapor varsa mahkemeye gönderilmesini" talep etti. Emniyet zehir zemberek bir rapor hazırlamıştı. Polise göre yaşanan skandallar rapora şöyle aktarılıyordu:

16.4.1991 günü, yani Ramazan Bayramı'nın ilk günü Polisevi'nde il protokolüne mensup zevat ile bayramlaşmak üzere bulunduğumuz sırada, Emniyet Müdürlüğü'nde görevli Komiser Muhammet Topal'ın saat 11.30 sıralarında gelerek Emniyet Müdür Vekilimiz Mehmet Güven'e, ilimiz Kâhta ilçesi Menzil (Durak) köyünde ikamet eden Nakşibendi şeyhlerinden M. Raşit Erol'un suikasta uğradığını bildirmesi üzerine, Emniyet Müdür Vekilimiz, M. Raşit Erol'un ilimiz devlet hastanesine getirilmesi nedeniyle, olay konusunda bilgilenmek için 1. Şube, Asayiş Şubesi ve mıntıka karakolundan ekipler sevk etmiştir. Bilahare başta Sayın Valimiz olmak üzere protokole mensup bazı şahıslarla hastaneye gelinmiş ve M. Raşit Erol'a "geçmiş olsun" temennisinde bulunulmuştur. Hastane içinde ve dışında gerekli güvenlik tedbirleri aldırılmış, 1. Şube ve İstihbarat Şubesi'nden oluşan bir ekip Komiser Hüsem Çeliktaş'ın yönetiminde, olayla ilgili geniş bilgi ve soruşturma için Kâhta İlçe Emniyet Müdürlüğü'ne gönderilmişlerdir.

Emniyet Müdür Vekilimiz, protokole mensup şahıslarla hastaneye gittiğinde, ilimiz C. Başsavcısı Cevdet Met, Ağır Ceza Mahkemesi Hâkimi Feyyaz Karabel'in hezeyan ve heyecan içinde Sayın Valimize bu olayın örgüt tarafından işlendiğini, soruşturmaya acele başlanılmasını, sağa sola emirler yağdırarak söylediklerini, Jandarma Komutan Vekili Binbaşı Halil Baysal'ın da orada bulunması ve olayın Jandarma bölgesinde cereyan etmesinden dolayı olayın soruşturması Jandarma'nın yürütmesi gerekirken adı geçen şahısların Sayın Valimize, "Jandarma bu olayın üstesinden gelemez, 1. Şube'nin özel soruşturma yöntemleri var, bu şahsı hemen yatırmak lazım" gibi uluorta sözler sarf etmişlerdir. Jandarma Komutan Vekili'nin yanında bu sözlerin sarf edilmesine Jandarma Komutanı'nın, "Soruşturmadan sonra olayın örgüt tarafından işlenip işlenmediği anlaşılır" dediği duyulmuştur.

Görgü tanıklarının ifadelerine ve ilk bilgilere göre olay şöyle cereyan etmiştir: 16.4.1991 günü saat 10.00 sıralarında, M. Raşit Erol'un Menzil'deki yerinde, bayramlaşma sırasında kimliği bilahare tespit edilen Denizli ili Babadağ ilçesi Gazi Mahallesi nüfusuna kayıtlı, Bircan-Hatice oğlu, 1973 doğumlu Murat Erol isimli şahsın, daha önceden temin ettiği zehirli şırıngayı üzerine alarak bayramlaşmak için M. Raşit Erol'un yanına vardığında, tokalaşma sırasında üzerinde taşıdığı zehirli şırıngayı aniden çıkarmış ve avuç içine saplamak istemiş. Şahsın elini çekmesi üzerine elinin dış kısmına da zehirli şırıngayı batırmıştır. Orada bulunanlar tarafından ilk müdahaleyi müteakip M. Raşit Erol, ilimiz devlet hastanesine intikal ettirilerek tedavi altına alınmıştır. Yapılan kontrolde zehirli şırınganın avuç içine ve elinin dış kısmına batırıldığı tespit edilmiştir. Olay faili Murat Erol anında yakalanmış olup, M. Raşit Erol'un dükkânlarından birini çalıştırdığı tespit edilen Trabzon ili Merkez Arafil Boyu Mahallesi nüfusuna kayıtlı, Hüseyin oğlu 1967 doğumlu Adem Kazan tarafından Murat Erol bıçakla sırtından yaralanmıştır. Her iki sanık Jandarmaca gözetim altına alınmıştır.

Savcı da, kaymakam da, Emniyet mensupları da şeyhin müridi

M. Raşit Erol'un ilimiz devlet hastanesindeki odasında tedavisinin yapılmakta olduğu sırada, Emniyet Müdürlüğü'nde görevli Başkomiser Erdal Ayan ile polis memuru Mustafa Kaymak'ın resmi sıfata yakışmayacak bir şekilde ve şeyh-mürit ilişkisi içerisinde bulundukları görülmüştür. Bu arada hastane odasında nerede görev yaptıkları bilinmeyen bir savcının ve kaymakamın da M. Raşit Erol ile taraftar ilişkisi içerisinde ilgilendikleri gözlenmiştir.

16.4.1991 günü saat 14.00 sıralarında Hâkim Feyyaz Karabel'in ısrarı, C. Başsavcısı Cevdet Met ve Kâhta C. Savcısının talimatı ile konu Sayın Valimizle de görüşülerek sanıkların, Kâhta İlçesi Jandarma Bölük Komutanlığı'ndan teslim alınması ve soruşturmanın 1. Şube Müdürlüğü'nce yürütülmesi kararlaştırılmış ve Kâhta Jandarması'ndan sanıklar saat 15.45 sıralarında tutanakla teslim alınarak Emniyet Müdürlüğü'ne saat 17.00 sıralarında intikal ettirilmiştir.

Şüpheli Murat Erol'a, kan kaybettiği ve titrediği için bir bardak çay verildi

Emniyet Müdürlüğü'ne getirilen Murat Erol ve Adem Kazan isimli sanıkların 1. Şube Müdürlüğü'nde üst aramalarını müteakip ayrı ayrı odalara alınarak emniyetleri sağlanmıştır. Sanık Murat Erol'un cüsse itibari ile zayıf ve çelimsiz olması, bıçakla sırtından yaralanması sonucu kan kaybetmesinden olacak ki titrediği görülmüş ve kendisine bir bardak çay verilerek sıhhatli tutulması amaçlanmıştır.

Sanıklardan Murat Erol yapılan sorgu planı gereğince, 16.4.1991 günü saat 20.30 sıralarında ilk görüşme yapılmak üzere sorgu odasına alındığından bir müddet sonra sorgu odasına Adıyaman C. Başsavcısı Cevdet Met ile birlikte, yukarıda nerede görev yaptıkları tespit edilemediği belirtilen bir savcı ve kaymakam, Başkomiser Erdal Ayan ile birkaç kişi daha zuhur etmişleridir. Şahısların C. Başsavcısı Cevdet Met ile birlikte gelmelerinden dolayı sorgu odasına alınmaları engellenmemiştir. Hatta odada Kâhta İlçe Emniyet Müdürlüğü'nde görevli Komiser Nuri Kocabıyık ve birkaç polis memuru da bulunmakta idi.

Sanık Murat Erol'un saat 17.00'de Emniyet Müdürlüğü'ne getirilmesi ve saat 20.30'da sorguya alınması arasında geçen zaman içerisinde Adıyaman C. Başsavcısının talimatı ile olayla ilgili getirilen görgü tanıklarının ifadeleri alınmıştır.

Sorgu odasına alınan sanık Murat Erol'a ilk etapta özgeçmişi ile olay anlattırılmıştır. Bu sırada sanığa odada bulunanlarca sorular sorulmak sureti ile sıhhatli bir sorgu yapılması gerçekleştirilemiyordu. Odada bulunanlar sanığa merak saikiyle muhtelif sorular soruyorlardı. Bu olay, 17.4.1991 günü saat 02.30'a kadar devam etti. Gelenlerin sorgu odasından çıkmalarından sonra sanığın tarafımızdan özgeçmişi tespit ettirilmiştir. Bir müddet sorguya ara verilerek sanıkla olay hakkında bilgi için ilgili birimlere teleksler yazılmış ve bilgi toplanılmaya çalışılmıştır.

17.4.1991 günü sorgu odasına alınan sanık Murat Erol'a üzerinde olmayan kimliği konusunda sorular yöneltilmiş, sanık kimliğini Kâhta ilçesi Menzil köyünde ikamet eden M. Raşit Erol ile aralarında itilaf olduğu söylenilen Hacı Bekir Çelik isimli şahsın evinde kaldığı sırada orada bıraktığını belirtmesi üzerine, durum Kâhta İlçe Emniyet Müdürlüğü'nde görevli Komiser Nuri Kocabıyık'a iletilmiş ve Hacı Bekir Çelik'in evinde arama yaparak kimliğin ve diğer suç teşkil edecek malzemelerin, Murat Erol'a ait olabilecek eşyaların ele geçirilmesi istenmiştir.

Komiser Nuri Kocabıyık ve ekibi 17.4.1991 günü tahminen öğleden sonra arama yapılması istenilen ev sahibi Hacı Bekir Çelik ve oğlu Enver Çelik ile birlikte 1. Şube Müdürlüğü'ne gelmiş ve Murat Erol'a ait kimliği bulamadıkları, aynı tarihli arama tutanağından anlaşılmıştır.

Hacı Bekir Çelik ve oğlu Enver Çelik'e kimlik konusunda yöneltilen sorulara şahıslar kimliğin evde olduğunu belirtmeleri üzerine, adı geçenler Komiser Nuri Kocabıyık ve ekibine teslim edilerek tekrar arama yapılmak üzere Menzil köyüne gönderilmişlerdir. Aynı gün saat 23.00'e kadar kimlikle ilgili yapılan arama neticesi tarafımıza bildirilmemiş olup telefon dahi edilmemiştir.

"Bu kuş daha ötmedi mi?"

17.4.1991 günü saat 23.00 sıralarında sanık Murat Erol'un sorgusuna devam edilmekte iken Komiser Nuri Kocabıyık, polis memuru Nimetullah Yıldız, Hâkim Feyyaz Karabel ve C. Başsavcısı Cevdet Met'in birlikte geldikleri görüldü. Kimlikle ilgili Nuri Kocabıyık'a bulunup bulunmadığı sorulduğunda bulunduğunun anlaşılması üzerine, polis memuru Nimetullah Yıldız'ın sorgu odasında bulunan sanık Murat Erol'a "Bu kuş daha ötmedi mi?" şeklinde hitabıyla sorguya başlanılarak, 18.4.1991 günü saat 02.30 sıralarında Hâkim Feyyaz Karabel'in ve C. Başsavcısı Cevdet Met'in sözlü talimatı ile sanık Murat Erol, Kâhta İlçe Emniyet Müdürlüğü görevlilerine tutanakla teslim edilmiştir. Böylece soruşturmanın Kâhta İlçe Emniyet Müdürlüğü'nce yapılacağı öğrenilmiş oldu.

18.4.1991 günü sabahleyin C. Başsavcısı Cevdet Met telefonla Emniyet Müdür Vekilimiz Mehmet Güven'i aramış ve bomba olduğunu söylemiştir. Emniyet Müdür Vekilimiz telsizle İlçe Emniyet Müdürü Ejder Tuğrul'u aramış ve telefon etmesini isteyerek konu ile ilgili bilgi almaya çalışmış, bomba olduğunun anlaşılması üzerine Emniyet Müdür Vekilimizin tarafımıza verdiği talimat doğrultusunda bomba uzmanı da alınarak tetkik ve tespit için Kâhta İlçe Emniyet Müdürlüğü'ne gidilmiştir ve gerekli tetkikler yapılarak bomba konusu ile ilgili tutanaklar tanzim edilmiştir.

Geceleyin 02.30 sıralarında soruşturma devam ederken aniden, hiçbir sebep yokken soruşturmaların 1. Şube Müdürlüğü'nden alınıp Kâhta İlçe Emniyet Müdürlüğü'ne gönderilen sanık Murat Erol'da bomba bulunması konusu, dikkat çekici bulunmaktadır. Şöyle ki; olay yeri itibariyle İlçe Emniyet görevlilerinin 1. Şube Müdürlüğü'nde sorgusu yapılan Murat Erol ve olayla ilgili elde edilecek bilgilerin birlikte değerlendirilmesi gerekirken, Hacı Bekir Çelik'in ikametgâhında yapılan aramada elde edilen Murat Erol'a ait kimlik konusu tarafınıza 3-5 saat sonra bildirildiği adı geçen görevlilerce yapılan tutanaktan anlaşılmıştır.

Murat Erol'a ait kimliğin bulunması ile ilgili görevlilerce tanzim edilen tutanağın düzenlendiği saat 16.40 olup bize bildirilmesi ise 23.00 civarındadır. Bu aradaki zaman içerisinde İlçe Emniyet görevlilerinin olayla ilgilenen diğer şahıslarla birlikte Hacı Bekir Çelik'in ikametgâhında aramayla meşgul oldukları öğrenilmiştir.

Sanık Murat Erol'u sırtından bıçakla yaralamaktan yakalanan Adem Kazan'ın Kâhta İlçe Emniyet Müdürlüğü'ne diğer sanıklarla birlikte 18.04.1991 günü öğleden sonra teslim edilmesini müteakip Adem Kazan'ın hemen serbest bırakıldığı, konu ile ilgili Emniyet Müdür Vekiline bilgi verilmeyişi konunun Trabzon İstihbarat Şubesi'nce ilimiz İstihbarat Şubesi'ne Adem Kazan'ın serbest bırakıldığının mesajla öğrenilmesi ilgisizliğin neticesidir.

Bu arada Hâkim Feyyaz Karabel tarafından üst makamlara telefon edilerek sorgulama ekibi istendiği yolundaki bilgiler müdürlüğümüzde görevli polis memuru Mustafa Kaymak'ın sağda solda konuşmasından öğrenilmiştir. Cumhuriyet Başsavcısı Cevdet Met'in Ankara ilinden gelecek sorgulama ekibi ile görüşeceğini, geldiklerinde haber verilmesini istediği 1. Şube ve İstihbarat Şubesi'nden görevlilerle birlikte Polisevi'nde Ankara'dan gönderilen ekip ile birlikte bulunulduğu sırada Polisevi'ne gelen Hâkim Feyyaz Karabel, Cumhuriyet Başsavcısı Cevdet Met ve polis memuru Mustafa Kaymak'ın da bulunduğu toplulukta Hâkim ve C. Başsavcısının bizlere hitaben "Siz sınıfta kaldınız, Kâhta polisi sınıfı geçti. Biz sizlere şahsı yatırın demedik mi?" gibi sözlerine karşılık bizler de kendilerine "Polis sınıfta kalmaz, Kâhta polisi de bizim polisimiz" şeklinde verilen karşılıkla polis-adliye ilişkisinin bozulmaması amaçlanmıştır.

Murat Erol'un 1. Şube Müdürlüğü'nde yukarıda adı geçen şahıslarla birlikte ön sorgusu sırasında yapılan mülakatta elde edilen bilgilerin M. Raşit Erol'a yakınlığı ile bilenen şahıslar arasında konuşulması ve 1. Şube Müdürlüğü ile İstihbarat Şube Müdürlüğü'nün beceriksiz gibi gösterilmesi bu şahısların hezeyan, heyecan ve sır tutan kimselerden olmadıklarının eseridir.

Başkomiser, on günlük tatilini şeyhin yanında geçiriyordu

Bizler Emniyet Müdürlüğü olarak olayla ilgili büyük bir özveri ile çalışmalar yaptığımız sırada, sanığın da şubemizde henüz 30 saat gibi kısa bir süre bulunması, Kâhta İlçe Emniyet Müdürlüğü görevlilerinin olayla ilgili bilgileri anında tarafımıza aktarmaması ve yukarıda adı geçen şahısların sorgulama odasına sık sık girmeleri neticesinde sıhhatli bir sorgu yapılması engellenmiştir.

Emniyet Müdürlüğü olarak olaya kanunlar çerçevesinde ve polis gözüyle bakılarak soruşturma yürütülürken, Hâkim Feyyaz Karabel, C. Başsavcısı Cevdet Met, nerede görev yaptıkları tespit edilemeyen bir savcı ve kaymakamın, Başkomiser Erdal Ayan, polis memuru Mustafa Kaymak, Kâhta İlçe Emniyet Müdürü Ejder Tuğrul ve şeyhin koruma polisleri tarafından olayın şeyh-mürit konumunda incelenmesi yönünde maddi ve manevi baskı uygulamaya çalışmışlardır. Yukarıda adı geçen görevlilerin M. Raşit Erol'un müridi durumunda oldukları, zaman buldukça yanına gittikleri, olay sırasında da yanında oldukları, hatta Başkomiser Erdal Ayan'ın on günlük bayram tatilini ailesiyle birlikte M. Raşit Erol'un yanında kalarak geçirdiği, kamu kuruluşlarında grup oluşturmaya çalıştıkları herkes tarafından bilinen bir gerçektir.

Yukarıda belirtilen tutumlarından dolayı bu kişiler Emniyet Müdürlüğü 1. Şube Müdürlüğü, İstihbarat Şube Müdürlüğü ve özellikle sorguya katılan görevlileri komünist ilan ettikleri, haklarında araştırma yaptıkları yolunda söylentiler bulunmaktadır. Olayın başından beri bu şahısların tutumu sabit fikirli olmalarındandır.

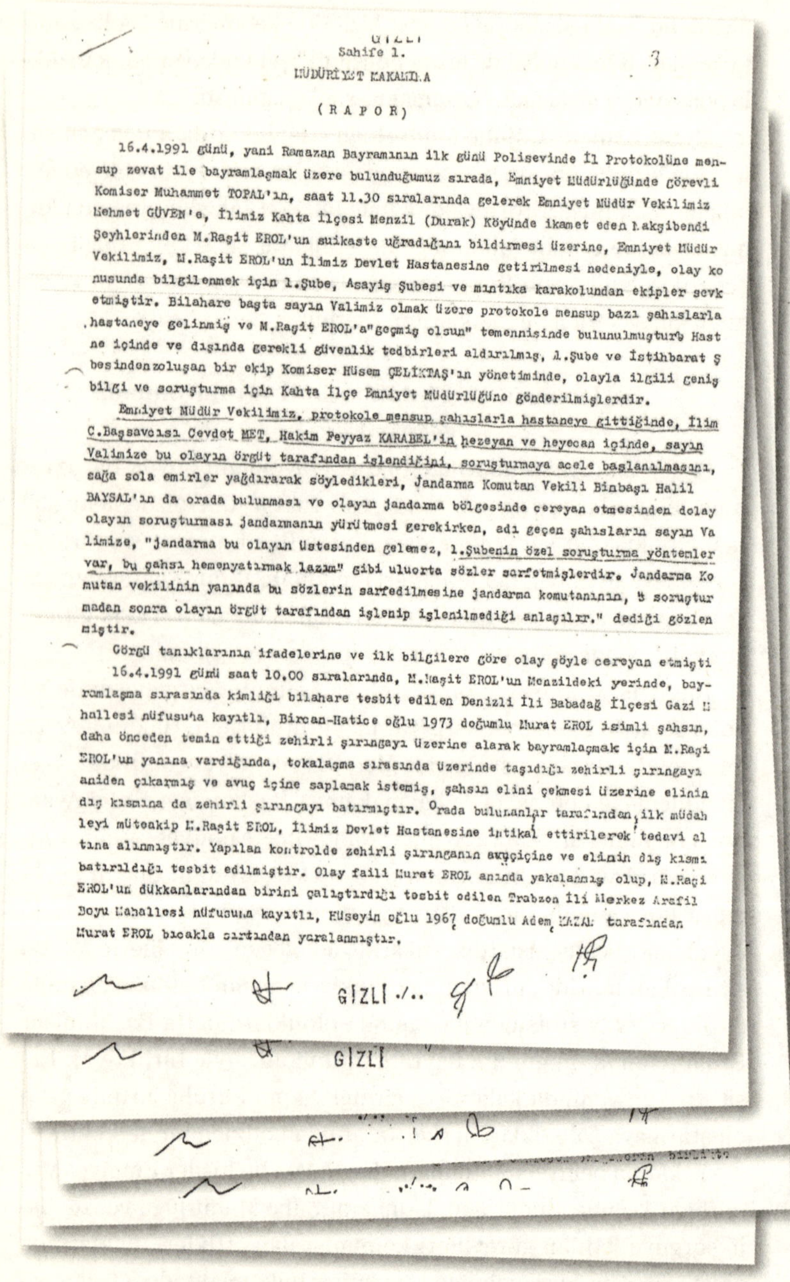

GİZLİ

Sahife 1.

MÜDÜRİYET MAKAMINA

(R A P O R)

16.4.1991 günü, yani Ramazan Bayramının ilk günü Polisevinde İl Protokolüne mensup zevat ile bayramlaşmak üzere bulunduğumuz sırada, Emniyet Müdürlüğünde görevli Komiser Muhammet TOPAL'ın, saat 11.30 sıralarında gelerek Emniyet Müdür Vekilimiz Mehmet GÜVEN'e, İlimiz Kahta İlçesi Menzil (Durak) Köyünde ikamet eden Nakşibendi Şeyhlerinden M.Raşit EROL'un suikaste uğradığını bildirmesi üzerine, Emniyet Müdür Vekilimiz, M.Raşit EROL'un İlimiz Devlet Hastanesine getirilmesi nedeniyle, olay konusunda bilgilenmek için 1.Şube, Asayiş Şubesi ve mıntıka karakolundan ekipler sevk etmiştir. Bilahare başta sayın Valimiz olmak üzere protokole mensup bazı şahıslarla hastaneye gelinmiş ve M.Raşit EROL'a "geçmiş olsun" temennisinde bulunulmuştur. Hastane içinde ve dışında gerekli güvenlik tedbirleri aldırılmış, 1.Şube ve İstihbarat Şubesinden oluşan bir ekip Komiser Hüsem ÇELİKTAŞ'ın yönetiminde, olayla ilgili geniş bilgi ve soruşturma için Kahta İlçe Emniyet Müdürlüğüne gönderilmişlerdir.

Emniyet Müdür Vekilimiz, protokole mensup şahıslarla hastaneye gittiğinde, İlim C.Başsavcısı Cevdet MET, Hakim Feyyaz KARABEL'in hezeyan ve heyecan içinde, sayın Valimize bu olayın örgüt tarafından işlendiğini, soruşturmaya acele başlanılmasını, sağa sola emirler yağdırarak söyledikleri, Jandarma Komutan Vekili Binbaşı Halil BAYSAL'ın da orada bulunması ve olayın jandarma bölgesinde cereyan etmesinden dolay olayın soruşturması jandarmanın yürütmesi gerekirken, adı geçen şahısların sayın Valimize, "Jandarma bu olayın üstesinden gelemez, 1.Şubenin özel soruşturma yöntemler var, bu şahsı hemenyatırmak lazım" gibi uluorta sözler sarfetmişlerdir. Jandarma Komutan vekilinin yanında bu sözlerin sarfedilmesine jandarma komutanının, "soruşturmadan sonra olayın örgüt tarafından işlenip işlenilmediği anlaşılır." dediği gözlenmiştir.

Görgü tanıklarının ifadelerine ve ilk bilgilere göre olay şöyle cereyan etmişti

16.4.1991 günü saat 10.00 sıralarında, M.Raşit EROL'un Menzildeki yerinde, bayramlaşma sırasında kimliği bilahare tesbit edilen Denizli İli Babadağ İlçesi Gazi Mahallesi nüfusuna kayıtlı, Bircan-Hatice oğlu 1973 doğumlu Murat EROL isimli şahsın, daha önceden temin ettiği zehirli şırıngayı üzerine alarak bayramlaşmak için M.Raşit EROL'un yanına vardığında, tokalaşma sırasında üzerinde taşıdığı zehirli şırıngayı aniden çıkarmış ve avuç içine saplamak istemiş, şahsın elini çekmesi üzerine elinin dış kısmına da zehirli şırıngayı batırmıştır. Orada bulunanlar tarafından, ilk müdahaleyi müteakip M.Raşit EROL, İlimiz Devlet Hastanesine intikal ettirilerek tedavi altına alınmıştır. Yapılan kontrolde zehirli şırınganın avuçiçine ve elinin dış kısmı batırıldığı tesbit edilmiştir. Olay faili Murat EROL anında yakalanmış olup, M.Raşit EROL'un dükkanlarından birini çalıştırdığı tesbit edilen Trabzon İli Merkez Arafil Boyu Mahallesi nüfusuna kayıtlı, Hüseyin oğlu 1967 doğumlu Adem KAZAN tarafından Murat EROL bıçakla sırtından yaralanmıştır.

GİZLİ ./..

Adıyaman'da şeyh yüzünden yaşanan yargı-Emniyet tartışması gizli bir rapor haline dönüştürüldü. Gerilimin ne kadar yüksek olduğu raporlara da yansıdı.

Bizim çok ince araştırmalardan geçirilerek önem arz eden bu birimlerde çalıştırıldığımız, vatanına milletine devletine bağlı olduğumuz, dinimize bağlı samimi inanç sahipleri olarak kutsal duyguları istismar etmeden Anayasal çizgiden ve hukuktan ayrılmadığımız bilinen bir gerçektir. Çok kısa sürede olsa tarafımızdan yürütülmeye çalışılan bahse konu olayla ilgili soruşturmada kanunlar çerçevesinde görevimizi yaptığımız kanaatindeyiz. Bilgi ve takdirlerinize arz ederiz. 22 Nisan 1991.

Biri "bomba", diğeri "değil" diyor; biri "zehirli iğne", diğeri "değil" diyor

Skandallar bununla da bitmiyordu. Şeyhin önce bombalı saldırıyla, bundan vazgeçilince zehirli iğneyle öldürülmesini planlayan Murat Erol'dan elde edilen bilgilere dayanılarak hem bomba düzeneği, hem de şırıngada kullanılan ve zehir olduğu belirtilen ürün tahlil ettirildi. Bir raporda "bomba olmadığı" belirtiliyor, bunun üzerine bu kez başka yerden görüş isteniyordu. Gelen raporda "bomba" deniyordu. Aynı şekilde, şırıngadaki iğnenin "zehir" olmadığı belirtiliyor, başka yerden "zehirlidir" raporu geliyordu. Ağır Ceza Mahkemesi kararını verdi: Şeyhi zehirlemek isteyen Murat Erol'un 18 yaşından küçük olması dikkate alındı ve 20 yıl hapis cezasına çarptırılırken, diğer sanıklara da 20'şer yıl hapis cezası verildi. Başkan Mustafa Nargül ve Hâkim Feyyaz Karabel'in ceza yönündeki oylarına karşılık, Hâkim Rifat Baytekin, karara muhalif kaldı ve şu gerekçeleri sıraladı:

1. 23.9.99 tarihli celsede belirtmiş olduğum müdahil ve sanıklar ve vekilleri tarafından yapılan hâkim heyetinin reddi konularında gerekli araştırma yapılarak usulü işlemler tamamlanarak herhangi bir tahkikatın bulunup bulunmadığı konusunun Adalet Bakanlığı Teftiş Kurulu Başkanlığı'ndan sorulmasını müteakip oluşan sonuca göre karar verilmesinden duruşmalara devam edildi.
2. Sanık Adem Kazan yönünden eylem konusunda yeterli araştırma yapılmaksızın hakkında karar verildi.
3. Sanıklar Hacı Bekir Çelik, Muzaffer Çelik, Yasin Çelik ve En-

ver Çelik haklarında iddia dışında bu sanıklarının savunmalarının aksine ve aleyhine hiçbir kanıt bulunmamaktadır. Tüm dosya kapsamına ve bilirkişi raporlarına göre herhangi bir suçtan cezalandırılmalarına yeterli delil bulunmadığından beraat etmeleri gerekirdi.

4. Sanık Murat Erol için;

a) Bomba yönünden: Emniyet bilirkişiler tarafından tanzim edilen 9.8.1991 tarihli raporun sonuç ve düşünce kısmında "öl-

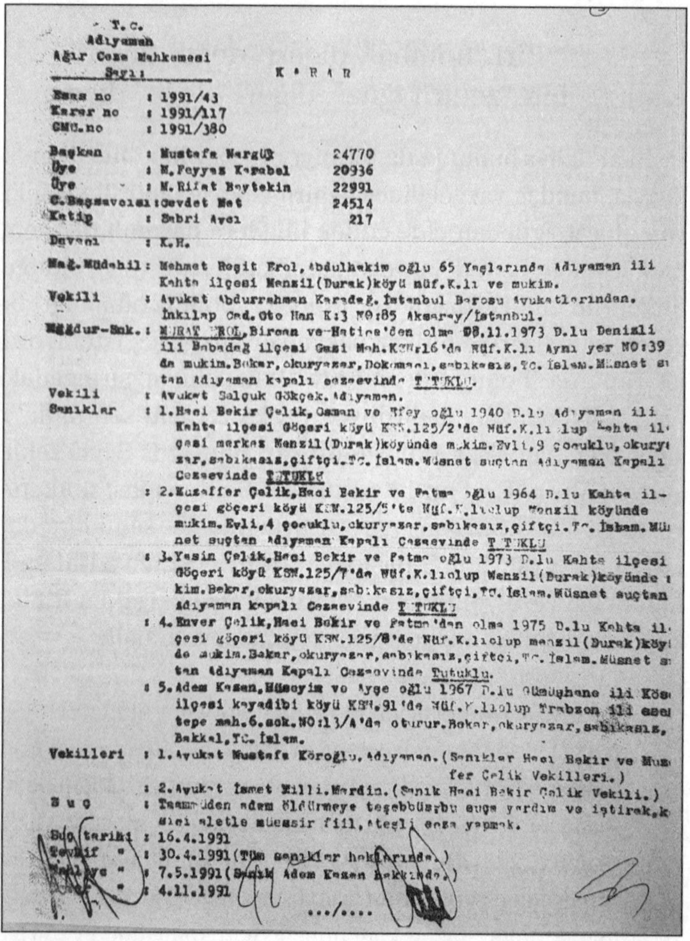

T.C.
Adıyaman
Ağır Ceza Mahkemesi
Sayı:

K A R A R

Esas no : 1991/43
Karar no : 1991/117
CMU.no : 1991/380

Başkan	: Mustafa Nargül	24770
Üye	: M.Feyyaz Karabel	20936
Üye	: M.Rifat Baytekin	22991
C.Başsavcısı	: Cevdet Net	24514
Katip	: Sabri Avcı	217

Davacı : K.H.

Mağ.Müdahil : Mehmet Reşit Erol, Abdulhakim oğlu 65 Yaşlarında Adıyaman ili Kahta ilçesi Menzil(Durak)köyü nüf.K.lı ve mukim.

Vekili : Avukat Abdurrahman Karadağ. İstanbul Barosu Avukatlarından. İnkılap Cad.Oto Han K:3 NO:85 Aksaray/İstanbul.

Mağdur-Snk. : MURAT EROL, Bircan ve Hatice'den olma 08.11.1973 D.lu Denizli ili Babadağ ilçesi Gazi Moh.KSN:16'da Nüf.K.lı Aynı yer NO:39 da mukim.Bekar,okuryazar,Dokumacı,sabıkasız,TC. İslam.Müsnet suçtan Adıyaman kapalı cezaevinde TUTUKLU.

Vekili : Avukat Selçuk Gökçek. Adıyaman.

Sanıklar : 1.Hacı Bekir Çelik, Osman ve Efey oğlu 1940 D.lu Adıyaman ili Kahta ilçesi Göçeri köyü KSN.125/2'de Nüf.K.lı olup Kahta ilçesi merkez Menzil(Durak)köyünde mukim.Evli,9 çocuklu,okuryazar,sabıkasız,çiftçi.TC. İslam.Müsnet suçtan Adıyaman Kapalı Cezaevinde TUTUKLU

: 2.Muzaffer Çelik,Hacı Bekir ve Fatma oğlu 1964 D.lu Kahta ilçesi göçeri köyü KSN.125/5'te Nüf.K.lı olup Menzil köyünde mukim. Evli,4 çocuklu,okuryazar,sabıkasız,çiftçi.TC. İslam.Müsnet suçtan Adıyaman Kapalı Cezaevinde TUTUKLU

: 3.Yasin Çelik,Hacı Bekir ve Fatma oğlu 1973 D.lu Kahta ilçesi Göçeri köyü KSN.125/7'de Nüf.K.lı olup Menzil(Durak)köyünde mukim.Bekar,okuryazar,sabıkasız,çiftçi,TC. İslam.Müsnet suçtan Adıyaman kapalı Cezaevinde TUTUKLU

: 4.Enver Çelik,Hacı Bekir ve Fatma'dan olma 1975 D.lu Kahta ilçesi göçeri köyü KSN.125/8'de Nüf.K.lı olup menzil(Durak)köyünde mukim.Bekar,okuryazar,sabıkasız,çiftçi,TC. İslam.Müsnet suçtan Adıyaman Kapalı Cezaevinde Tutuklu.

: 5.Adem Kasan,Hüseyin ve Ayşe oğlu 1967 D.lu Gümüşhane ili Köse ilçesi kayadibi köyü KSN.91'de Nüf.K.lı olup Trabzon ili esentepe mah.6.sok.NO:13/A'da oturur.Bekar,okuryazar,sabıkasız, Bakkal,TC. İslam.

Vekilleri : 1.Avukat Mustafa Köroğlu. Adıyaman.(Sanıklar Hacı Bekir ve Muzaffer Çelik Vekilleri.)

: 2.Avukat İsmet Milli.Mardin.(Sanık Hacı Bekir Çelik Vekili.)

Suç : Taammüden adam öldürmeye teşebbüs,bu suça yardım ve iştirak,kişisel aletle müessir fiil,ateşli ensa yapmak.

Suç tarihi : 16.4.1991
Tevkif " : 30.4.1991(Tüm sanıklar haklarında.)
Tahliye " : 7.5.1991(Sanık Adem Kasan hakkında.)
Karar " : 4.11.1991

.../....

Menzil şeyhinin zehirlenme girişiminden sonra sanıklar 20'şer yıl hapis cezasına çarptırıldı, ama işin altında başka şeyler olduğu üç yıl sonra anlaşıldı.

dürücü bir bomba yapısı için yukarıda belirtilen malzemeler fonksiyon itibarıyla tam ateşlendiği takdirde 5-10 metre çevrede öldürücü etki yapar" denildi. Oysa, askeri kaynaklardan alınan raporda ise bombanın mevcut düzeninin tam ateşleme ve tam bir fonksiyon için yetersiz olduğu, bomba vasfı bulunmadığı belirtilmiştir.

b) Şırınga ve iğne yönünden; Diyarbakır Bölge Kriminal Polis Laboratuvarı'nın 2.5.1991 tarihli raporda "sherpa" maddesinin bulunmadığı tespit edildiği halde, 7 Mayıs, 16 Ağustos 1991 tarihli raporlarda "sherpa" maddesine rastlanmadığı halde son raporda bu maddeye rastlandığı kaydedildi.

Bunun sebebi ise enjektör ve iğnenin 6 defa bilirkişi incelemesine gönderildiği, bu gidiş ve gelişler sırasında aynı paket içerisinde bulunan "sherpa" maddesi ile iğnesinin teması sonucu görülmüş olabileceğidir. Kaldı ki ilk alınan raporda "sherpa" maddesinin bulunmadığı belirtildiği halde gereksiz yere rapor alınmaya devam olunmuştur. Bu konuda 2.5.1991 tarihli rapor yeterli ve de geçerlidir. Diğer raporların göz önünde bulundurulmaması gerekmektedir.

Mağdur-sanık Murat Erol öldürme için elverişli olan araca sahip değildir. Eylem, fiil aşamasında kaldığı için tutuklu tüm sanıkların suç vasıflarına göre tahliyeleri görüşünde bulunduğum için çoğunluk görüşüne katılmıyorum.

"Bize göre iğne olayı komploydu"

Yargıtay, sanıklara verilen cezayı bozdu. 20 yıl hapis cezası alanlar, yaklaşık iki yıl cezaevinde yattıktan sonra haklarında beraat kararı verildi. Aradan yıllar geçtikten sonra sanıkların avukatı Mustafa Köroğlu ile bu kitap için konuştum. Başından beri olayda karanlık noktalar olduğunu söyledi. Şeyhi öldürmeye azmettirdiği gerekçesiyle hüküm giyen ve sonra haklarında beraat kararı verilen Çelik ailesinin bir ferdi de olayla ilgili şunları anlattı:

Durak (Menzil) köyüne Şeyh Abdülhakim ve ailesi geldi. Babasının ölümü üzerine yerine oğlu Şeyh Muhammed Raşit Erol geçti. Siyasi ilişkilerini oğlu Feyzeddin Erol yürütüyordu. Köyde şeyhin

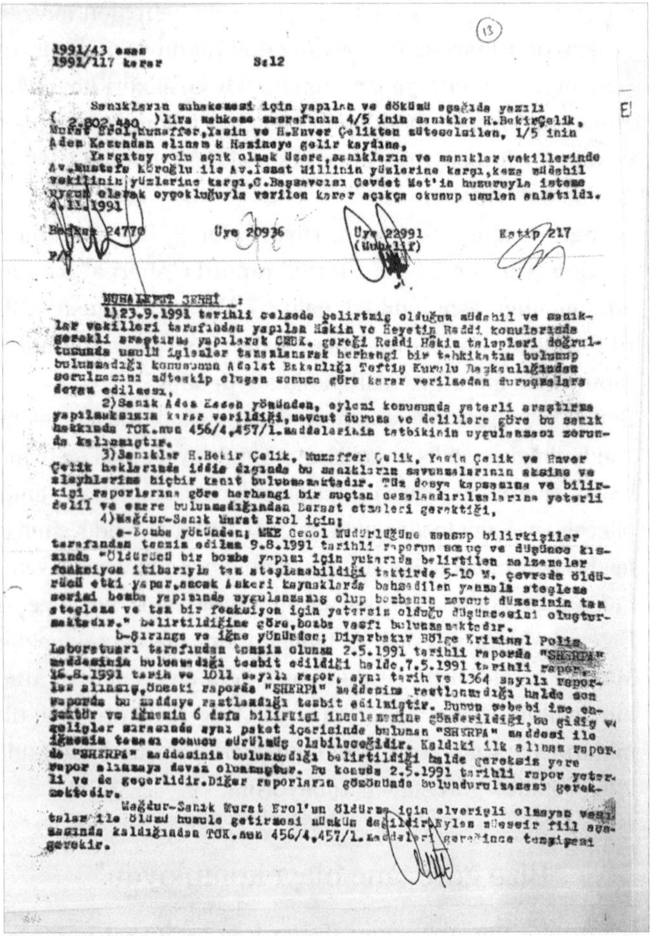

(13)

1991/43 esas
1991/117 karar S:12

Sanıkların muhakemesi için yapılan ve dökümü aşağıda yazılı (2.802.490)lira mahkeme masrafının 4/5 inin sanıklar H.BekirÇelik, Murat Erol,Muzaffer,Yasin ve H.Enver Çelikten müteselsilen, 1/5 inin Adem Kesenden alınarak Hazineye gelir kaydına,

Yargıtay yolu açık olmak üzere,sanıkların ve sanıklar vekillerinde Av.Mustafa Köroğlu ile Av.İsmet Millinin yüzlerine karşı,keza müdahil vekilinin yüzlerine karşı,C.Başsavcısı Cevdet Mat'in huzuruyla isteme uygun olarak oyçokluğuyla verilen karar açıkça okunup usulen anlatıldı. 4.11.1991

Başkan 24770 Üye 20936 Üye 22991 (Muhalif) Katip 217

P/

MUHALEFET ŞERHİ :

1)23.9.1991 tarihli celsede belirtmiş olduğum müdahil ve sanıklar vekilleri tarafından yapılan Hâkim ve Heyetin Reddi konularında gerekli araştırma yapılarak CMUK. gereği Reddi Hâkim talepleri doğrultusunda usulü işlemler tamamlanarak herhangi bir tahkikatın bulunup bulunmadığı konusunun Adalet Bakanlığı Teftiş Kurulu Başkanlığından sorulmasını müteakip oluşan sonuca göre karar verilmeden duruşmalara devam edilmesi,

2)Sanık Adem Kesen yönünden, eylemi konusunda yeterli araştırma yapılmaksızın karar verildiği,mevcut duruma ve delillere göre bu sanık hakkında TCK.nun 456/4,457/1.maddelerinin tatbikinin uygulanması zorunda kalınmıştır.

3)Sanıklar H.Bekir Çelik, Muzaffer Çelik, Yasin Çelik ve Enver Çelik haklarında iddia dışında bu sanıkların savunmalarının aksine ve aleyhlerine hiçbir kanıt bulunmamaktadır. Tüm dosya kapsamına ve bilirkişi raporlarına göre herhangi bir suçtan cezalandırılmalarına yeterli delil ve emare bulunmadığından Beraat etmeleri gerektiği,

4)Mağdur-Sanık Murat Erol için;

a-Bomba yönünden; MKE Genel Müdürlüğüne mensup bilirkişiler tarafından tanzim edilen 9.8.1991 tarihli raporun sonuç ve düşünce kısmında "Öldürücü bir bomba yapımı için yukarıda belirtilen malzemeler fonksiyon itibarıyla tam ateşlenebildiği takdirde 5-10 M. çevrede öldürücü etki yapar,ancak Askeri kaynaklarda bahsedilen yanmalı ateşleme serisi bomba yapımında uygulanmamış olup bombanın mevcut düzeninin tam ateşleme ve tam bir fonksiyon için yetersiz olduğu düşüncesini oluşturmaktadır." belirtildiğine göre,bomba vasfı bulunmamaktadır.

b-Şırınga ve iğne yönünden; Diyarbakır Bölge Kriminal Polis Laboratuarı tarafından tanzim olunan 2.5.1991 tarihli raporda "SHERPA" maddesinin bulunmadığı tesbit edildiği halde,7.5.1991 tarihli rapor, 16.8.1991 tarih ve 1011 sayılı rapor, aynı tarih ve 1364 sayılı raporlar alınmış,önceki raporda "SHERPA" maddesine rastlanmadığı halde son raporda bu maddeye rastlandığı tesbit edilmiştir. Bunun sebebi ise enjektör ve iğnenin 6 defa bilirkişi incelemesine gönderildiği,bu gidiş ve gelişler arasında aynı paket içerisinde bulunan "SHERPA" maddesi ile iğnenin teması sonucu sürülmüş olabileceğidir. Kaldıki ilk alınan raporda "SHERPA" maddesinin bulunmadığı belirtildiği halde gereksiz yere rapor alınmaya devam olunmuştur. Bu konuda 2.5.1991 tarihli rapor yeterli ve de geçerlidir.Diğer raporların gözönünde bulundurulmaması gerekmektedir.

Mağdur-Sanık Murat Erol'un öldürme için elverişli olmayan vasıtalar ile ölümü husule getirmesi mümkün değildir.Eylem müessir fiil aşamasında kaldığından TCK.nun 456/4,457/1.maddeleri gereğince tecziyesi gerekir.

Hâkimlerden birisi verilen cezalara muhalif kaldı, çünkü zehirli iğne dedikleri aslında "şekerli su"dan başka bir şey değildi.

7.000, Çelik ailesinin ise 1.500 dönüm arazisi vardı. Şeyh, köyün tamamen kendilerine ait olmasını istiyordu. Tarlalarımızı kendisine satmamızı istiyordu. Biz de, ona "Siz bize satın tarlalarınızı" diyorduk. O babasının mezarının burada olduğunu söylüyor, biz de büyüklerimizin bu köyün toprağında olduğunu belirtiyorduk.

Sonra, şeyhin zehirlenmesi olayı Çelik ailesinin üzerine kaldı. Bu tam bir komploydu. Amaç, bizim tarlalarımızı satıp köyü terk etmemizi sağlamaktı. Zehirlenme olayı bizim ailenin üzerine kaldı.

Köyü terk ettik, arazilerimizi işleyemedik. Ama toprağımızı da tüm baskılara rağmen şeyhe satmadık. Köye gittiğimizde müritleri tarafından linç edilmekten, evlerimizin yakılmasından korkuyorduk. O günlerde valiliğe dilekçe yazdık.

1969 sonbaharında Menzil köyünü almaya teşebbüs başlamış, 1970 yılbaşında gerçekleşmişti. Kendileri Siirt'in Baykan ilçesinin bir köyünden gelmiştir. O zaman Turanlı ailesinden olan Mehmet Kubilay'ın 7.000 dönümlük arazisini müritler, aralarında 500.000 lira toplayarak tapusunu almışlardır. Ayrıca aynı köyden Güner ailesine ait 500 dönüm araziyi de zorla dayatarak 50.000 lira karşılığında almışlardı. Güner ailesi halen Mersin'de oturuyor. Köyü aldıkları zaman Çelik ailesine de dolaylı olarak çeşitli baskılar yöneltip onlara ait olan 1.500 dönümlük araziyi almak istediler. Bu yüzden çeşitli defalar bu aileden değişik kişiler dövülmüş ve çeşitli korkular yöneltilmiştir kendilerine, hatta köye ait içme suyu bile kendilerine verilmemeye başlanmıştı.

Kâhta'nın Narince ilçesinde içme suyu olarak getirilen sudan köye beş çeşme verilmesine rağmen Çelik ailesine bir tek çeşme verilmemiştir. Yani kısası, bu aile göçe zorlanmış ama bunlar da her tür güçlüğe katlanmıştır. Ta ki son oyun oynanana kadar. Şeyh ailesi Menzil köyüne Fırat Nehri'nden salla geçerek, 13 katır yükü bir malzemeyle gelmişlerdir. O zamanki liderleri Şeyh (Gavs) Abdülhakim Erol'du ama kendisi yaşlı olduğu için esas Şeyh Mehmet Raşit yönetiyordu. Kendileri yedi erkek kardeş. Bunların en büyükleri Mehmet Erol, Van ve Ağrı'da tarikatı yönetiyor. Diğer altı kardeşi ise halen Menzil'de ikamet ediyor.

"Şeyhin servetini kimse bilemez ve tahmin edemez"

Menzil köyünde ne kadar işyeri ve satış merkezi varsa hepsi kendine aittir. Kendi akrabalarına bir kâr karşılığında işletmektedir. Mehmet Raşit'in en büyük oğlu Feyzeddin Erol, Ankara'da oturup ithalat ihracat işiyle meşgul olduğu gibi, ayrıca politik işleri de o yürütüyor. Şeyhin servetini kendilerinden başka kimse bilemez ve de hesap edemez. Mehmet Raşit'in ikinci çocuğu ve de bir yeğeni Abdülgani (kendi çocuğu) Urfa'da, Urfa-Viranşehir yolu üstünde petrol tesisleri açmış ve işletiyor. Menzil köyünde yapılanlardan bazıları çevre köyleri rahatsız ediyor ama kimse karşı koyamadığı için herhangi bir tepki gösteremiyor. Şeyh ailesi Menzil'e yerleştikten sonra çeşitli yollardan Çelik ailesine ait araziyi almaya yöneldiler ama bir türlü alamadılar. Bu yüzden şeyhe suikast olayının sanığı olarak yargılanan H. Bekir Çelik 1970 yılının sonbaharında kendi pamuk tarlasında çalışırken cuma namazından çıkan 300 kişilik bir grubu kendisinin üstüne salmış, H. Bekir Çelik çeşitli yerlerinden yaralanmış, kendisini kalabalık arasında kaybettirmiştir. Yine 1976 yılının yaz aylarında aynı aileden o zaman 45 yaşlarında (şu an hayatta değil) Yusuf Çelik teravih namazından çıktıktan sonra grup olarak kendi aralarına almış linç oldu diye bırakmışlardı. O zaman Adıyaman Devlet Hastanesi'nde bir aylık rapor verilmesine rağmen kimse ne tutuklanmış ne de gözaltına alınmıştır.

Kendi hayvanlarını satıp "Çelik'ler çaldı" diye şikâyette bulunuyorlardı, iki sefer böyle oldu. Nihayet kendilerinin istediği şekilde bir ortam çıkınca Murat Erol denilen kişiyle işin senaryosunu çizdiler. Kâhta'daki Emniyet'i, Adıyaman'daki Ağır Ceza Mahkemesi vasıtasıyla Çelik ailesinden dört kişiye en ağır ceza verilirken aynı aile perişan oldu. Şu anda Çelik ailesi olarak dokuz kişi köyü terk etmiş, bunlardan dört aile halen Kütahya'da, beş aile de Adıyaman Merkez İpekli muhtarlığına bağlı 100. Yıl köyünde işsiz güçsüz otururlarken Menzil köyündeki evleri yıkılmış durumdadır. Halen Siverekli Hakkı Bucak (sözde aracı S.Ö.) vasıtasıyla ellerindeki arazileri alınmak isteniyor.

Çelik ailesine yöneltilen tüm bu baskıların nedeni maddi menfaat değil de esas gaye köyde olup bitenden kimsenin dışarıya bilgi sızdırmamasını sağlamaktır.

Valiliğe dilekçe: "Bizi Menzil şeyhinin şerrinden kurtarın"

Çelik ailesi valiliğe dilekçe vererek "Gerekli güvenlik tedbirlerinin alınıp Kâhta ilçesi Durak (Menzil) köyündeki evlerimize geri götürülmemizin sağlanmasını istiyoruz" diyorlar. Meliha Çelik, Mustafa Çelik, Fatma Çelik, Ahmet Çelik ve M. Ali Çelik'in valiliğe verdiği dilekçe şöyle:

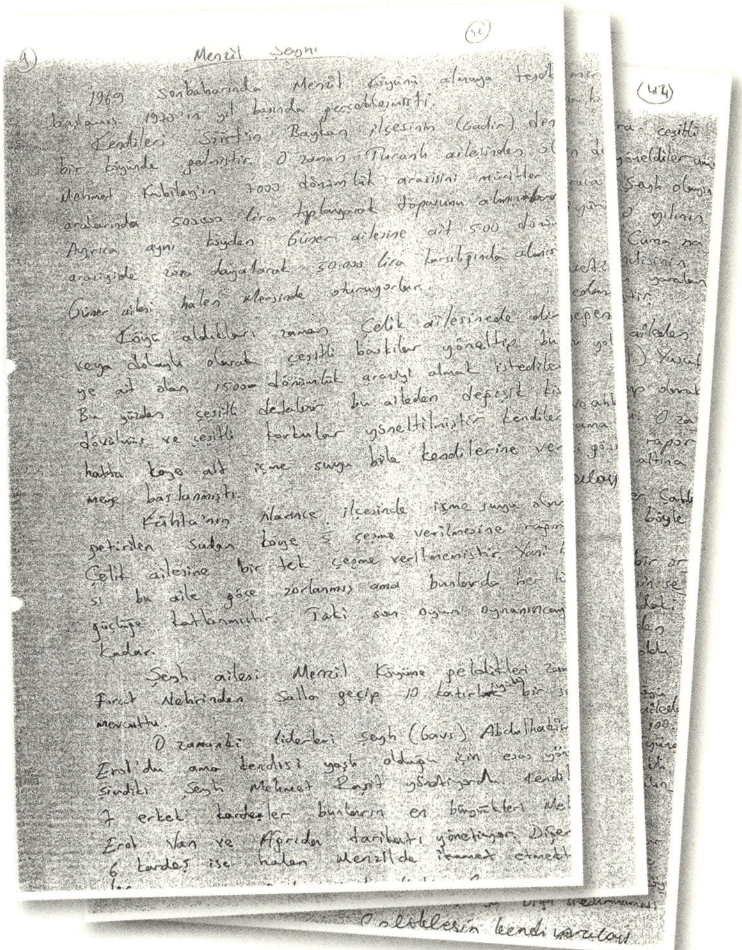

Tutuklamalar:

1-16.4.1991 tarihinde Menzil köyünde meydana gelen olaydan dolayı bizler 5 aile toplam 44 nüfus zorla köyümüzden ve evlerimizden çıkarıldık. Yaz mevsimi olması dolayısıyla 5 aile toplam 44 nüfus Adıyaman ili İpekli köyü 100. Yıl mezrasında akrabalarımızın inşaat halinde olan bir evine taşındık.

2- Soğukların başlamasıyla birlikte bizler ve küçük çocuklarımız hepsi soğuklardan dolayı hastadır. 44 kişinin bir eve sığması zaten mümkün değildir. Bizim Kâhta ilçesi Menzil köyündeki ev-

VALİLİK MAKAMINA

ADIYAMAN

ılepte Bulunanlar....:Zeliha Çelik-İpekli Köyü-Adıyaman
Mustafa Çelik- " "
Fatma Çelik " "
Ahmet Çelik " "
M.Ali Çelik " "

lep Konusu...........:Gerekli Güvenlik tedbirlerinin alınarak Kahta ilçesi Durakköyü(Menzil)'deki evlerimize geri götürülmemizin sağlanması.

ıklamalar............:1-16.4.1991 tarihinde Menzil köyünde meydana gelen olaydandolayı bizler 5 aile toplam 44 nüfus zorla köyümüzden ve evlerimizden çıkarıldık.Yaz mevsimi olması dolayısıyla 5 aile toplam 44 nüfus Adıyaman ili İpekli köyü 100.Mezrasında akrabalarımızın inşaat halinde olan bir evine taşındık.

2-Soğukların başlamasıyla birlikte bizler ve küçük çocuklarımız hepsi soğuklardan dolayı hastadır.44 kişinin bir eve sığkması zaten mümkün değildir.

Bizim kahta ilçesi menzil köyündeki evlerimiz boştur. Şeyhin adamları geri dönüşümüzü engellemek için evlerimizi yıkma girişiminde bulunmaktadırlar.

-Bizim sığınak hiçbir yerimiz yok,hepimiz açıktayız. Güvenlik Tedbirleri alındığı takdirde tekrar köyümüze dönmek istiyoruz.Zaten köydeki evlerimiz taşınmadığımız takdirde bu kış yıkılırl

1500 dönüm kadar tarlamız halen ne , sürebildi nede ekebildik.

Dışarı atıldığımız gibi şimdide açlığa mahküm edilmekteyiz.

Devletin bize sahip çıkmasını talep ediyoruz.Şayet köy dönmemiz devlek tarafındanda istenmiyorsa o zaman oturabileceğimiz bir ev ile geçimimizi sağlayacağımız bir gelirin verilmesini istiyoruz.Bizler köyümüze dönüp tarlalarımızı sürmek istiydruz.Devletin bize sahip çıkmasını istiyoruz.Bizi Menzil Şeyhinin Gazabındanve şerrinden kurtarmanızı istiyoruz.Çünkü Bizi 44 nüfusu menzil şeyhi sürgün etmiş,bu nedenle çok mağdur durumdayız.

nuç olarak...........:Arz ettiğimiz nedenlerden dolayı köyümüze ve evlerimiz yerleşebilmemiz için gerekli güvenlik tedbirinin alınmasını saygı ile arz ve talep ederiz.

eliha Çelik   Mustafa Çelik   Fatma Çelik   Ahmet Çelik   M.Ali Çelik

lerimiz boştur. Şeyhin adamları geri dönüşümüzü engellemek için evlerimizi yıkma girişiminde bulunmaktadırlar.

Bizim sığınacak hiçbir yerimiz yok, hepimiz açıktayız. Güvenlik tedbirleri alındığı takdirde tekrar köyümüze dönmek istiyoruz. Zaten köydeki evlerimiz taşınmadığımız takdirde bu kış yıkılır! 1500 dönüm kadar tarlamızı halen ne sürebildik ne de ekebildik.

Dışarı atıldığımız gibi şimdide açlığa mahkûm edilmekteyiz. Devletin bize sahip çıkmasını talep ediyoruz. Şayet köye dönmemiz devlet tarafından da istenmiyorsa o zaman oturabileceğimiz bir ev ile geçimimizi sağlayacağımız bir gelirin verilmesini istiyoruz. Bizler köyümüze dönüp tarlalarımızı sürmek istiyoruz. Devletin bize sahip çıkmasını istiyoruz. Bizi Menzil şeyhinin gazabından ve şerrinden kurtarmanızı istiyoruz. Çünkü bizi 44 nüfusu menzil şeyhi sürgün etmiş, bu nedenle çok mağdur durumdayız.

Sonuç olarak: Arz ettiğimiz nedenlerden dolayı köyümüze ve evlerimize yerleşebilmemiz için gerekli güvenlik tedbirinin alınmasını saygı ile arz ve talep ederiz.

Ama değişen bir şey olmadı. Raşit Erol'un vefatından sonra yerine geçen Abdülbaki Erol, Çelik ailesiyle temas kurdu, tarlaları kendilerine satmasını istedi. Aile, değerinin çok üzerinde fiyat bildirdi. O para dolar cinsinden hemen verildi. Çelik ailesinin ferdi gülerek şöyle diyor: "Menzil'e giren para, Merkez Bankası'nın kasasına bile girmiyor." Bugün, köyün tamamı şeyh ailesine ait...

Şeyh, istediği tarlaları aldı. Ama, Hacı Bekir Çelik ailesinin arazileri ellerinden gönülsüz alındığı için öfkeleri dinmedi.

Bu olayı da hatırladım. Beni almaya gelecek olanları bekliyordum. Herkesin başında takke olması, çoğunun elinden sigara düşmemesi de dikkatimi çekiyordu.

O hâkimi, cezadan af kurtardı

Cumhuriyet Savcısı Cevdet Met ile Ağır Ceza Mahkemesi Üyesi Feyyaz Karabel hakkında Emniyet mensuplarının düzenlediği tutanaklardan sonra haklarında inceleme başlatıldı. 1994 yılında Feyyaz Karabel'e Kırşehir'de görev yaptığı dönemde mahkemenin işleyişindeki tutumu nedeniyle kınama cezası verildi. Adıyaman'daki olaydaki tutumlarıyla ilgili durumu Hâkimler ve Savcılar Yüksek Kurulu (HSYK) yetkililerine sordum. Dosya bilgilerinden şunu aktardılar:

Yapılan soruşturma, 7 Temmuz 1992 tarihinde çıkarılan 3817 Sayılı Af Yasası uyarınca, o günün Hâkimler ve Savcılar Yüksek Kurulu (HSYK) tarafından eylemin niteliği de dikkate alınarak 8 Nisan 1993'te işlemden kaldırıldı. Af yasasından önce işlenen suç olduğu için meslekten çıkarma gerektiren veya maddi menfaat nedeniyle 2802 Sayılı Yasa'nın 68-E maddesi gereğince verilen görev yeri değiştirme cezası hariç eylemler af sebebiyle ortadan kalktı. Feyyaz Karabel'le ilgili eylem bu mahiyette görüldü, ancak yasa gereği karar uygulanmadan ortadan kaldırıldı. Başsavcı ve hâkim herhangi bir cezadan değil, emeklilik nedeniyle meslekten ayrıldı.

"Oğlum sana ateşten bir top attılar, bunu ayağından çıkart"

2003 yılının Mayıs ayında Didim Kaymakamı Fuat Ergün Kayseri'nin Kocasinan İlçesi Kaymakamlığı'na atandı. Temmuz ayının ilk haftasında kendisine "gizli" kayıtlı bir yazı geldi. Yazıda, "Menzil tarikatına gidenlerin otobüslerle Sultan Camii'nde durdukları, kendilerine bulgur çorbası ikram edildiği ve bu yerin Menzil'in bir şubesi yapılmak istendiği" belirtiliyordu. O dönem Başbakanlık Takip Kurulu vardı. Kaymakam bu işi tek başına yapamayacağını, olayın farklı boyutlarının da bulunduğunu biliyordu. Vergi kaçırması, irticai faaliyetlerin de aydınlatılması için Mal Müdürlüğü, Diyanet ve Jandarma'dan komisyon kurmak istedi. Ancak dönemin Valisi Nihat Canpolat incelemeyi bizzat kaymakamın yapmasını istedi.

Sultan Camii Derneği'nin çalışma yöntemlerini kaymakam kısa sürede öğrendi. İşte o günlerde başına bir şeyler gelebileceğini de tahmin ediyordu. Dönemin vali yardımcılarından biriyle arkadaşlardı. Soruşturma konusuyla ilgili sohbet ederlerken vali yardımcısı şunları söyledi: "Oğlum sana ateşten bir top attılar, bir an önce bunu ayağından çıkart. Daha önce de bir vali yardımcısının bu soruşturmalarla ilgili kellesi gitti, sen de topu dolaştır at."

Sultan Camii Derneği caminin içindeydi. Aynı yerde Kuran kursu da açılmıştı ama müftünün burada Kuran kursu açıldığından haberi bile yoktu. Müftü kaymakamla konuşurken, "İmamı getirelim, yazılı ifadesini alalım" dedi. Ancak araştırırken derneğin parasal faaliyetlerini bir şirket üzerinden yürüttüğünü anladılar. Bunun üzerine şirket hakkında Ticaret ve Sanayi Müdürlüğü'ne konuyla ilgili bir yazı gönderildi. Böyle bir şirketin olup olmadığı, varsa yönetiminin kimlerden oluştuğu soruluyordu. Yazıya kısa süre sonra gelen cevap kaymakamı şaşırttı, çünkü şirket yöneticileri ile Sultan Camii Derneği yöneticileri aynı kişilerdi. Kaymakamın şaşıracağı başka bilgiler de vardı. Derneğin kuruluşuyla ilgili dosyayı İl Emniyet Müdürlüğü'nden istedi. Bu derneğin kurucu başkanlığını ise Kayseri AKP Milletvekili Taner Yıldız yapmıştı. Derneğin Menzilci olduğunu, Türkiye'nin değişik illerinden Adıyaman-Menzil'de bulunan şeyhe giden yolcuların burada kaldığını da öğrenmişti.

"Hayırlı olsun, tayininiz çıkmış"

Kaymakam kısıtlı olanaklarına rağmen soruşturmayı derinleştirmeye çalışıyordu ama o günlerde bir taraftan da kulağına gelen tayininin çıkması için çaba gösterildiği haberlerinden de rahatsızlık duyuyordu. İşte böyle bir günde İstihbarat'tan bir yetkili ziyaretine geldi ve "Hayırlı olsun Kaymakam Bey, tayininiz çıkıyormuş" dedi ama Fuat Ergün bunun gerçek olduğuna inanmadı. Göreve başlayalı henüz on ay bile olmamıştı. Tayininin çıkmayacağını düşünüyordu ama beklenen gün geldi. Zarfı açtı, tayini Kütahya vali yardımcılığına çıkmıştı; şaşırmış ve üzülmüştü. İrticai faaliyetlerle ilgili soruşturma yaptığı için başına böyle bir olay geldiğine inanamıyordu, ama yargıya da güveniyordu. Olayı Kayseri İdare Mahkemesi'ne götürdü ve uzun uğraşlar sonucu mahkeme kararıyla görevine döndü.

Başlattığı soruşturmanın sonucunu da merak etmiştim. Bunu araştırdığımda, "derneğin irticai faaliyetinin bulunmadığı, yöneticilerin kurduğu şirket eliyle faaliyetlerini yürüttüğü, irticai faaliyetlerin kaymakamlık imkânları ile tespitinin mümkün olmadığı, Emniyet İstihbarat ve Terör Şubelerince takibinin yapılması gerektiği"ne ilişkin rapor hazırlanıp valiliğe gönderildiğini öğrendim.

Kaymakam Fuat Ergün bu soruşturmanın kendisine verildiğinde vali yardımcısının, "Oğlum, sana ateşten bir top attılar, bunu ayağından çıkart" sözlerini hatırladı... Sonra ne mi oldu? Kaymakam davaları kazandı ve üç yıl daha Kocasinan'da kalabildi. Sultan Camii yönetimi ise faaliyetlerine devam etti. Sultan Camii Menzilcilerin buluşma ve uğrak yeri olmayı sürdürüyor.

"Bana sorsanız 'Tarikatçı mısınız?' Benim cevabım şöyle olur..."

Beni, şeyhin yanına götürmek için Menzil köyü muhtarı Yücel Özkan ile Adıyamanlı iş insanı Erkan Çakmak geldi. Arkadaşım Sefa ile birlikte şeyhin yanına doğru gitmeye başladık. Şeyh, caminin bitişiğindeki misafirlerini kabul ettiği yerdeydi. Yerdeki oturma biçimi, Buhara'daki gibiydi. Şeyh, gelmemden dolayı son derece memnun olduğunu, zaman zaman dini konularda gazeteci Ruşen Çakır'la sohbet ettiğini, ikinci görüştüğü gazetecinin de ben olduğumu söyledi. Tabii ki bu sözleri ve herkesin merak ettiği tarikatın içyüzüyle ilgili tepedeki isme sorular yöneltecek olmak beni de mutlu etmişti.

Seyda Saki, hemen yemek hazırlatmak istedi. "Babam Seyda Abdülbaki'yle konuştum. Senin geleceğini biliyor. O da, yemek yedirmeden göndermememi, evde misafir etmemi istedi" dedi. Tok olduğumu söylememe rağmen yemek yemem konusunda ısrar etti. Zamandan kazanmak için, "İzninizle konuşmamızı kayda alayım" deyince, "O zaman ben de kayda alayım" dedi. Yakın akrabası olan Seyfullah, cep telefonunu çıkarıp masaya koydu. Şeyh aslında yerde oturduğunu ama dizlerindeki ağrı nedeniyle sandalyede oturmak durumunda kaldığını belirtti. Alçakta olmamam için beni de sandalyeye oturttu.

Bir genç etrafımızda pervane oluyor, ne içeceğimizi soruyordu. Çay dedik, ama şeyh, dondurma da, tatlı da getirmesini söyledi. İlk kez karşılaştığımız, görüştüğümüz kişiye birden onun hoşuna gitmeyeceğini tahmin ettiğim bir soru yöneltmek istemiyordum. Ama o, "Bana her şeyi sorabilirsiniz" diyordu. Odada bulunan Menzil köyü muhtarı Yücel Özkan ile Adıyamanlı iş insanı Erkan Çakmak ve şeyhin akrabası Seyfullah adında biri bizi dinliyordu. Ben, klasik sorularla başlamıştım. O konuşmayı ses kaydından aktarıyorum:

Menzil köyüne gelişiniz nasıl oldu?

Bağdat'tan Mardin'e gelmişiz, Bağdat'ın nerelerinden tam olarak bilmiyoruz. Mardin'den Siirt'e gitmişiz. Cumhuriyet döneminde Siirt'teydik. Bizim atalarımız bildiğimiz kadarıyla 900 senedir Türkiye'deler, yani Anadolu toprakları denen topraklardayız. Bizimkiler 1950'de Bitlis'te çok yakın köyler olan Bilvanis'ten Narlıdere'ye gitmiş. Esas kökenimizin, akrabalarımızın olduğu yer Bilvanis'tir. Sekiz dokuz sene orada kalmışız. 1962'de tahminen, Kozluk'un bir köyüne gitmişiz. O zaman Zahiy diyorlardı. İsimler değişmiştir. 1970'te de dedem burayı, eski adıyla Durak olan Menzil'i aldı.

1971'in sonbaharında biz buraya geldik. 15-20 aile civarındaydık. Takriben burada da 5-10 aile vardı. Mir Dengir Mehmet Fırat, bilirsiniz, geçenlerde rahmetli oldu; onun ailesinden alındı. Tasavvufi faziletlere başladık. Eskiden de vardı. Sadece burada değil yani. Büyük dedem Seyda Abdülhakim, Muhammed Raşit Amcam, sonra babam bu tasavvufi faaliyetlerle ilgilendi; biz de devam ettik, ediyoruz.

Bu görevi önce dedeniz, sonra amcanız yürüttü değil mi?

Burayı dedem aldı. Dedem burada bir sene kaldıktan sonra vefat etti. Sonra amcam Raşit Erol bu görevi yürüttü. Onun da vefatı üzerine babam Şeyh Abdülbaki Erol üstlendi.

12 Eylül döneminde siz mecburi ikamete tabi tutulan amcanızın yanında mıydınız?

12 Eylül 1980 darbesi döneminde mecburi ikamete amcamın yanında refakatçi kalmak üzere ben de gittim. Gökçeada'da kaldım, onun için bu konularda bilgim var. Gökçeada'da 13 ay ya da 18 ay –tam tarihleri hatırlamıyorum–, Ankara'da da bir sene kaldım. Yüzlerce dilekçe verdiği halde, bizzat ben de verdiğim halde

ne için mecburi ikamete tabi tutulduğu söylenmedi bize. Kusura bakmayın, biraz bu konuda dertliyiz tabii.

Yaşayan bilir...

Şimdi "devlet baba" diyoruz. Devlet babalık yapmadı hiç kimseye, hiçbir zaman. Dertliyiz tabii yani. Şöyle yaptı; vatandaşları yalan konuşmaya sürükledi. Gerçekten de öyle oldu. Mesela, basit bir şey söyleyeyim; siz bana "Tarikatçı mısın?" diye sorsanız, "Hayır" derim efendim. Niye? Kanunda diyor "yasak". Özellikle tasavvuf kelimesini seçtim dikkat ederseniz. Bu iyi bir şey değil. Devlet bizden bir şey bekliyor, kendisi ne yaptı? Ne yapıyor? Bu devleti eleştirmek olarak algılanmasın. Türk vatandaşı olarak kimliğini taşıyorum. Oy kullanmak, ticaret yapmak... Bir vatandaşın hakkı neyse benim de hakkım o. Bu kadarına da herhalde hakkım vardır. Memleketimi, devletimi, vatandaşımı düşünüyorum. Düşünmek zorundayım. Neticede hepimiz burada bir gemideyiz. Bir sıkıntı olursa hepimiz sıkıntı yaşarız.

Amcamın yanında Gökçeada'da bulunduğumuz zaman kapıda

Şeyh Saki Erol, Menzil'de özel odasında Saygı Öztürk'ün sorularını cevaplandırdı.

devamlı asker bekliyordu. Niye bekliyor? Bizim buradan Yunan adasına kaçacağımızı düşünmüşler. Bir defa askere niçin beklediğini sorduğumda, "Sizin buradan Yunanistan'a kaçacakmışsınız; onun için bekliyoruz" dedi. Ayıp bir şey bu, bırakın. Neyle kaçıyorum? Nereye gidiyorum? Bıraktılar sonunda köyümüze geldik. Neye götürüyorsunuz? Neymiş, sıkıyönetim gerekli gördüğü için mecburi ikamete tabi tutuyor.

"Önce devletin dürüst olması lazım. Herkes düşüncesini anlatabilmeli"

Peki, size göre suçunuz yok muydu?

Kolaydır suç isnat etmek. Şimdi de kolay. Bir savcı gelip beni gözaltına aldırır, "Sen tarikatçısın" diye tutuklatabilir. Hayır, ben de derim ki: "Tasavvuf ehliyim. Tasavvuf ilmi bir daldır." Şeriat yasak, fıkıh serbest. Doğru bir şey mi şimdi bu?

Hani laikiz? Hem Diyanet'in ne işi var? Hani devlet dine karışmayacaktı? Burada çelişkiye düşülüyor. Bu devlete nasıl inanırım? İlk önce devletin dürüst olması lazım. Bizim geleneğimiz, kültürümüz, geçmişimiz var, hani yetmiş iki buçuk bir millettik biz? Niye tek dalına sığdırılıyoruz ki? Herkes düşüncesini konuşsun. Yeter ki ülkenin birliği, toprak bütünlüğü, bayrağımız dışında her şey konuşulabilsin. Niye Allah tartışılıyor da başka birileri tartışılmıyor? Allah tartışılıyorsa tartışılıyor yani. Dinen de tartışılmış Allah var mı, yok mu? Bu yasaklar niye? Ben bütün yasaklara karşıyım. Eğer terör olmuyorsa, olay olmuyorsa, başkasının hakkına tecavüz etmiyorsa her düşüncenin serbest olması lazım. Beni kısıtlayacaksın, bağlayacaksın, sen konuşacaksın. Olmadı. Bu dürüstlük değil.

Gelelim Menzil'e. Burası tasavvufla ilgilenir. İster tarikat deyin, ister tasavvuf. Zaten söylüyorlar. Ne söylerlerse söylesinler.

Peki bunun hangisi doğru?

Tarikat nedir? Tasavvuf nedir? Bunu bilmek lazım. Tarikat bir yol demektir. Tasavvuf; sofilik, sofiden gelme. Zikir, ibadetle uğraşan, yetime Kanuni Sultan; ilk önce kendi nefsini yargılayan, kendi evinin önünü temizleyen, kendine küfreden (bu kelimeyi kullandım ya...), önce kendini yargılayacak, tasavvuf odur. Eskiden var mıydı? Evet, Peygamber Efendimiz zamanından bugüne kadar var. Hepsi sıralı gelmiş. Kime sorarsanız sorun Medine'ye gittiğiniz zaman, Ensar Mustafa diye bir yer var mı? O zamanki sahabeler, yaşlılar gelir fark etmez yani. Zat, zikir ibadet, okuma kendini ona vermiş yani.

Sizin diğerlerinden farkınız nedir?

Biz Nakşibendi'yiz. Nakşibendi'nin Halidiye kolu. Diğerlerinde Kadiri var, Rufai var... Tarikat da, günümüzde şeriatta bir yol demektir. Tasavvufi yol İslami yol. Ayrı mı? Yok yani. Üç beş yol Ankara'ya gitmiyor mu yani? Önemli olan o trafik kurallarına uymak, helale uymaktır yani. Kendi başına bir din değil. Ben gizli zikir çekerim, sen tespih alırsın, "Allah Allah" dersin. O ayrı bir şey. Tarikat din değil, mezhep değil. Altını çizerek söylüyorum, bir yoldur. Ben bu yolu tutturmuşum. Kuran'da bir sünneti var mı, tartışılır. Bana göre var, sana göre yok. Kabul etmezsin o başka bir şey. Ben öyle inanıyorum bir de.

Şeytana, ineğe tapan, maymuna, fareye tapan yok mu? Maalesef burada hiç alakası olmayan insanlar bu şeyleri tartışıyor. Hayır. Ehli tartışsın, doğruyu yanlışı bulsun. Kasap doktor olmuş, doktor avcı olmuş. Siyasetçi Diyanet İşleri başkanı olmuş, Diyanet İşleri başkanı bilmem ne olmuş; böyle bir şey yok dünyada. Şu an ve geçmişi de katıyorum. Şu anda da, geçmişte de illa benim gibi düşüneceksin, illa benim gibi konuşacaksın, giyineceksin. Sen öyle ben böyle giyinmişiz, konuşabiliyoruz, aynı çayı içebiliyoruz; niye birbirimizden ürküyoruz? İnsanız. Temel insan. Allah'tanki öyle. Bizi insan yarattı, sonra akıl verdi, çok önemli akıl olmadığı zaman hiçbir şey... Kelimei şehadet getirmek namaz kılmak zorunda değilsin. Aklı ne için verdi? İlim için verdi. Öğrenin, üretin, öğretin bir şey yapın. İlim ne için verdi? Doktor olmak için oku ama yapma, neye yaradı? Doktorluk yaparak faydalı olmaya çalışacağız. Bunların hepsi silsileli bir şekilde birbirine bağlı olan şeyler.

"Papaz günah çıkarıyor değil mi? Kimse ona bir şey demiyor"

Siz de "tövbe almak" var. Bu doğru bir şey mi?

Menzil size söylediğim gibi tasavvuf. "Tövbe" var mı? Evet, tövbe var. Kuran'ın çok yerinde geçiyor. Tövbeye alınması benim inancıma göre var. Siz inanmayabilirsiniz. Papaz günah çıkarıyor, değil mi? O inanıyor günahlarını çıkardığına, sana ne oluyor? Kimse oraya bir şey demiyor. Menzil'de günahlar affediliyormuş. Haşa, öyle bir şey yok. Siz tövbe ediyorsunuz. Tövbe şöyle: "Yarabbi! Bütün yapmış olduğum günahlardan ben pişmanım. Keşke yapmasaydım. İnşallah bir daha yapmayacağım." Bir de tasavvufta bir mensubiyet var. "Bu kişiyi kendime şeyh kabul ediyorum" dersin. Allah için bu memleketi seven; bunda bir kötülük var mı, yok mu?

Sizden tövbe alınca ne oluyor? Günahlar affediliyor mu?

Allah isterse affediyor, istemezse affetmiyor. Bir gün bir genç geldi bana, "Sizinle, papazın arasında ne fark var?" dedi. "Bak" dedim, "sen bizi, ne dediğimizi dinledin mi? Durdu. "Yarabbi" demedik mi? "Ben pişmanım, keşke yapmasaydım" dedik mi? "İnşallah bir daha yapmayacağım" demedik mi? Evet. Bunu söyledikten sonra, "Ben senin günahını affettim ya da senin günahların affoldu" dedim mi? Yok. Ama hadislerde, kitaplarda da geçiyor. Hadistir bu. Tövbe eden kişi sanki günah işlememiş gibidir. İnsan diyor ki: "Ben nasıl anlarım günahlarımın affolduğunu; o günahlar nasıl affolur? O günahı tekrar işlemiyorsan "muafa alındı" der. Alamettir. Gerçeği Allah bilir. İslam dininde ruhbanlık yoktur. Kimse kimsenin günahını affedemez. İnsan hakkı ise gider hakkını öder, o da Allah'la arasındaysa. Yoksa tövbe eder. Allah isterse affeder, isterse affetmez. Kişi isterse hakkından vazgeçer. Ağa, şıh, hoca kim olursa olsun; kimse kimsenin hakkından vazgeçemez.

Menzil'i bu kadar üne kavuşturan ne? Farkınız ne?

Menzil üne kavuştu değil; tasavvufun her zaman ünü vardı. Hiçbir zaman kaybolmadı. Bazen Menzil'de, bazen Diyarbakır'da, bazen Bitlis'te, bazen şurada burada çıkmış. Neyle çıkmış? İnsanlar bakıyor, tabii bakılması lazım. Bugün bir doktora gidiyorsun, diplomasını araştırmıyor musun? İhtisas konusu nedir, doçent mi, profesör mü? Hangi fakülte? Bir parmağın için doktora gideceğin zaman bile iyice öğrenmeyince o doktora teslim olmuyorsun.

Burada da bir hocaya gittiğin, şıha, âlime gittiğin zaman "Bu kim?" diye araştırırsın. İman için gidiyorsun, bilmediğin birine teslim oluyorsun. Çok saçma bir şey. Burada tasavvufu iğfal edebiliyorlar, İslamiyeti inkâr ediyorlar. Bu beni ilgilendirmez. Bir insan diyor ki: "Ben Müslüman'ım elhamdülillah." Bununla Müslüman olunmaz. "Müslüman mısın?" diyor, "Elhamdülillah" karşılığını veriyor. "Kelimei şahadet getir" denildiğinde, "Eşhedü enla ilahe" diyor, gerisi gelmiyor. "Manası nedir?" diyorum. "Arapça bir şey." Ha, o Müslüman değil. Bunu dille söyleyecek, kalple ikrar edecek, baskısız. Sen söyleyeceksin. Ama baskıyla değil, kendi gönül rızasıyla söylediğinde mümin oluyor. İslam'ın şartları vardır, imanın şartları vardır. İmanın şartları olmazsa olmazdır. Amentü billahi filan. Kadere inanmak, imanın şartıdır. Ben Allah'a inanıyorum, yok ben inanmıyorum. Sen Müslüman değilsin. Bunu her yerde şey yapabilirsiniz yani.

"Papaz Allah adına konuşabilir ama İslamiyette böyle bir şey yok"

Laiklik konusunda görüşünüz nedir?

Türkiye keşke laik olsa. Ama vallahi laiklik yok, laiklikle alakası yok. Hatta laikliğin "l"si bile yok. Türkiye'ye laiklik hiçbir zaman gelmemiştir. Ben Fransa'da laikliği gördüm. Diyanete karışmıyor, dine karışmıyor. "Ben papazın maaşını vermem" diyor. Burada imam hatip var mı? Var. Diyanet var mı? Var. Benim, burada devletimin elemanı var mı? Var. Laiklik bu mu? Hani din ile devlet ayrı? Hiç de ayrı değil. Devlet, dinin amiri olmuş. Ruhbanlık yok İslamiyette. Masumiyet sadece peygamberlere ve meleklere var, bütün dinlerde bu böyle. Papaz Allah adına konuşabilir, İslam dininde böyle bir şey yok. İnanıyorlarsa güle güle yolları açık olsun. Herkes günah işleyebilir. Dünyanın en büyük evliyası kimse o bile hata yapmıştır. "Hatasız kul olmaz" diyoruz ya. Hepimiz bir günah işlemişizdir. Önemli olan o hatadan dönüş yapmaktır. Pişman olmaktır. Bu tövbeyi evde de yapabilir. "Ben peygamber olduğum halde 75 kere istifra getirmişim" demiş. Bu masum istifra getiriyorsa bizim her gece gündüz durmadan, hiç durmadan istifra getirmemiz lazım. Sadaka verdiğin zaman, birisine bir tebessüm ettiğin zaman bile, iki namaz arası günahlar affolur.... Günahları affedecek o kadar çok şeyimiz var ki... Yapmıyorsa o başka bir şey.

"Atatürk'ü tartışmanın bir faydası yok"

Atatürk'e bakışınız nasıl?

Atatürk'ü hiçbir zaman tartışmam. Millete mal olmuş bir insandır. İyisiyle kötüsüyle insanın gönlünde yer etmiş. Ayrıca Atatürk'ü tartışırsan hiçbir faydasını alamazsın. Ölmüş bir insan. Değer veren insanlar, beğenmeyen insanlar var. Sana da saygım olması lazım. Örneğin, ben sana değer veriyorum, sen bana vermiyorsun. Öyle diyelim. Benim değerime saygı duymak zorundasın. Tarihe mal olmuş. Hatası olmamış mı? Olmuş. Belki benimki onunkinden daha çok olmuş. Halbuki benimki daha az olması lazım. Çünkü o ülkeyi temsil eden insan. Daha az hatalı olması gerekir.

Siyasi bir amacınız var mı? Hangi siyasi liderleri desteklediniz?

Siyasi amacımız hiçbir zaman olmamıştır. Olmaz. Tasavvufta şöhret afettir. Nakşibendi'nin Halidi kolu siyasetten uzak durur. Siyasetten, devlet işlerinden uzak duruyor. Mevlânâ halifesini uyarıyor: "Sizi davet ederlerse güzel bir dille reddedin" diyor. Devlet benim itikadıma karışmasın. Bizim siyasi prensibimiz bu. Çağırıp bağırmıyor da illa bu. "Sen bu partiye oy verdin, buna verdin, imansız oldun." Ben bunlara inanmam. Hangi tarafı destekliyoruz? Adnan Menderes'i, Süleyman Demirel'i, Turgut Özal'ı, Mesut Yılmaz'ı, sonra da Recep Tayyip Erdoğan'ı destekledik.

Halen hangi siyasi partiyi destekliyorsunuz?

Hâlâ, AK Parti'yi destekliyorum. Şahsen ben destekliyorum. Siyasi görüşünü, fikrini beğenirim, beğenmiyorum o başka bir şey. Kısmen beğeniyorum, kısmen beğenmiyorum. Benim ondan beklediğim; elektriğini versin, yolu yapsın, fakir fukaraya yardım yapsın, benim inancıma karışmasın. Yoksa "Sen oyunu şuna verdin, buna verdin; dinsiz oldun" diye bir şeye ben inanmıyorum.

"CHP Genel Başkanı Kılıçdaroğlu'nun danışmanı istişare için geldi"

1970'li yıllarda CHP'ye oy vermişsiniz...

İki üç defa CHP'ye verdik. Bizim tanıdık bir köylü CHP'den aday olmuştu; verdik.

1980'e kadar köyünüzden CHP'ye oy çıkıyor. Sonra sıfır. CHP'den gelip görüşen olmadı mı?

Olabilir ama biz aile olarak hiçbir zaman CHP'li olmadık. Menzil olarak, aile olarak hiçbir zaman sola vermedik. Üç sene evvel CHP Genel Başkanı Kemal Kılıçdaroğlu'nun bir danışmanı geldi, bizimle istişarede bulunmak için. "Bizden size oy gelmez, dürüst olmak lazım" dedim.

Kılıçdaroğlu'nun danışmanına, "Madem oy almak istiyorsunuz" dedim, "size bir şey anlatayım. Millet için bir şey mi yapmak istiyorsunuz? Tekke ve zaviyeleri gündeme getirin. Neden getirmiyorsunuz?" Danışman, "Ben Alevi'yim" dedi. "Siz dergâhınıza cemevi diyorsunuz, o somun evi, ben çay evi diyorum. Düzeltin onu. Bakın oy geliyor mu, gelmiyor mu? Gelir, niye gelmesin?"

CHP bana bir şey vermedi. Hep "Ben laikim, sen tarikatçısın. Ben laikim, sen nasıl şeriatçısın" dedi. Türkiye de şeriat demek Müslüman demektir, İslam demektir. İsrail'de şeriat Yahudilik demektir. Vatikan'da şeriat Hıristiyanlık demektir; gerçeği bu. Belki hoşa gitmiyor bunları söylemek ama söylenmesi lazım.

Ne yüzle siyasetçi oy isteyecek benden? İsteyemez. CHP ne diye oy isteyecek? Yol mu yaptınız? Yok. Niye tekke ve zaviyeleri yasakladınız? Yasakladınız da kalktı mı? Devlet bana, "Yemek yemeyi, oksijen almayı yasaklıyorum. Bunu tartışma konusu bile yapamazsın" derse ben ne yapabilirim? Gizli yemek yerim, delik açarım oradan nefes alırım. Devletim beni yalana mecbur ediyor. Devlet dürüst değildir. İnsani yaşam hakkımı elimden alıyor. Din de bir yaşam hakkıdır. Madden-manen diyoruz, artı-eksi diyoruz. Hiçbir zaman mal derdine düşen başarılı olamaz. Manen başarılı olamaz.

Ama sizin de mal derdine düştüğünüz izlenimi var.

Evet, bize de "Sen niye ticaret yapıyorsun, holding açıyorsun?" deniyor. Niye yapmayayım? Benim vatandaşlık hakkımda ticaret yapamayacağıma dair bir kayıt var mı? Devlet mensubu değilim, polis mensubu, asker mensubu değilim, devlet memuru da değilim. Niye ben ticaret yapamamayım? Kanunlarda yabancıyla evlenemezsin, bu kıyafeti giyeceksin, bıyıklarını keseceksin, saçın bu kadar olacak. Her şey yazılı. "Bunu yaparsan asker olarak kabul ediyorum" der. Edersen uyacaksın.

Menzil Şeyhi Saki Erol da bu kitap için Saygı Öztürk'e konuştu. Holding sahibi olduğu eleştirilerine, "Benim niçin holdingim olmasın? Tabii ki var" diye cevap verdi.

Ben Türk vatandaşlığını kabul etmişim. Ben burada Türkiye Cumhuriyeti vatandaşı olarak oy kullanırım; holding, gazete, televizyon hepsini de açarım. Kanunen uyan tüm haklarımı kullanırım. Dinen de öyle olması lazım. Dinin emrettiği şeyleri yapabilmem lazım. Devlet bunu bana sağlamak zorundadır. "Bana ticaret yapamazsın" diyemez. Madem ticaret yapamayacaksam o zaman maaş ver bana.

Din ve ticaretin birlikte olmasının yadırganması normal değil mi?

Ticaret yapanın ne özelliğin var? Sen üç, ben dört ayaklı mıyım? İkimiz de iki ayaklıyız yani. Artımız eksimiz yok. Aynı nefsi ben de, sen de taşıyoruz. Güzel evim, arabam, korumalarım olsun istiyorsun günün şartlarında. Eee ben de istiyorum. Müslüman bir şey isteyemez mi? Dinimi de yaşarım, düzenimi de yaşarım, kimse bir şey diyemez ve bunlar başkalarını ilgilendirmez.

Fethullah Gülen grubu da dini, ticarete endekslemişti. O yüzden eleştiriliyordu.

Basit bir şey söyleyeyim, teröristler silah taşıyor. O zaman "Silah taşıyan herkes teröristtir" dersin ya da ben derim. O zaman silah taşıyan asker, polis hepsi terörist.

"15 Temmuz tiyatro mu, film mi çevirdiler; ben hâlâ inanmıyorum"

Fethullah Gülen böyle bir şey yapıyor, bilinçli bir şey yapıyor. Milletini sıkıntıya sokmak, Türkiye'yi sıkıntıya sokmak için. Tarihte var mı böyle bir şey uçakla milletini bombalamak? Tartışılır mı, nasıl değerlendirilir? "Cemaatim", "Değilim", "Camia değilim, bilmem neyim"; herkes de biliyordu. Herkes de pervaneydi etrafında.

Peki, 15 Temmuz 2016 darbe girişimi hakkında görüşünüz nedir?

Tanıdığımızdan 15 Temmuz darbe girişimine kadar görüşümüz belliydi. Yanlış yapıyorlardı. O yüzden bizi yan yana gören olmamıştır. Onların faaliyetlerini tasvip etmedik. Darbe girişiminin bunlar tarafından yapıldığına da çok şaşırdık. Böyle bir şeyde mi oluyor? Acaba tiyatro mu, bir film mi çevirdiler? Tıpkı ABD filmi gibi. Ben hâlâ da inanmıyorum. Ha neye inanıyorum? Bizim çocuklar İstanbul'daydı. Evimiz yüksekti. 15 Temmuz darbe girişiminin üzerinden bir sene sonra helikopter geçti. Kızım koştu geldi, "Baba helikopter geliyor" dedi. Psikolojisi düzelmedi. Artık bunu tartışabilir misin? Uçakları kaldıran kim? Bunu yapan kimse haindir. Askerse de haindir. Başka izahı yoktur.

"'FETÖ gitti, METÖ geldi' diyorlar ama onlara kulak asmıyoruz"

Son dönemde Fethullahçı Terör Örgütü'nün (FETÖ) yerini Menzilci Terör Örgütü (METÖ) aldığı söyleniyor. Bunu nasıl karşılıyorsunuz?

O tür haberleri, yorumları okuyoruz, dinliyoruz ama kulak asmıyoruz. Bunu söyleyenler FETÖ'cüdür. Ben tespit de ederim. Devletine, milletine, bayrağına bağlı, yetmiş iki buçuk milleti severiz. Arkadaşım evlendi İstanbul'da. Türk, Kürt, Arap vardı. Ermeni, Dağıstanlı, Çerkez... Kalktım dedim: "İşte Menzil bu." Bize düşmanlık yapılmasına üzülürüm. Zorumuza giden bu.

Bana "terörist' denilmesi çok da umurumda değil. "Allah ibadet versin, iman versin" derim ve asla bana o sözleri edenin de boğazına sarılmam. Bize öyle söylemekle bir çıkarları var, orada bir şey var. Bu Menzil'le, ben kendimi nasıl kamufle edeceğim? Menzil'den o şekilde bahsedenin dürüst olduğuna inanmıyorum. Ya oyuna gelmiştir ya da bir şeye hizmet ediyordur.

Biz 1971 yılından bu yana Menzil'deyiz. Elli senedir ne yaptım bugüne kadar? Oy kullanmasın. Böyle bir şey var mı? Kullanmamak TC kanunlarına aykırı. O zaman "Türk vatandaşlığını kabul etmiyorlar, oy bile kullanmıyorlar" denilecek. Deve misin? Yük yükleyeceğin zaman "Yok ben deve değil, kuşum" deniyor. Kuşsun-devesin diye tartışılıyor. Biz de karga mıyız, keklik miyiz, unuttuk. Osmanlı'dan çıktık. Biz de Avrupalılar gibi yürüyeceğiz.

Onu da yapamadık. Tilki geldi bizi aldı. Kendi yürüyüşümüzü de unuttuk. Tabii, bu tür söylentiler çıkar.

Milletvekillerinin de size yönelik "METÖ" eleştirileri var.

Kötü niyetli olan böyle söyler. Bizi nasıl FETÖ ile yan yana koyarlar? Fethullah'ın aslı, eğitimi nedir? 50-60-70 yıldır var. Menzil'in silsilesi var. Nereden gelmiş, nasıl gelmiş belli. Ailesi var 400 senedir. Bizi FETÖ ile nasıl mukayese ediyorlar, şaşırıyorum.

Fethullah'ın babasını kimse bilmiyor ve onun için herkes bir şey söylüyor. "Proje" diyoruz. Her şey de olabilir. Menzil'i böyle şeyle mukayese edenin aklına şaşarım. "FETÖ-METÖ" diyen bir insan sıfırdır benim gözümde. Başkasının lafını konuşuyor belli ki. Bak, siz bir kitap yapacağınızı söylüyorsunuz. Buralara gelip yerinde araştırma yapıyorsunuz. Söz uçar, yazı kalır. Vicdanen bari doğru şeyler olsun. İnsanlar araştıracak, "Saygı Bey saygın birisidir" diyerek kitabına bakacak. Yoksa, masa başında yaz-çiz telif hakkı alabilmek için, öyle şey olmamalı.

"Holding de açarım, televizyon da kurarım. Vatandaş olarak haklarımı kullanırım"

Tasavvufun dışına çıkıyor, ticaret yapıyorsunuz. Bu doğru bir şey mi?

Velev ki dışına çıktım. Kime ne zararım var? Sen Müslüman'san, akıllıysan, eğitimliysen, inanmıyorsan "Kaldırın bunu" diye niye söylüyorsun? Gelmesinler. Kişileri davet etmedik. Gelenin başımızın üstünde yeri var. En azından bir tebessüm. Milletten para toplayıp açmışsam, devlet tespit eder. Mahkemeler var. Kimse kendini hâkim, savcı yerine koymasın. Devlete bağlılığımıza kimin garezi var? "Niye holding kurdun, TV açtın?" demesinler. TC vatandaşıyım. Tüm haklarımı kullanırım. Ha, kırmızı ışıkta geçtiğim zaman devlet bana ceza kesebilir tabii. Onu da göze alıyorum demek ki.

40'ı aşkın şirketiniz olduğu biliniyor. Neyiniz var?

Semerkand Holdingimiz var, hastanemiz var, Semerkand TV var, radyo, dergi... O kadarını da bilmem yani tam altını, ne yapıyorlar filan. TC kanunları elverdiği müddetçe her ticareti yaparız. Kimsenin hakkına hukukuna girmeden, mümkün olduğu kadar harama bulaşmadan. Bu ihale meselesine geliyorum. İhaleye de girdim ben, ama senin hakkının yenilmesine hayır. Senin programın daha iyiyse, buna rağmen ben aldıysam o haramdır. İşi liyakat sahibine, vatanına bağlı olana vermek lazım.

Vatana bağlılık benim için çok önemli. Kasabı, kasabanın başına geçirme. Allah insanı o kadar güzel dizayn etmiş ki, beyni en üste koymuş akıl, sonra göz, gör diye. Sonra kulak, duy diye. Sonra ağız, doğru konuş diye. Sonra el, kötüye, yanlışa el uzatma. Ayakla, yanlış yere yürüme. Şimdi bazı bakanlıklarda kadrolaştığımız yazılıyor, söyleniyor. Şimdi sizinle tanıştık. Bu durumda benim sizin gazetenizde kadrom mu oldu? İnsanın arkadaşının, dostunun olması kadro mu şimdi?

Ama, Menzilcilerin Sağlık Bakanlığı'nı ele geçirdiği biliniyor.

Doğru, Recep Akdağ'ı tanıyorum. Buraya (Menzil'e) gelmiş gitmiş. Sağlık Bakanlığı Menzil cemaatine bağlı diye liyakatsız bir insanı almışsa vallaha o doğru değildir. Bir genelleme yapıyorlar. Devlet işine baksın. Devlet devletliğini yapsın. Cemaat de cemaatliğini. Türkiye'de cemaatler sivil toplum örgütü gibi, herkes bir yere bağlıdır. Aşiret, cemaat vs. Batılılar gibi yürüyeceğiz ama yürüyemedik. Ortadoğu bu, aşiretsiz gitmez. Cıva gibi insan bir yerde duramıyor yani. Peygamber gelmiş. Yüzde 99 insanlık tarihi burada başlıyor. Almanya'daki insanları gördüm, sağına soluna bakmıyorlar. Haklarına çok dikkat ediyorlar. İnsan hakkına girmiyorlar. Resmen adamlar bizim dinimizi yaşıyor. Biz de onların dini gibi yaşıyoruz. Fransa da öyle. Gittim, devlet kiliseye bir şey yapmıyor. Keşke laiklik olsaydı. Devlet de kendine çekidüzen vermelidir.

"Devletin içinde değiliz" diyorsunuz?

Asla. Devletin içinde olmayı doğru da bulmuyoruz. Gördük

Fethullahçıların yaptıklarını. Emniyet teşkilatında onlardan olmayanı bir polis, hatta çaycı bile yapmadılar. Onlara yardım etmediyse karısını Edirne'ye, kendisini Kars'a verdiler. Böyle bir şey var m? Müslüman birisi böyle yapabilir mi? Dinimizde de karı kocayı üç aydan fazla ayıramazsınız.

Siyasetçilerle sıkı ilişkileriniz olduğu söyleniyor. Menzil'e bağlı çok isim var mı?

On tane siyasetçinin ismini söyleyemem. Siyasetçilerle her seçmen gibi bir ilişkimiz var. Böyle al-ver yok. Bize yakın, bize uzak bakan yok. Eski Sağlık Bakanı Recep Akdağ'ı söyledim, otuz yıldır tanıyorum. Tarikatsa bu, tasavvufsa bu. Tasavvuf sadece İslamiyette değil. Hıristiyanlığı araştırdım, sofilik de var onlarda. İslamiyeti de araştırmışlar. Geldiler konuştuk. Papazları araştırmışlar, şaşırdım. Tasavvuf bütün dinlerde vardır.

Buranın adı Semerkand, Sivrihisar'da kurulanın adı Buhara. Farkınız ne?

Buranın adı Menzil. Semerkand değil. Türk tarihinde Semerkand ilim merkezidir. Buhara da Sivrihisar'da. Feyzeddin Erol, amcam Raşit Erol'un oğludur. Bizden ayrılma değil. Buradan babasının zamanında 12 Eylül 1980'den sonra mı ne ayrıldı. Bizden ayrılma falan değil; kayınbiraderim, amcamın oğlu, teyzemin oğlu bizde bu şey ağır yani.

"Ticaret yapmama karşı olan Şeyh Feyzeddin'in kendisi de ticaret yapıyor"

Ama Şeyh Feyzeddin Erol, sizin ticaretle uğraşmanıza karşı çıkıyor

Doğrudur. Ben de "Kendisi yapmıyor mu?" diye sorayım. Yapmıyorsa nasıl geçiniyor? O zaman milletten alıyor.

Sordum, tarlalarının, hayvanlarının olduğunu söyledi.

Onlar ticaret değil mi? O soğan, patates ekip satıyor. Ben de buğday ekip satıyorum. Bahçemiz var. İlla onu mu yapmak lazım? Sen ne seviyorsun ayakkabıcılık, marangozluk, öbürü çoban, öbürü tüccar; bir kalıba sokmamak lazım. Bizim ticaretimize karşı çıkıyor olabilir. O zaman ben de onun çiftçiliğine karşı çıkıyorum. Doğru bir şey mi? Benim tercihim bu, onun tercihi o. Benim tercihim holding kurmak, ticaret. Çok gündeme geldiği için bunu özellikle üstüne basa basa söylüyorum.

Fethullah'ın yurtdışında okulları, dershaneleri var. Sizin de böyle bir yapılanmanız oldu mu?

Yurtdışında hiçbir yerde okulumuz yok. Medreselerimiz var. Onlara hoca veriyoruz. Hoca gönderdik kendileri yapıyorlar. Kırgızistan'da 15-20 tane var. Bizden hoca talep ediyorlar. Yurtdışında okulumuz, üniversitemiz yok.

Ama Türkiye'de hastanemiz, İstanbul ve Ankara'da okullarımız var. Örneğin, BİLTEK kolejleri bizim. Girin internette dolu bilgi var yani. İyi mi, doğru mu, o tartışılır. "Bu okul ticaretini sevmiyorum; bu kadar yatırıma değer mi?" derim. Siz de "Yook, imkânım varsa okulu yaparım, çocuklar okusun" dersiniz; bunu ticaret ve hayır olarak da yaparsınız.

Menzil'de bütün ticaret yerleri size ait sanırım. Çünkü hemen tüm işyerlerinin adı "Hayır"la başlıyor.

Evet, burada her şey bize ait. Köyde dükkânlarımız var, akrabalarımızındır. Köy komple bizim. 1.500 nüfusuz. Tam resmi rakam, bilmiyorum. İşyerleri benim, amcalarımın, amca çocuklarımın. Neticede dedemin yedi erkek çocuğu vardı. Her amcamın beşten aşağı çocuğu yok. TC'nin kanunlarına uyuyoruz ve ticaretimizi de yapıyoruz. Yani köydeki bütün dükkânlar benim ve akrabalarımın.

"'Tarikat' derseniz hapse atarlar, 'Tasavvuf' derseniz yırtarsınız"

Vakıflarınızın, derneklerinizin, medreselerinizin durumu nasıl?

Medreseler, kurslar var. O da okullarla beraber açılıyor. Araştırma merkezi var burada. Medreselerimiz hep olmuş. Dernekler, vakıflar var. Ben hiçbir derneğe üye değilim. Üç beş arkadaşım, tanıdığım kurmuş Adıyaman'da, ben destek vermişim. Manevi ve maddi destek vermişim. Kamu yararına dernekler de var. Hepsi devletin malı. Belediyelere kayyum atıyorlar, işte bitti iş. Vakıflara, derneklere gönül bağımız, desteğimiz var, maddi ya da sözlü olabilir. Nasıl işlediklerini, nasıl çalıştıklarını bilmiyorum, birinin ismini söyle desen bilemem.

Yani, tasavvufla uğraştığını söyleyenler vakıf, dernek, ticaretle iç içe mi?

"Yok" diyen yalan söylüyor. Herkesin vakfı, derneği, ticarethanesi var. Niye var? Çünkü o isim altında çalışılıyor. Her şeyden önce dürüst devlet olması lazım. Bunu başında söyledim.

Yol var 140'la gidiyorlar. Çok kaza oluyor. Karar almışlar, orada kaza olmasın diye hızı indirmişler. "Tarikat" dersen hapse girersin. "Tasavvuf" dersen yırtarsın. Beddua edeceğim, kendime yakıştıramıyorum. Eee, "Benim vakfım yok." Var. Olması da lazım. Karşı çıkmıyorum. Dürüstlük yoksa devletten kaynaklı. Konuşalım, birbirimizi anlayalım.

Seyda Abdülbaki Erol, halifeliği kime verecek?

Halifeliği verdi zaten. Yedi sekiz halifesi var. İki üçü rahmetli oldu, dört beşi hayattadır. Tasavvuf da verilen bir şeydir. "Ben sana veriyorum" öyle bir şey yok. Oğlu yerine geçti. Oğludur zaten yerindedir. Değişmedi ki. Babası öldü, başka bir memlekete mi gitsin? Babadan oğula geçiyor diye bir şey yok. 99 puanla üniversiteyi bitireceğim "Sen rektörün oğlusun, sana diploma yok." Olur mu öyle bir şey? Tasavvuf da bir okuldur. Bir sünneti, kuralı, adabı var. Askeriye gibi. İslamiyetin dışında olan bir şey değil. Hocaya bağlılık vardır. Hocaya saygı duymuyorsa, inanmıyorsa ilmi öğrenemez. Edep, ehlin yarısıdır. Önce edebi öğretmemiz lazım. Cinayetler oluyor; tabii olacak. Şimdi herkes anaokuluna gönderiyor. Yetmiyor. Hanımını çalıştırıyor. İki kişi çalışıyor, nasıl bakacaklar çocuğa?

"O gibileri için idam cezası getirilmeli. Kravat taktığı için ceza indirimi olmamalı"

Son dönemde bazı tarikatlar cinsel içerikli konularla gündeme geliyor?

Geçenlerde bir siyasetçi, tarikatların aleyhine çok konuşulduğunu söyledi. Ne olacak, ben mi çözeceğim? Siz çözeceksiniz. Devletin ektiği şey. O yerlerin yüze 90'ında İslamiyeti anlatmıyorlar.

Diyanet diyebiliyor mu "Faiz haramdır" diye. Hırsızlığı, kızının gözleri önünde boğazı kesilen Emine Hanım'ı söylesin. Zalim destekleniyor, mazlum ölüyor. Zalimi hapse koyuyorsun, yemek veriyorsun, yatak, doktor veriyorsun. "Yatar çıkarım, namusumu temizlerim" diyor.

Nasıl olacak? Gözleri önünde annesinin boğazı kesilip öldürülen kızı çağırıp, annesini öldürene ne yapılması gerektiğini, yani hükmü vermesini isteyeceksin. Reşit değilse, akrabasını çağıracak, en yakınına hükmünü vermesini söyleyeceksin. Yanan senin canın. Adam cinayet işliyor, bir de hava atıyor. Duruşmada kravat takıyor, "Hâkimim, en iyisini sen bilirsin" diyor, iyi halden ceza indirimi alıyor. Benim adıma devlet affedemez. O kızın adına, devlet affedemez. Bitti o kızın hayatı. Ciğeri yandı. O adam bir değil, iki kişiyi öldürdü.

Buraya uyuşturucu kullanan da, alkolik olanlar da geliyor. Bir sıkıntı oluyor mu?

İçenler, uyuşturucu kullananlar gelemez diye bir şey yok. İçen de gelir. Gelenlere, yaptıklarının sağlığa zararlı olduğunu anlatıyorum. İşin açıkçası, geldiğiniz için çok sevindim. Derdimizi kimseye anlatamıyoruz ya da anlaşılmıyoruz diyeyim. Öyle de diyebilirim. Sizin gibi değerli birini görünce çok memnun oldum. "Dostum" diyebileceğim, yakın görüştüğüm bir Ruşen Çakır var. Gerçekten beğeniyorum onu. Bazen Menzil hakkında da bir şeyler yazıyorlar. Yazı hakkında görüşümü sorduğunda, "Yüzde 90'ı doğru, yüzde 10'u yanlış" diyorum. "O kadar da bizden olsun" diyorum. Bazen şakalaşıyoruz "Sen komünistsin, ben şeriatçıyım, nasıl oluyor bu?" diye. Ama işini iyi yapan bir gazeteci.

"Cumhuriyet'i seviyorsa, devlet kendini gözden geçirmeli"

28 Şubat döneminde bize kan kusturdular. Dönemin Jandarma Genel Komutanı Şener Eruygur'la görüştüm. "Düşmanınız yetmedi bir de bizi mi düşman ediyorsunuz?" dedim. Devletin kendini gözden geçirmesi lazım, hele bu Cumhuriyet'i, ülkemizi seviyorlarsa.

Amcanızın yanında siz de ilginç olaylar yaşamışsınızdır.

12 Eylül darbesinden sonra amcam Raşit Erol Gökçeada'da zorunlu ikamete tabi tutulduğunda Genelkurmay Başkanlığı'na, Milli Güvenlik Konseyi'ne defalarca dilekçe verdim. Bunların hepsini sakladım. Sonunda hiçbir şey olmadan, "Seni bıraktık" diyorlar. Bundan ilginç şey olur mu?

150 sene evvel tahminen dedelerim isimlerine bakıyorum önce Arapça, sonra da Kürtçe. Şimdi biz az Türkçe, Kürtçe, Arapça biliyoruz. Önceki nesilden çok azı Arapça, hepsi Kürtçe biliyorlardı. Şimdi yirmi yaş altı hepsi Türkçe biliyor. Kürtçe de bilmiyor. Gökçeada'da amcamı mahkemeye çağırdılar, başka bir meseleden dolayı. Mahkeme salonunda hâkim, savcı, kâtip, iki de biziz. Ben ve amcam sıraya oturduk. Ben 22-23 yaşındaydım. Devleti çok iyi bilmiyordum. Bugünkü gibi hâkim kimdir, savcı kimdir bilmiyordum. Amcama bir şey sordu. Amcam Türkçe üç beş kelime askerde öğrenmiş. "Ne diyor?" dedi. Ben de "Amca şöyledir böyledir" dedim. Hâkim "Sus" dedi. "Türkçe bilmiyor" dedim. "Senden iyi biliyor. Yasak, ne konuşuyorsun" diye çıkıştı. Ardından, "Yaz kızım" dedi. O olay içime çok acı verdi.

Ben Kürt değilim, Kürtçü değilim; ırkçılığı lanetliyorum. Milliyetçiliği seviyorum. Yaşlı birisi. Nasıl o insana saygısızlığınız olur? Senin hâkimliğine, savcılığına o olaydan sonra nasıl inanacağım? Terbiyesiz bir insana ben "mahkûm insan" derim. Mahkûmiyetini kaldır, terbiyeni öğren. Bedava tercümanlık yapıyorum, bırakmıyorsun, bak şimdi paralı yapıyorlar. Bunu hiç unutmadım.

Menzil tarikatının başı olarak size ne denir?

Bana "şıhın büyük oğlu" diyorlar. Kimisi "seydi", "saki" diyor. Babamdan öğrendiklerimiz dışında kendi öğrendiklerimiz de oldu. Siyaset araçtır, hiçbir zaman amaç olmamalıdır. Siyaset bir inanç değildir, bir düşünce tarzıdır.

"Jandarma Genel Komutanı Orgeneral Şener Eruygur'dan randevu aldım"

Belli dönemde hayli zorluk çekmişsiniz. Şimdi durum nasıl? Örneğin, İçişleri bakanına hemen ulaşabiliyor musunuz?

Hiçbir bakanla samimiyetimiz yok. Hepsine de istediğimiz zaman yani vatandaş olarak ulaşırız. Teşebbüsümüz olmamış ama bizim bakanımızsa ulaşabilmeliyiz yani. İhtiyacımız yok, olursa da gideriz.

28 Şubat döneminde buraya gelen herkesi potansiyel suçlu görüyorlardı. Gelenin de kaydını tutuyorlardı. Fişleme yapıyorlardı. Köyün girişinde o tepeye, tank getirdiler. Biz nasıl PKK'lı olmamışız, ona hayret ediyorum. Allah'tan aklımız başımızdaydı. Kürt olarak, Müslüman tarikatçı olarak da çok eziyet çektik. Namazın zararını söyleyin, tamam kılmayayım. Deyin, "Dininde bu yok; sabahtan akşama kadar aç kalıyorsun. Zararlı, doktorlar böyle diyor." İnandırın yapmayayım. Benim inandığım bir şeye inandıramıyorsanız sizin için nasıl yaparım?

28 Şubat'ta Şener Eruygur'la görüşmek istedim. Kimseyle de görüştürmüyorlardı. Memleket meselesi olduğunu, görüşmem gerektiğini söyledim. Bir hafta on gün sonra bana cevap geldi. O vardı, yanında İstihbarat Başkanı Levent Ersöz vardı. Bir buçuk saat onlarda da konuştum. "Siz güvenlik görev sınırlarınızın tertibatını alın. Halkımla kendi branşım neyse ağa, şıh olarak siz aramıza girmeyin" dedim.

Bana, taraftarlarımızın sayısının 300 bin civarında olup olmadığını sordular. Ben, taraftarlarımızın sayısını bilmediğimi söyledim. O dönemde de Menzil'e gelmeyen yok. Gelmeyen de Menzil'e gelen birini illa tanımıştır. Örneğin, eski milletvekili, kayyum atanmadan önce Mardin belediye başkanlığı görevinde bulunan Ahmet Türk'ün yengesi de dahil akrabaları geldi. İşte hesaplayın: Ayda 30 kişi gelse 10 ayda 300 kişi ediyor. Ne bileyim ben. Gelenlerin kaydı kuydu yok. Kaç sene evvel de eski Diyarbakır Belediye Başkanı Osman Baydemir'in kardeşleri gelip gidiyordu. Kimi hastası için, kimisi meraktan geliyor. Bir ormana niçin çıkılıyor? Ferahlamak için. Onlara niçin gittiği soruluyor mu? Adam buraya gelince rahatlıyor.

Okuma-üfleme oluyor mu?

Yok öyle şeyler. Üfleme, suya, şekere okuma tarihte kalmış şeyler bunlar. Ne diyoruz: Abdest al, namaz kıl, kötü insanlarla gezme. Bize geldiğine göre bari bunları yapmasını söylüyorum. Çoluğu çocuğu olanlara, onlar için toparlanmalarını anlatıyorum. Yaptıklarından, işledikleri günahlardan dolayı pişmanlık duyanlara tövbe ettiriyoruz. Dinimiz teşvik etmiş "Tövbe alacaksın" diye. "Tövbe edeceksin" dememiş, "Tövbe et" demiş. Alkolikler var, tinerciler, esrarkeşler var. Yani insan bunlardan korkuyor. Bir ara toplu olarak otobüslerle geliyorlardı. Çok tehlikeli duruma geldi. Tövbe ediyorlar, ertesi gün kalıyorlarsa hatme halkasına katılıyorlar. Sekiz şartı yerine getirmeleri gerekiyor. Sekiz şartı yapmayan hatmeye sokulmuyor. Adapta öyledir.

Hatmede bir halka kuruluyor. Eskiden tespih konuluyordu. Daha eskiden elleydi. Fatiha okuyor, herkes bir salavat okuyor.

Uyuşturucu kullananların bazıları uyuşturucuyu bırakıyor. Bu nasıl oluyor?

Onlara abdestsiz gezmemelerini söylüyoruz. Bunu motive olsunlar diye söylüyorum. Sıkılınca okuyacağı hadis ve ayetler var. Abdest alıp ferahlayacaklarını anlatıyorum. Teknoloji İslamiyeti anlatıyor. Keramet değil bu. Şıh nasıl görüyor? Kardeşim görüyorum. İlla bir alet mi lazım? Allah nerede? Ben ona iman etmişim. Vardır, var olacaktır, araştırmama gerek yoktur.

Babanız nasıl?

Babam 78 yaşında. Omurilik kalmamış, hepsi demir. Boyun fıtığı var. Dört beş kere ameliyat oldu. Hastanede tedavisi devam ediyor.

EMSEY Hastanesi'nde, yani "Emret SEYDAM" da mı?
Hastanenin adını "Emret Seydam" diye uydurdular. Halbuki bilseler EMSEY'in kardeşlerin baş harfleri olduğunu. İşte böyle uyduruyorlar.

Menzil köyünde bir Oflu, hem de köyün muhtarı

Biz konuşurken, ezan okunmaya başladı. Şeyh Saki, camiye gitmek için kalkarken, yemek hazırlanmasını istedi. Israrla yemeğe kalamayacağımı söyledim. Yorgun olduğumuzu, birkaç saat istirahat etmemizi de önerdi. Artık kalmayacağıma inanmış olacak ki, odadan ayrılırken, ikramlarda bulunulmasını istedi.

Muhtar Yücel Özkan da, Sefa da saygılarından dolayı sigara içemedikleri için bunalmışlardı. Oysa şeyh, "Sigara içmek serbest. İsteyen içebilir" demişti. Kendisi de sigarayı daha yeni bırakmıştı. Şeyhin çıkışıyla birlikte sigaralar yakıldı. Hemen ardından dondurma, baklava geldi.

Dünyanın neresine gitseniz bir Oflu karşısına çıkar. Menzil'de de muhtar Yener Özkan karşımıza çıktı. Yücel Özkan'ın hikâyesi de ilginç. Oflu Yücel, muhtarı olduğu Menzil'i anlatıyor:

> 1996 yılında Menzil'e geldim. 1999 yılında buraya yerleşmeye karar verdim. Şeyh ailesi de beni seviyordu. 2010 yılında beni muhtar seçtiler. Köyümüze önemli hizmetlerin gelmesini sağladım. Daha yapılacak işlerimiz var. Buraya gelip yerleşen 55 ilden insan var. Hepsi de iş güç sahibi.
>
> Köyümüze hafta sonları en az 15.000 kişi gelir. En çok da madde bağımlısı olanlar burada kalmak ister. Ama, biz buranın sığınma evi gibi olmasını istemiyoruz. Buraya bilseniz ne insanlar geliyor. Annesi avukat, babası hâkim olan ama çocukları uyuşturucu batağında olanlar var. Onlara ilk söylediğimiz, doktora götürmeleri oluyor. Buraya gelenlerin en fazla üç gün kalabilmelerine izin veriyoruz. Burada fazla kalmak, gönüllü olarak çalışmak isteyenler de var. Onların

Sayın Saygı ÖZTÜRK;

Öncelikle somut tespitlere dayanarak hazırladığınız tüm yazılarınız gibi 01 Nisan 2018 tarihli **"Şimdi de Menzilciler..."** başlıklı kıymetli makalenizi gazetecilik açısından büyük bir hayranlık ancak ülkemiz açısından büyük bir üzüntü ile okuduğumuzu ifade etmek isteriz.

Yazınızda bürokrasinin her kademesine yerleştiğine temas ettiğiniz "Menzil" yapılanmasının menfi etkilerinin en yakın örneğini Müvekkilimiz Yavuz NGS A.Ş.'nin kurucusu sanayici Merhum Yavuz GÜLERCE adına açılan **"Ertuğrul Yavuz Gülerce İlköğretim Okulu"** ile ilgili oluşumlarda yakinen yaşadık.

Yakın çevresinde başarılı bir işadamı ve aynı zamanda hamiyetli bir insan olarak tanınan **Merhum Yavuz Gülerce** tarafından, doğduğu ve zorluklarla ilk ve orta öğrenimini tamamladığı Eskişehir ili Sivrihisar ilçesi Ertuğrul köyünde "Ertuğrul Yavuz Gülerce İlköğretim okulu" açılarak yakın köylerdeki çocukların okuması Laik/ Atatürk ilkelerine bağlı gerçek Cumhuriyet çocuklarının modern ve çağın gereklerine uygun olarak eğitim almasının önü açılmıştır. Sivrihisar ilçesine yaklaşık 20 km. uzaklıkta olan okul, Milli Eğitim Bakanlığı'na devredilmiş ancak **halen tüm ihtiyaçları Merhum Yavuz Gülerce'nin kızı ve kendisi gibi hamiyetli bir iş kadını olan Sn. Gülnur GÜLERCE tarafından karşılanmaktadır.**

Ancak bir süre önce adı "Bilvanis" olarak değiştirilen ve Sivrihisar'a 35 - 40 km. uzaklıkta bulunan "Buhara" köyünde Menzil tarikatı ile irtibatlı ve iltisaklı olan ve Menzil tarikatının güdümünde eğitim-öğretim vereceği halk arasında dillendirilen "Buhara Eğitim Kurumları" adı altında bir okul binası inşaa edilmiş ve Sivrihisar ilçesine bağlı Ahiler, İlyaspaşa, Yenidoğan, Kurtşeyh, Çaykoz, Karacaören, Sadıkbağ, Dinek, Ballıhisar, Göktepe, İstiklalbağı, Buzluca ve Kaldırım olmak üzere 13 köy'den toplam 130 öğrencinin eğitim-öğretim gördüğü Ertuğrul Yavuz Gülerce İlköğretim okulunun da kapatılıp buradaki öğrencilerin Sivrihisara yaklaşık 35-40 km. mesafede bulunan ve burada kurulacağı iddia olunan Buhara eğitim kurumlarına devrolacağı konuşulmakta ve belirli kesimlerce dillendirilmektedir.

Ülkemizin birçok güzide köşesi okul beklerken aynı köyde açılan bu okula merkeze daha uzak olmasına rağmen yapılan yönlendirmeler ile çocuklarının kayıtlarını yaptıran ailelerin sayısı artmaktadır. Aynı köydeki bu ikinci okula öğrenci kayıtlarının arttırılması için özel bir çaba sarf edildiği, hatta burada yatılı okunmasına iman sağlayacak tesisler yapılarak genç dimağların ve zihinlerin etkilenmeye açık hale getirildiği öğrenilmiştir. Buna mukabil bölgenin öz evlatlarının ve hayatı çocuklara örnek olacak bir insanın kurduğu, Laik/ Atatürkçü bir eğitim ve sistem üzerinden öğretim programı yürüten ve ailenin tüm imkanlarını seferber ettiği "Ertuğrul Yavuz Gülerce İlköğretim Okulu" kapatılmasının görüşüldüğü merhum Yavuz Gülerce'nin ailesi tarafından büyük bir üzüntü ve teessürle öğrenilmiştir.

Sayın Saygı ÖZTÜRK;

Paralel Devlet Yapılanmaları ve cemaatlerin yandaş, mürit devşirme çalışmalarının ilkokullara kadar indiği günümüzde sağduyulu Türk Halkının çağdaş eğitim kurumlarına sahip çıkması maksadıyla ***"Şimdi de Menzilciler..."*** **başlıklı yazınız ile başlattığınız bilinçlendirme gayretinize yukarıda sunulan vahim ve elim örnekleri de eklemenizi; bizimle birlikte "Ertuğrul Yavuz Gülerce İlköğretim okuluna" sahip çıkılmasını ve farkındalık yaratılmasını saygılarımızla takdirlerinize sunarız.**

Av. Utku Keleşoğlu

Çevre köylerdeki öğrenciler tarikat merkezi olan Buhara'daki okula gitmeye zorlandı. Devlet bu köye okul yaptı ama bazı aileler çocuklarını göndermemek için direndi.

sabıka kayıtlarını inceletiyoruz. Sabıka kaydı olmayanları değişik işlere yöneltiyoruz. Örneğin, cami temizliği, sokakların temizliği, diğer işler. Sevap kazanacağı düşüncesiyle burada gönüllü olarak çalışanlar var. Maaşlı çalışanlar var. Onlara yardım ediyorlar. 2.000 nüfuslu köyümüzde ilkokul ve imam hatip ortaokulu var.

Öğrenciler mecburen imam hatipe gidiyor

Menzil'de ilkokulu bitiren çocuğun gideceği ortaokul olmadığı için öğrenciler doğrudan imam hatip ortaokuluna gitmek zorunda bırakılıyor. Benzer bir duruma Sivrihisar'ın Buhara köyünde de tanık oldum. 20 Haziran 2018'de *Sözcü* gazetesindeki köşemde şunları yazdım:

Devlet okulundan Menzilcilerin okuluna

Devleti ele geçirmeye çalışan bir örgütün, siyasi ayağı dışarıda bırakılarak mücadele ediliyor. Ama, bir örgütle mücadele edilirken, onların yol ve yöntemlerini izleyen ve bazı kesimlerden de himaye gören yeni yapılara göz yumuluyor. Ülke seçimle geçimle uğraşırken, cemaatler okullaşmaya büyük ağırlık veriyor ve bu eğitim kurumlarını köylere yayıyor. Cemaatler arasında okullaşma konusunda büyük bir yarış var.

Merhum sanayici Yavuz Gülerce adına Eskişehir'in Sivrihisar ilçesine 20 kilometre uzaklıkta bulunan Ertuğrul köyünde modern bir okul açılmıştı. Okula çevre köylerden de öğrenciler geliyordu. Milli Eğitim Bakanlığı'na bağışlanmasına rağmen okulun tüm ihtiyaçları Yavuz Gülerce'nin kızı iş kadını Gülnur Gülerce tarafından karşılanıyordu.

Menzilcilerin merkezi Adıyaman'ın Menzil köyüdür. Tarikatın kurucusu Şeyh Muhammed Erol'un oğlu Feyzeddin Erol ise yıllardır Pursaklar ve Sivrihisar'dadır. Bürokraside de önemli bir ağırlığı vardır. Erol, adı Bilvanis olarak bilinen, Sivrihisar'a 35 kilometre uzaklıktaki Buhara köyündedir. O köyde şimdi "Buhara Eğitim Kurumları" açılıyor. İlçeye bağlı Ahiler, İlyaspaşa, Yenidoğan, Kurtşeyh, Çaykoz, Karacaören, Sadıkbağ, Dinek, Ballıhisar, Göktepe, İstiklalbağı, Buzluca, Kaldırım olmak üzere 13 köyün öğrencilerinin Buhara Eğitim Kurumlarına nakledilmesi gündemde. Yavuz Gülerce okulu kapatılacak, öğrenciler Menzilcilerin okuluna nakledilecek. Yerel yöneticiler bu duruma karşı çıksa da, "emrin yukarıdan geldiği" dillendiriliyor.

Mürit devşirme yolu

Bu yetmiyor, öğrencilerin yatılı olarak okutulması da gündemde. Gülerce ailesinin avukatı Utku Keleşoğlu, okulun kapatılmaması için çaba gösteriyor ve bu gücün karşısında bazı bürokratlarla birlikte durmaya çalışıyor. Mektubunda da şunları yazıyor:

"Bölgenin öz evladının ve hayatı çocuklara örnek olacak bir insanın kurduğu laik, Atatürkçü bir eğitim ve sistem üzerinden öğretim programı yürüten, ailenin tüm imkânlarını seferber ettiği Ertuğrul Yavuz Gülerce Okulu'nun kapatılması söz konusudur. Paralel devlet yapılanmaları ve cemaatlerin yandaş, mürit devşirme çalışmalarının ilkokullara kadar indiği günümüzde, sağduyulu Türk halkının, çağdaş eğitim kurumlarına sahip çıkmasını bekliyoruz."

13 köyün öğrencileri Menzilcilere mi teslim edilecek, yoksa yöre insanının yaptırdığı okulda öğrenimlerine devam mı edecek? Öğreniyorum ki Şeyh Feyzeddin'in yaptırdığı okul da imam hatip ortaokulu.

Velilerin, çocukların yanında bir milletvekili

Bir yıl sonra yani 2019-2020 öğretim yılında, Buhara köyündeki okul öğretime açılmış, çevre köylerdeki bazı öğrencilerin bu okulda "taşımalı eğitim" yoluyla öğrenim görmeleri kararı alınmıştı. Bazı köylerden çocuklar okula gönderilirken, bazılarında ise "Çocuğumuzu tarikat köyünde yapılan okula göndermeyiz" direnişi başladı. CHP Eskişehir Milletvekili Utku Çakırözer, telefonla bu durumu bildirdiğinde şaşırmadım. Arsayı şeyh vermiş, devlet de ilkokul ve imam hatip ortaokulu binasını yaptırmıştı. Şeyh Feyzeddin Erol, köyündeki çocukların başka köylere götürülmesi yerine, okul yaptırılmasını sağlayıp başka köylerdeki çocukların Buhara köyüne gelmesinin daha doğru olacağını düşünmüştü.

Buhara'daki okulda öğrenim görmesi kararlaştırılan Göktepe, Kaldırım ve Ahiler'deki çocukların buraya gelmesini velileri istemiyordu. İl ve ilçe Milli Eğitim müdürlüklerinden, kaymakamlıktan bir sonuç elde edemeyince, çocuklarını okula göndermemeye karar verdiler. CHP Milletvekili Utku Çakırözer de, velilerin mücadelesine destek olmak için köylere gitti, onları dinledi, Milli Eğitim Müdürlüğü'nün karar değiştirmesi için görüşmeler yaptı. Ama ne zordu, böyle bir kararı düzelttirmek. İzlenimlerini bize şöyle aktarmıştı Utku Çakırözer:

Buhara'daki okula gitmemek için direnen çevre köylerdeki öğrenci ve velilerin yanında CHP Eskişehir Milletvekili Utku Çakırözer vardı. Uzun mücadelelerden sonra öğrencilerin bu okula zorla gönderilmeleri engellendi.

Vatandaşlar çocukları için endişeli. Çocuklarının Buhara'daki okula gönderilmeleri durumunda, Türkiye'nin birçok yerinde olduğu gibi burada da tarikatların eline düşeceğinden korkuyorlar. Ailelerin bu endişesine Milli Eğitim yetkilileri tarafından duyarsız kalınması, ücretsiz taşıma için istemedikleri okulun şart koşulması, üstüne üstlük bir de "Göndermezseniz ceza keseriz" denmesi, asla kabul edilemez. Devlet okullarında eğitimin üç paydaşı vardır: okul, aile ve öğrenci. Bakanlık yetkilileri öğrencilerin ve ailelerin taleplerini dikkate almak zorundadır. Türkiye'de geçmişte yaşadıklarımıza, eğitimin şu an içinde bulunduğu duruma bakarsak, ailelerin "tarikat endişesi" son derece meşrudur. İlçe Milli Eğitim Müdürlüğü, aileleri zorlamaktan vazgeçmelidir. Bu 60 çocuğumuzun geçmiş yıllarda olduğu gibi istedikleri okula taşınması için gerekenler yapılmalıdır.

Sivrihisar İlçe Milli Eğitim Müdürlüğü'nün Göktepe, Kaldırım ve Ahiler köylerindeki çocukları Buhara'daki okula gönderme ısrarını Çakırözer, hazırladığı raporda şöyle anlattı:

Jandarmalı ikna: Köylülere yönelik baskının şiddeti giderek artıyor. Eskişehir İl Milli Eğitim müdürü, Sivrihisar İlçe Milli Eğitim müdürü ve Sivrihisar kaymakamı, velileri ikna etmek için üç köyü de ziyaret etti. Yanlarında Sivrihisar İlçe Jandarma komutanı ve jandarmalar da bulunuyordu. Bu ziyarette jandarmanın tek amacı, ailelerin direncini kırmaktır.

Çocuklar da isyan etti: Çocuklar, kaymakama, "Biz o okula gitmek istemiyoruz. Bizi zorla o okula göndermeyin" dedi.

"Tanımadığımız insanlar geliyor": Buhara'daki okulun çok yakınında bir tarikatın merkezinin bulunması aileleri kaygılandıran ön önemli neden. Tarikatın müritleri sürekli olarak şehir dışından Buhara'ya geliyor. Aileler çocuklarının bu ortamdan etkilenmesini istemiyor.

Mevcut okulun hiçbir sorunu yok: Üç köyde de tüm aileler yıllardır çocuklarını gönderdikleri Ertuğrul köyü Yavuz Gülerce Okulu'ndan memnun. Aileler çocuklarının bu okulda eğitimlerine devam etmesini istiyor. Bu okul hem köylerine yakın, hem de anayol üzerinde aileler için daha ulaşılabilir bir yerde.

İkamet çözümüne jandarmalı tehdit: Aileler çocuklarını Buhara'daki okula göndermemek için başka köylerden ikamet gösterme formülüne başvuruyorlar. Ama il ve ilçe Milli Eğitim müdürleri ile kaymakam ise böyle bir durum olduğunda gerekli kontrolleri yapacaklarını, ailelerin taşınmaması durumunda ceza keseceklerini söylüyorlar. Toplantılarda bu ifadelerin jandarma komutanı eşliğinde dile getirilmesi dikkat çekici.

Bakanlığı da yanıltıyorlar: Kaymakam ile il ve ilçe Milli Eğitim müdürlerinin jandarma eşliğinde yaptıkları dayatma ziyaretleri sonrasında Milli Eğitim Bakanlığı'na "Hiçbir sorun kalmadı, veliler ikna edildi, Buhara'nın yolu da güzel. Öğrenciler artık yeni okullarına gidecekler" raporu gönderilmiş.

CHP milletvekilinin çabaları üç köydeki öğrencileri tarikat merkezi olan köydeki okula gitmekten kurtardı. Ya diğer köylerden gelen, Buhara'daki çocuklar? Onlar ne olacak, kim sahiplenecek onları? Bir tarafta medrese eğitimi alan, takkesiz dolaşmayan gençler, diğer tarafta ilkokul ve yatılı olması planlanan imam hatip ortaokulu...

Şeyh: "Benden çocuk isteyenler bile oluyor"

Şeyh namazdan döndüğünde, babası Şeyh Abdülbaki Erol'un telefonla "Yemek yedirmeden göndermeyin" sözünü hatırlattı. Biz tatlılarımızı, dondurmalarımızı yemiştik ama bu sefer o yörede yetişen meyveler, karpuz, kavun getirilmişti. Buraya kadar gelmişken sabah Nemrut Dağı'na çıkmayı planladığımı söyleyince, şeyh, "Ben size muhtar ve iki üç tane koruyucu ile araba da vereyim. Güneşin doğuşuna bir iki saat kala gidin oraya, güneşin doğuşunu izlemek hakikaten de güzel bir şey. Ben de bir kere gittim. Saygı Bey, sen heykelleri merak ediyorsun ama güneş çok acayip bir şey. Böyle sanki yumurta sarısı var, değişik geldi bana. Gidip doğuşunu izlemeni tavsiye ederim" dedi.

Aslında kimseyi rahatsız etmek istemiyordum. Oradan Adıyaman'a gidecek, sabah kahvaltıdan sonra heykelleri görmek üzere gelecektim. Şeyh, Menzil'de kalmam halinde yatsı namazından sonra da sohbete devam edebileceğini söyledi. Aramızda şu konuşma geçti:

Ben, izin isteyeyim, sizi daha fazla yormayayım.

Yok yok olur mu estağfurullah, ne demek. Sizi burada görmekten çok memnun oldum. Keşke bir iki gün daha vaktiniz olsaydı, biraz daha konuşmak isterdim. Hemen gitmeyin, biraz daha konuşalım. Sizi yakalamışken ben konuşacağım zaten. Devlet dediğim şey kanun yapıcı. Sınırlarımız ve içinde bulunan herkesi devlet kabul ediyor.

Bazıları İslamiyeti kendilerinin temsil ettiğini söylüyor. Doğru bir şey mi?

Şunu söyleyeyim: Hiç kimse İslamiyeti temsil edemez. "Ben İslam'ı temsil ediyorum" diyenler doğru söylemiyor. İslam'ı, Peygamber Efendimiz dışında kimse temsil edemez. İslam, güneş gibidir; kimse o güneşe ışık veremez, sadece ışık alabilir. Herkes ona uyar; onu kendine uyduramaz. Maalesef son zamanlarda bazıları İslamiyete nasıl uyacağına değil de İslamiyeti kendine nasıl uyduracağına bakıyor. Bu yanlış. Ben yapıyorsam da, başkaları yapıyorsa da yanlış. Yanlışa yanlış demek lazım.

İlmi öğrenmeye çalışıyoruz, o ilmi yapmaya çalışıyoruz. "Ben şunu yaptım, ben bunu yaptım"; yok öyle bir şey. Adabı var, usulü var. "Türkiye'deki tarikatı ben temsil ediyorum" diye bir şey yok. Kimse kendi kendine şey yapmasın, bunlar ilim dalıdır. İlmin adamı olabilirsin, ilmin kendisi olamazsın. İslam dininin mensubu olabilirsin, İslam olamazsın sen.

İslam dininde kimse Allah adına konuşamaz.

Evet, İslam dininde kimse Allah adına konuşamaz. Bu mümkün değil. Peygamber konuşuyordu, o da ayette vardı.

Burada hayli ilginç olaylarla karşılaşıyorsunuzdur.

Evet, hep ilginçtir bizim hayatımız. Adam geliyor, "Senden şifa istiyorum" diyor. Bunu memleketine gidip "Ben gittim, şeyhten sağlık istedim, verdi" diye anlatıyor. Ya o yanlış, belki şeyh de yanlış yapar. Mesela gelip "Senden çocuk istiyorum, çocuk ver" diyorlar. Bu nereden kaynaklanıyor? Hepsi bu yasaklardan. Bırakmıyorlar ki dinimizi öğrenelim. Sonra ne oluyor? Televizyonlardan "Allah baba günahımı çıkar" demeyi öğreniyoruz.

Dini ticaret aracı olarak kullanıyorlar.

Nefret ettim, inan ki artık kitaplardan da nefret ettim. Artık öyle ticari meta oldu ki Saygı Bey, yani kitap çıkarıyorsan tamam geçimini sağla, ama insanlar fayda görsün o kitaptan, ilim irfan öğrensin.

Şimdi en kolay kullanılacak şey din. Onların hepsi cahillikten geliyorlar, ne medrese eğitimi gördüler ne ilahiyat; ilahiyat demeyeyim de o da çok karışık.

Dini kullanıp da ahlaksızlık yapanlara ne demeli?

Kanunlarımızı bu duruma elverişli hale getirdiler. Dikkat ederseniz tıpta da öyle; dürüst doktorlar iş yapamıyor, şaklabanlık yapanlar iş yapıyor. Öbürleri gerçek âlimler de açlıktan köprülerin altında ölüyorlar, değil mi? Başka mesleklerde de böyle. Gerçekten mesleğini seven, "İşimi yapmak istiyorum" diyen bir insan bulmak çok zorlaştı. Her zaman maddeye ihtiyacımız varsa maneviyata da ihtiyacımız var. Maneviyat maddiyattan daha kıymetli bir şey. Onun için çok rahat istismar edilebiliyor.

"Ticari işleri olmadığını söyleyen yalan söyler"

Dini kullananlar da çok mu?

Evet, çok var çok. Ama bu bizi ilgilendirmiyor. Herkes kendini güzel göstermek istiyor. "İşte ben ticaret yapmıyorum, Allah rızası için bir hırka" diyor. Yalan konuşuyorlar. Hepsinin ticarethaneleri var. "Yapmak zorunda" demiyoruz; yapsın ama dürüst olsun. "Ben arazimden geçiniyorum" diyorlar. Yok öyle bir şey. Ben tarlayla geçineceğim ama Mercedes'e bineceğim. Bu mantıklı mı yani? İnsan biraz yalan konuşur da biraz da doğruluk payı olsun. Ya, yok öyle bir şey. Yani dürüst olmak lazım. Hepsi ticaret yapıyorlar. Vakıfları, dernekleri var. Bizim de var. Tanıdıkları var. İşte onlara "Buna yardım edin" diyorum; ediyorlar. Etmek zorundalar. Etmeseler ben yardım etmeyeceğim ona. Burada vicdanen ben Allah'a karşı sorumluyum. Ha, bunlar devlet tarafından kontrol edilebilir. Etsinler; işleri ne? Devlet onlara maaş veriyor. Onlar da işlerini yapsınlar, burada yolsuzluk varsa üzerine gitsinler. Fethullahçıların yaptığını biz yapmayız. Çünkü onların yaptığı hainlikti.

"Hakiki solcular arasında çok dürüst insanlar var"

Sola bakışınız nasıl?

Davasına sağlam olan insanları severim. Mesela, Türkiye'de

solu seviyorum; gerçekten seviyorum. Hakiki solcular arasında gerçekten çok dürüst insanlar var. Kendi branşının dışına çıkmasınlar. Buna din min işlerini karıştırdın mı dengeleri bozuluyor. "Avrupa'daki sosyal demokratlar ne kadar güzel" diyoruz. Niye CHP'ye oy vermiyorlar? CHP, resmen Almanya'nın Merkel'i gibi. Siz de biliyorsunuz yani niye sosyal demokratlar "İnsan hakları olsun, din vicdan özgürlükleri olsun" diyor? CHP, devleti kuran parti. O zaman güzelleştirin, rahatlatın insanları. Rahat konuşabilsinler, rahat yaşayabilsinler, inançları neyse ateşi yakabilsinler. Aklına yatıyorsa sen de secdeye git; yatmıyorsa başka hiçbir şeye inanmıyorsan inanma. İnanmama özgürlüğü de var.

Bugün deizmin artması, din tüccarlarından değil, dini bilmemektendir. Pireye kızıp yorgan yakmak akıllı bir insan işi mi? Sen, sahtekâr bir dinciye kızıp dinden çıkacaksın. Olmaz. Sahtekâr bir zengine kızıp paradan vazgeçtiğimiz oldu mu? Olmadı. Dolu dolandırıcı var ama yine de parayı seviyoruz, değil mi?

Geçmişte Türkiye'nin de çok hataları var. Kusura bakmayın, yani belki biraz ileri konuşuyorum biliyorum, ama mesela Harf Devrimi bana çok saçma geliyor. Yunanistan'a gittim. Yunan yazısı var, bir de Latin alfabesi var. Ne güzel bir şey. Ben Osmanlıcayı bilseydim kötü mü olurdu? Keşke İngilizceyi, diğer dilleri de bilsem. Bir lisan bir âleme bedeldir.

Rahmetli Yaşar Nuri Öztürk'ü beğenir miydiniz?

Yaşar Nuri Öztürk, bilgili bir insandı. Ama beğenmiyordum. Bazı şeyleri, bakışı farklıydı. Ben, medyatik şeyleri sevmiyorum.

Cübbeli Ahmet Hoca için ne dersiniz?

Bazıları kamera görünce tuhaflaşıyor, doğru konuşmuyor. Örneğin, Cübbeli Ahmet Hoca da öyle. Bir programını seyrettim; yakışıyor mu sana? Televizyonda gazeteci İsmail Saymaz'la tartışıyorlardı. Sen neyi sorguluyorsun? Zaten "Ben şeyhim" diyor. Şeyh olarak konuş. Vakıfları soruyor, dernekleri soruyor. Cübbeli medyayı çok seven, tuhaf birisi. Kendisiyle iki kere görüştük. Tanıyorum. Tanışıklığımız da "merhaba" şeklinde.

Evet, din adına konuşanın temkinli olması lazım.

Evet, din adına konuşan temkinli hareket etmeli. Davan varsa davanı anlat. Bazen belki PKK'lıya saygı gösteriyorum. Adam ölüyor davası için. Ölmek yanlış, ama dava adamı olmak lazım.

Hayvancılık da yapıyor musunuz?

Arazimiz çok. Profesyonelce çiftliğimiz var, sağımhane var. Mesela, bizim sütümüz Avrupa Birliği standartlarına girdi. Fondan da para veriyorlar. Ticaretin hakkını veriyoruz yani. Yapmak lazım Saygı Bey. Bize "Niye ticaret yapıyorsunuz?" diyen de yanlıştır. Millete elini açacağına, ticaret yap, helal kazan. Alan el olma, veren el ol. Bölgede baraj yapılınca, 100 metre sondaj vurulunca su çıkar oldu. 1980'lerde burada ağaç göremezdin. Şimdi yemyeşil oldu. Topraklar verimli. İşte şimdi önünüzde bulunan meyvelerin hepsi buradan. Verimli topraklarımız var. Diğer kardeşlerimiz de ticaretle uğraşıyor. Biz burada 100 aileden fazlayız akraba olarak. Gördüğünüz gibi gelişmiş, teknolojiden faydalanan bir köyüz.

Menzil'de tarikatın görüşlerini öne çıkaran bir kitabevi de var. Semerkand Yayınları tarikatın sesi konumunda.

"Aynı kaptan çorbamızı içen, ekmeğimizi yiyen sofi olur"

Gelenler aynı tencereden çorba içiyorlar. Ekmeği de siz pişiriyorsunuz. Bunun özelliği ne?

Çorba içer, ekmek yerseniz sofi olursunuz. Ekmeğimiz çok kaliteli. Bir ateist, çıkardığımız ekmeği tahlil ettirmiş. Çoğu ekmekte bulunmayan vitaminler olduğu anlaşılmış. Bu ekmeği nasıl yapıyoruz anlatayım: Kendi toprağımızın buğdayı. Buğdayı elemeden, tarladan çıktığı haliyle, yani içindeki otuyla çöpüyle öğütüyor, ekmek yapıyoruz. Buraya gelen herkese iki öğün çorba ve üçer ekmek verilir. Bulgur çorbası verilir. Aynı tencereden kaşıklanıp içilir.

Bu ekmekten yiyenlerin, çorbadan içenlerin kötü alışkanlıklarından kurtulduklarına inanılıyor.

Ekmeğimizde de, çorbamızda da bir gizem yok. Ama "Şeyh uçmaz, mürit uçurur" derler. Gizem yok öyle. Bizim çorbamızı da, ekmeğimizi de çok abartıyorlar. Sevgi de çok acayip bir şey. İnsan bir kıza da âşık olur. Sonuçta altı üstü bir kız. Milletin belki bakmadığı bir kız. Mecnun'a demişler, "Sen Leyla'nın neyine âşık oldun?" Mecnun da, "Gel bir de benim gözümle bak" demiş.

Millet olarak abartmayı çok seviyoruz. Abartıldığı zaman olmuyor. Tasavvuf bilinen şeydir. Herkesin görevi vardır. Burada öyle Mürşitle "Namaz kılın, zikir yapın" diye bir sohbet de yok. Ancak bireysel olarak "Aman oğlum dikkat edin, evladım içki, alkol zararlı. Kendini, aileni düşün. Bu kötülükleri yaparken hiç mi vicdanın sızlamıyor?" gibi konuşmadan konuşmaya fark vardır. Gerçekten samimiyetin en büyük ilaç olduğu tıbben tespit edilmiş. Annenin çocuğu öpmesi ağrı kesici etkisi yapıyor samimiyetten.

Buradaki hayır satış yerlerinde her şey var, değil mi?

Ticarethanedir burası. Lokanta benim ticarethanem; ticaretimi yapıyorum. Beğenmeyen yemez. Orada öyle hayır mayır yok. Menzil'de sadece iki öğün çorba-ekmek, yatmak bedava. Gerisi parayladır.

Belki size enteresan gelebilir: Bugün burada *Sözcü* gazetesi

Ankara temsilciyle beraber olduğumuzu millet görse şaşırır. Ama niye şaşırıyorsunuz? İnsanız konuşuruz, anlaşırız. İnsanın yanlışı olabilir. Zaten "Ben haklıyım" diyenden hayır gelmez. Ben kırmızı ışıkta çok geçmişim. Yanlış, dinen de günah yazılmış. Belki bilmeyerek birinin malını ben yemişimdir. Ama "Ben yememişim" demek çok müthiş bir kelime olur.

"VIP'den güvenlik nedeniyle geçiriyorlar"

VIP'den geçişlerinizle ilgili bir tutanak görmüştüm. VIP'i kullanıyor musunuz?

Havaalanlarında VIP'den geçirildiğimiz zamanlar oluyor. Güvenlik nedeniyle devlet kendisi geçiriyor. Bazen de CIP'den paramızı verip geçiyoruz.

Güvenliğiniz nasıl sağlanıyor?

Biz Allah'a havale ediyoruz. Nöbetçiler, bekçiler, silahlı adamlarımız var. Şahsen benim üç dört tane silahım var. Yani, normal insanız. Bizi Allah koruyor. Tevekkül ediyoruz. Cumhurbaşkanına da suikast yapıyorlar yani. Güvenlik için çok sıkarsan faydası yok. Tedbir de almak lazım; tedbir alacaksın. Dinimizde de o açık.

Nakibüleşraf Kaymakamlığı tarafından seyda olduğunuza ilişkin verilmiş şecere var mı?

Şecerimiz var; Osmanlı mührü var. Diyelim ki yok. Bunu niye böyle abartıyorlar? İlk önce insan olacağını bileceksin. İçkici, kumarcı şeyhler de var. "Erkeksin, insansın o zaman neslin gibi yaşa" diyoruz. Ben Şeyh Abdülbaki'nin değil de başka bir babanın oğlu da olabilirdim. Bununla niye hava atacaksın ki?

"Duamız, Erdoğan için değil, vatanımız milletimiz için"

Oyların tamamının AKP'ye verildiği köyünüzde, AKP hükümetinin beğendiğiniz yönleri ne oldu?

Hükümet yol konusunda iyi. Haberleşme, sağlık alanında gerçekten önemli adımlar atıldı. Adamların hakkını yememek lazım.

Ekonomi için "Bir güzel, bir kötü" diyorlar ama gittikçe de bozuluyor. Biz, düzelmesi için dua ediyoruz. Duamız vatanımız için, milletimiz için; Tayyip Erdoğan için değil.

Savunma sanayii çok iyi yere geldi. Ha yanlışları da çok var. Bana göre Rusya'dan S-400'ler alınması çok doğru karar. Bunlar çıkar meselesi; buraya takılmamak lazım. Bizim ülke çıkarımıza bakmamız lazım. Rusya bir numaralı düşmanımızdı, şimdi dostumuz oldu. Kaz gelen yerden tavuğu esirgemeyeceksin. Ne yapıyorlarsa yapsınlar onlar devletin işi. Memleketin menfaatini korusunlar, memlekete zarar vermesinler. Ekonomi bozuk. Ekmek soğana alışkınız biz, tekrar başa döneriz.

* * *

Yatsı namazı okunmak üzeriydi. Seyda Saki, "Kararınız ne oldu? Bu gece misafirimiz olmayacak mısınız?" Gitmek istediğimi söyleyince, "Yemek yemediniz, hiç değilse kahvesiz de gitmeyin" dedi. Kahvemiz geldi. Vedalaştık. Kapının önünde Şeyh Saki'yi camiye götürecek mollalar ve korumalar gelmişti. Muhtar Yücel Özkan'la, iş insanı Erkan Çakmak da bizi yolcu etmek için aracı bıraktığımız yere kadar geldiler. Menzil'den ayrılık böyle başladı...

Menzil'de kadın olmak

Türkiye'nin herhangi bir ilinde faaliyet gösteren Semerkand vakıf veya derneklerinden biriyle iletişime geçilip, kişinin parası yoksa ve mutlaka gitmek istiyorsa ücretsiz otobüs tahsisiyle Adıyaman'a bağlı Menzil köyünde bulunan "tövbe makamına" gidiliyor. (Tarikat katılımcıları burayı böyle adlandırıyor.) Tövbe makamında kişinin dini inancı ne olursa olsun, her din ve mezhepten kişiler rahatlıkla gidip kabul ediliyor ve inanca göre işlenen günahlar için "tövbe alınıyor" ve İslamiyette yeni bir uhrevi yolculuğa çıkıldığına inanılıyor.

Hz. Muhammed'in son silsilesinden geldiği söylenen, "seyyid-seydi" lakaplarıyla bilinen Menzil tarikat şeyhinin bu soy tarafından ve ilahi kudret eliyle özel güçleri olduğu iddia ediliyor. Cemaate girmiş olanların tövbe makamı ziyaretlerinde doğaüstü kutsanmış niteliklerle dolu bu kişinin durumu, "Eğer şeyh sizi makamına kabul eder ve nazar ederse, tüm işleriniz açılır, ruhsal bozukluklarınız gider, Allah yolunuzda herhangi bir sapma, kopma asla mümkün olmaz" diye açıklanıyor.

Kapı arkasındaki şeyh

Erkeklere ve kadınlara özel ayrı cemaat ritüelleri barındıran Menzil tarikatında katılım tamamen kişinin kendi isteğine bağlı. Zorlama yok. Kadınları sadece kadınlara ait olan bir bölümde tarikat şeyhi tarafından görevlendirilmiş olan "kadın vekiller" kabul ediyor. Kadınlarda tövbe alma işlemi ise tövbe almak isteyen kişilere bazı cümleler tekrar ettirilerek gerçekleşiyor. Şeyh, bazı günler kadınların bulunduğu camiye de gidiyor. Orada tövbe almak isteyenler için bir kadın görevli tarafından ip atılıyor. Tövbe almak isteyen sağ eliyle ipi tutuyor. Bu işlem yapılırken, şeyh kadınları görmüyor. Sadece sesini duyuyor ve toplu olarak şeyhin sözleri tekrarlanıyor.

Tövbe alınmasının ardından belirtilen sekiz şart adabı başlıyor. Gusül abdesti, namaz abdesti ve örtünmenin ardından katılımcı kadınların daha önce eline kâğıtta yazılarak verilmiş duaların okunması, iki rekât namaz kılındıktan sonra da bu kâğıtta yazılı isimlerin ruhlarına hediye edilmesi gereken dua ve dini vecibeler yapılma hususu aktarılıyor.

Gece rüyalanması

Sekiz şart adabı bittikten sonra kadınlara parasız tahsis edilmiş yatakhanede, sağ elini sağ yanağına koyarak sağ tarafa dönük uyuması ve hiç kimseyle konuşmaması öğütleniyor. Çünkü bu ritüelle birlikte kişinin o gece ruhsal yolculuğuyla alakalı uyarıcı bir rüya göreceği belirtiliyor. Buna inanmayan kadınların bile yüzde 90'ı o gece rüya gördüklerini söylüyor. Menzil cemaatinde, rüyayı gören kişi rüyasını ancak kendisiyle ilgilenen "vekil" yetkiliye anlatabiliyor. Tövbe alma işlemi, sekiz şart kuralı ve rüyalanma bittikten sonra kadın "sofi" unvanına erişiyor. Dini vecibeler dersinin ardından kutsal kitap Kuran'ın hatim günleri, zikir grupları ve toplu sohbetlere katılım yolu açılıyor.

Anneler evinde temizlik

Katılımın ücretsiz ve gönüllülük esasına dayandığı Menzil cemaatinde sofi unvanına erişen kadınları bu vekil yetkilileri, "anneler evi" olarak bilinen şeyhin seyyid akraba ve yakınları ile yıllardır bu dergâhta hizmet etmiş kadınların evlerine temizlik, yemek gibi işlerde çalışmaları için davet ediyorlar. Menzilci kadınlardan birinin anlattığına göre, "Anneler evinde çalışmak, hizmet etmek, temizlik yapmak, yemek pişirmek gibi günlük işler oldukça kutsal bir görev. Sofi kadınlar bunu yapabilmek için can atıyor, sıraya giriyor."

Irgatlık erkekler için

Menzil köyüne gidenler tarlada da çalışıyor, hayvan da otlatıyor, caddeleri de, camileri de, evleri de temizliyor. Üstelik bunu yapabilmek için can atıyorlar. Sadece erkek cemaati tarafından gönüllü yapılan tarla, bağ bahçe ekim dikim işleri, ürün hasat ve toplama işlemleri gerçekleşiyor. Kadın cemaati ise yalnızca bu ürünlerin gelen misafir ve cemaat üyelerine yiyecek olarak pişirilip servise hazır edilmesi görevlerini yerine getiriyor.

Şeyh müşkülü

Kadın cemaati erkek cemaatinden ayrı olarak toplu gruplar halinde dert ve müşküllerini ancak şeyh kabulünde arz edebiliyor. Buna "Mübarek nazar etti" deniyor. Eğer şeyh herhangi bir kişinin rüyasına girer ve kişiyi Menzil'e davet ederse ve bu davete kişi icap edip giderse bu durum tarikat üyeleri tarafından büyük bir saygıyla karşılanıyor. "Şeyh sizi özel olarak çağırmış, kendisinden arz ve talepleriniz var ise istekte bulunabilirsiniz, mübareğin size nazar etmesi çok büyük bir kutsallık" deniyor.

Mezarlık ziyaret ve zikir halleri

"Mübarek Gavs Şeyhi"nin aile eşraflarından ahrete göçmüş kişilerin mezar ziyareti, burada yatan kişilerin ruhlarına edilen dua ve zikirler de cemaat üyeleri tarafından son derece önemseniyor. Burada da katılıp katılmamak kişiye bağlı, herhangi bir dayatma yok. Adıyaman'da bulunan mezarlıklar isteğe bağlı olarak ziyaret edilebiliyor. Burada toplu dua veya zikirle bu ruhların şad olduğuna inanılıyor.

Dernek ve vakıf bağışlarıyla molla yetiştiriliyor

Menzil cemaatine bağlı dernek ve vakıfların öğrenci (talebe) bursları da var. Kişi ancak isterse gönüllü olarak bağışta bulunabiliyor. Bu bağışlarla da molla yetiştiriyor. Din eğitimi, Kur'an ezberi olan hafız ve imamlar için hemen hemen her ilde bulunan vakıf veya derneklerin (çoğu zaman Semerkand) belirli aralıklarla düzenledikleri kermes ve etkinliklerden de bu mollalar için finans aktarılıyor. İhtiyaç sahibi talebelerin ihtiyaçları karşılanıyor.

Her ilde evleri var

Menzil cemaatine ait neredeyse her ilde zikir, sohbet ve çeşitli sosyal etkinliklerin gerçekleştiği özel toplanma evleri mevcut. Ev ihtiyaçları tamamen cemaat üyeleri tarafından karşılanıyor. Bu evlerde görev yapan şeyhin "vekil yetkin kişi" olarak atadığı her ilden toplam 8-10 arasında, il nüfusuna göre pay edilmiş 20'ye yakın vekil yetkin sofileri mevcut. Bazı müşkül ve arzular da bu evleri idare eden sofiler tarafından karşılanabiliyor.

Herkes tövbe veremiyor

Menzil cemaati ancak şeyh vekil yetkilisi veya şeyh tarafından tövbe makamı ziyaretlerinde mümkün olabiliyor. Fakat tövbe almak isteyen kişilere de bu evlerde bulunan vekâlet verilmiş görevliler tarafından tövbe verilebiliyor.

Yolu Adıyaman Kâhta'nın Menzil köyüne düşen turistlerle şeyh özel olarak ilgileniyor. Onlara tövbe veren şeyh, İslam dini adına çeşitli bilgi ve özel paylaşımlarda bulunuyor.

"Tövbeden sonra soğuk suyla yıkandık"

Yozgat'ın Sarıkaya ilçesine bağlı köyümüzden de Menzil'e gidenler olduğunu, Menzil araştırması sırasında öğrendim. Gidenlerden biri de kadındı. Niçin gittiğini sorduğumda, bu kitap için şunları anlattı:

> Herkes onlardan bahsediyordu. Merak ettim ve oğlumla beraber gittim. Oğlum erkekler, ben kadınların olduğu taraftaydım. O gün, şeyhin olmadığını söylediler, onun vekâlet verdiği kadın görevliden tövbe aldık. Şeyh eğer o gün orada bulunsaydı, bizleri bir kenarda toplayacak, biz şeyhi görmeden kapı arkasından sesini duyacak, tövbe almış olacaktık. Tövbeden sonra soğuk suyla yıkanmamızı söylediler. Kış şartlarında soğuk suyla yıkandık. Neden soğuk su olduğunu kimse anlamadı. Sormadık da, sadece söyleneni yaptık. Bu durumu dönüşte eşime anlattığımda, "Sakın bir daha gitme. Ne işin var" dedi. O günden sonra bir daha gitmedim, gitmeyi de düşünmüyorum. Benimki bir hevesti.

"Şeyh, bacaklarına masaj yaptırıyordu"

1983 yılıydı. Annesi hacdan dönmüştü. Menzil şeyhinin müritlerinden bir kadın, hacı teyzeyi ziyarete geldi. Birisi haccı, diğeri Menzil'i anlattı. Tarikat mensubu, onu Menzil'e gitmeye ikna etti. Gerisini, o olayı yaşayandan dinliyorum:

> Mürit, annem, babam ve ben birlikte otomobille Menzil'e gittik. O gün şeyhin kadınları kabul günü değilmiş. Bize bu haberi getiren görevliye yalvarıp yakardık ve şeyhi görmemizi sağlamasını istedik. Gitti, geldi ve şeyhin bizleri kabul edeceğini söyledi.
>
> Bir grup kadın odaya girdiğimizde manzara şöyleydi: Şeyh Muhammed Raşit Erol, yer minderine oturmuş, bacaklarının altına yük-

sek yastıklar konulmuş, iki kişi de dizlerine masaj yapıyordu. Bizimle birlikte odaya en önde giren kadın yere oturup adeta emekleyerek, dizlerinin üzerinde şeyhe doğru yaklaştı. İlk defa gelen bizler böyle bir şeyi bilmiyorduk. Görevli kadın bizim de yerde şeyhe doğru emekleyerek yaklaşmamızı söyledi. Bu durum çok tuhaf geldi bana. Şeyh yüzümüze bile bakmıyordu. Sürünerek yanına giden, eteğini öpüyordu. Şeyh bir şeyler söylüyordu ama heyecandan ne söylediğini bile anlamadım. Şeyhin eteğini öptükten sonra bu kez yine dizlerimizin üzerinden geri geri gittik. Çok etkilendim, hatta korktum.

Otomobile bindik. Adıyaman'a doğru ilerledik. İnanın yolda kimse kimseyle bir kelime bile konuşmadı. Ne zaman Adıyaman'a 10 kilometre kaldığına ilişkin tabelayı gördük, o zaman konuşmaya başladık. Ben böyle bir tablo beklemiyordum. O günden itibaren Menzil tarikatıyla bir bağım kalmadı.

Bikinili müritler de var

Tarikat her meslek erbabı tarafından ziyaret ediliyor. Bu cemaatin müritleri arasında ağır günah işlemiş, sosyal çevresi yüzünden haram ve yasağı tecrübe etmiş kişiler ile saçı açık, plajda mayo giyip güneşlenen kadınlar da var. Tövbe alınan kişiden bir daha günah işlememesi isteniyor. Ancak buna herkes uymuyor. Kişilerin dini vecibelerini eksiksiz yerine getirerek günahtan uzak durdukları bir hayat yaşamaları öğütleniyor.

Örneğin, uyuşturucu ya da alkol bağımlısı veya seks kölesi olan kadınların yolu Menzil'e olduğu gibi Sivrihisar'ın Buhara köyüne de düşüyor.

Menzil ve Buhara'ya çok sayıda kadın gelmesine rağmen, bunlar çok zorunlu olmadıkça camiden ya da kaldıkları yatakhaneden dışarı çıkmıyor. Çıkanların da kapalı olduğu görülüyor.

Menzil'de CHP'ye daha çok oy çıktığı zamanlar

Her seçimde Menzil köyünden hangi siyasi partiye oy çıkacağı merak edilirdi. 1980 yılına kadar Süleyman Demirel'in lideri olduğu Adalet Partisi'ne ya da Necmettin Erbakan'ın genel başkanlığını yaptığı Milli Selamet Partisi'ne daha çok oy çıkması beklenirdi ama tam tersi, CHP adayları daha çok oy alıyordu. Bunun da ilginç bir hikâyesi vardı.

Ünlü politikacı ve Avukat Dengir Mir Mehmet Fırat'ın amcasının oğlu ve eniştesi Mehmet Kubilay, Menzil köyündeki arazilerini yaklaşık 500 bin lira karşılığında Şeyh Muhammed Raşit Erol'a satmıştı. Alınan arazi yaklaşık 3.000 dönümdü. Şeyhin bu parayı verecek maddi gücü yoktu. O paranın yarısını "sofi"lerden topla-

Toplam Sandık Sayısı:	4	** Sandıklardaki Kayıtlı Seçmen Sayısı:	1.138	Oy Kullanan Seçmen Sayısı:	1.050
Kayıtlı Seçmen Sayısı:	1.138	* Seçime Katılma Oranı:	%92,27	Geçerli Oy Sayısı:	1.045
KAHTA Meclis Üye Sayısı:	5			Geçersiz Oy Sayısı:	5

(* Seçime Katılma Oranı, "Oy Kullanan Seçmen Sayısı" nın "Kayıtlı Seçmen Sayısı" na bölünmesiyle elde edilmiştir.)
(** Cezaevi olan yerlerde "Sandıklardaki Kayıtlı Seçmen Sayısı" na cezaevi kayıtlı seçmen sayısı dahil edilmiştir.)

İlçe Sandık Bilgileri Tablosu

Bilgi	İl Adı	İlçe Adı	Mahalle/Köy	Sandık No	* Tutanaklar	SAADET	BTP	VATAN PARTİSİ	BBP	CHP	AK PARTİ	MHP	İYİ PARTİ	HDP	OSMAN KARAMAN
						0	0	0	2	0	1.036	7	0	0	0
ⓘ	ADIYAMAN	KAHTA	MENZİL KÖYÜ	1260	SST SDC	0	0	0	1	0	268	0	0	0	0
ⓘ	ADIYAMAN	KAHTA	MENZİL KÖYÜ	1261	SST SDC	0	0	0	1	0	254	1	0	0	0
ⓘ	ADIYAMAN	KAHTA	MENZİL KÖYÜ	1262	SST SDC	0	0	0	0	0	257	4	0	0	0
ⓘ	ADIYAMAN	KAHTA	MENZİL KÖYÜ	1263	SST SDC	0	0	0	0	0	257	2	0	0	0

1 > »

Menzil köyünde seçimlerde kullanılan oy dağılımını araştırdığımızda CHP'nin ve diğer partilerin sıfır çektikleri görülüyor.

dı, kalan 250 bin lirası için de senet düzenlediler. Senedin karşılığını ödeme zamanı geldiğinde, Erol borcunu ödedi ancak senedi istemedi. Senet Mehmet Kubilay'da kaldı.

Menzil köyünden, CHP'ye yüksek oy çıkması en çok Dengir Mir Mehmet Fırat'ın canını sıkıyordu. Yörede anlatılanları aktarayım: Mir Dengir Fırat, amcasının oğlu ve eniştesi Mehmet Kubilay'dan senedi alıp icraya koydu. Şeyhin evine icra gidince şoke oldular. Hukuken de ödemeleri gerekiyordu. Siverek'te Bucak aşiretinin liderlerinden Hakkı Bucak devreye girdi, aracılık yaptı ve o alacaktan vazgeçilmesini istedi. Böylece alacak ortadan kalkmış oldu. O günden sonra Menzil köyü, Mir Dengir Fırat'ın mensubu olduğu Adalet Partisi'ne oy vermedi. Genelde oylar CHP'ye ya da Selamet Partisi'ne çıktı. Aleyhlerine dava açılmasını hiç unutmadılar, "Biz Dengir'in olduğu partiye oy vermeyiz" dediler.

Bu durum, 1980 darbesine kadar devam etti. Darbeden sonra Türkiye değişmiş, yeni siyasi partiler kurulmuştu. Menzil şeyhi ile Mir Dengir Fırat ailesi arasındaki kırgınlık da geride kalmıştı. Artık, yapılan seçimlerde, referandumlarda AKP hep "tulum" çıkarıyordu. Bazı seçim ve referandum sonuçlarına resmi belgelerden bakıyoruz:

- 12 Eylül 2010 halkoylaması: Seçimde Menzil köyünden 439 kişi katıldı. Oy kullananların tamamı halkoylamasında "Evet" oyu kullandı. "Hayır" diyen bir kişi bile çıkmadı.
- 12 Haziran 2011 genel seçimi: İki sandıkta oy kullanıldı. AKP 448 oy aldı, o dönem genel başkanlığını Numan Kurtulmuş'un yaptığı HAS parti 5 oy, MHP 5 oy, Saadet Partisi 2, Büyük Birlik Partisi ise 1 oy aldı.
- 1 Kasım 2011 genel seçimleri: Bu kez Menzil köyünde üç sandık konuldu. AKP'ye birinci sandıkta 276, ikinci sandıkta 283, üçüncü sandıkta 278 oy çıktı. O köyde, başka hiçbir siyasi partiye oy verilmedi ve hepsi sıfır çekti.
- 30 Mart 2014 İl Genel Meclisi seçimi: Menzil köyünde AKP 618 oy aldı. Büyük birlik Partisi 5 oyla ikinci, MHP ise 2 oyla üçüncü parti oldu.
- 10 Ağustos 2014 cumhurbaşkanlığı seçiminde Menzil köyünde

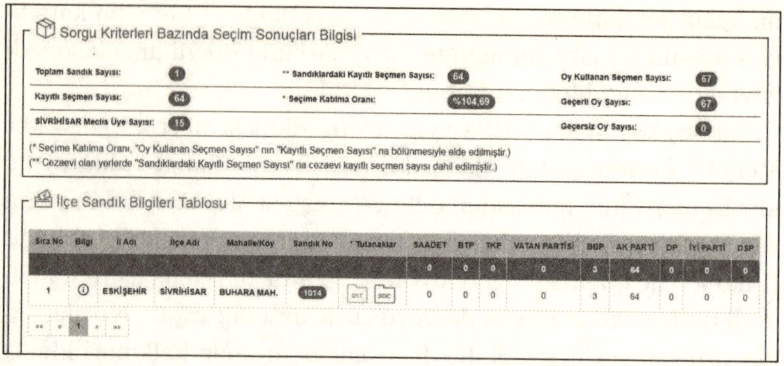

Sorgu Kriterleri Bazında Seçim Sonuçları Bilgisi

Toplam Sandık Sayısı:	1	** Sandıklardaki Kayıtlı Seçmen Sayısı:	64	Oy Kullanan Seçmen Sayısı:	67
Kayıtlı Seçmen Sayısı:	64	* Seçime Katılma Oranı:	%104,69	Geçerli Oy Sayısı:	67
SİVRİHİSAR Meclis Üye Sayısı:	15			Geçersiz Oy Sayısı:	0

(* Seçime Katılma Oranı, "Oy Kullanan Seçmen Sayısı" nın "Kayıtlı Seçmen Sayısı" na bölünmesiyle elde edilmiştir.)
(** Cezaevi olan yerlerde "Sandıklardaki Kayıtlı Seçmen Sayısı" na cezaevi kayıtlı seçmen sayısı dahil edilmiştir.)

İlçe Sandık Bilgileri Tablosu

Sıra No	Bilgi	İl Adı	İlçe Adı	Mahalle/Köy	Sandık No	* Tutanaklar	SAADET	BTP	TKP	VATAN PARTİSİ	BBP	AK PARTİ	DP	İYİ PARTİ	DSP
							0	0	0	0	3	64	0	0	0
1	ⓘ	ESKİŞEHİR	SİVRİHİSAR	BUHARA MAH.	1014	SST SDC	0	0	0	0	3	64	0	0	0

Buhara köyünde de Adıyaman Menzil'den farklı bir durum yok. Orada da oylar AKP´ye çıkıyor.

oy kullanan 325 seçmenin tamamı Recep Tayyip Erdoğan'ın cumhurbaşkanlığı için oy kullanırken, Ekmeleddin İhsanoğlu ve Selahattin Demirtaş'a hiç oy çıkmadı.

- 7 Haziran 2015 genel seçimi: Bir sandıkta 359, diğer sandıkta 371 oy kullanıldı. Oyların tamamı AKP'ye çıktı. Seçime katılan diğer siyasi partiler yine sıfır çekti.
- 16 Haziran 2017 halkoylaması: Menzil'de sadece 2 hayır oyu çıktı.
- 24 Haziran 2018 cumhurbaşkanlığı seçiminde Recep Tayyip Erdoğan, üç sandıkta da tulum çıkarttı, rakipleri Muharrem İnce ve Selahattin Demirtaş'a birer oy bile çıkmadı.
- 31 Mart 2019 İl Genel Meclisi seçiminde AKP'ye toplam bin 35 oy çıktı. İkinci parti 7 oyla MHP olurken 1 oy da Büyük Birlik Partisi'nindi.

Sivrihisar'da bulunan Menzil'in diğer kolu yani Feyzeddin Erol'un liderliğini yaptığı Eskişehir-Sivrihisar Buhara köyünde seçimlerde nasıl bir tablo çıkmış inceleyelim:

- 10 Ağustos 2010 cumhurbaşkanlığı seçimi: CHP'nin adayı Ekmeleddin İhsanoğlu'na 1 oy çıkarken, Recep Tayyip Erdoğan'a 72 oy çıktı.
- 12 Haziran 2011 genel seçimi: Geçerli 83 oyun 79'u AKP'ye, 4'ü MHP'ye çıktı. Diğer partiler sıfır çekti.
- 7 Haziran 2015 genel seçimi: CHP'ye 1 oy, AKP'ye 2 oy verildi.

Diğer partilere oy çıkmadı.

- 1 Kasım 2015 genel seçimi: Bu kez 1 oy MHP için kullanılırken, 60 oy AKP'ye verildi.
- 24 Haziran 2018 genel seçimi: Muharrem İnce'ye oy çıkmadı. 68 oy Erdoğan'a çıktı.
- 24 Haziran 2018 genel seçimi: Bu seçimde 1 oy MHP'ye çıktı, 67 oy AKP'ye verilirken, diğer partiler yine sıfır çekti.

Eskişehir Büyükşehir Belediye Başkan adayı Prof. Dr. Yılmaz Büyükerşen'e de bu köyden oy çıkmamıştı. Belediye meclis üyeliğine de AKP dışında sadece 3 oy Büyük Birlik Partisi için kullanılmıştı.

Şeyh Muhammed Raşit Erol, başta siyasetin içinde değildi. Ancak, 12 Eylül döneminde zorunlu ikamete tabi tutulması, köylerinin basılması, kuşatılmasından sonra kendilerine yakın gördükleri AKP'ye kitlesel destek vermeye başlamışlardı. Geçmişte, Mir Dengir Fırat'la yaşanan olayı da unutmuşlar, Fırat'ın bulunduğu AKP'ye fire vermeden destek olmuşlardı.

Menzil'e üç grup insan geliyor

Şeyh Abdülhakim kendi halinde bir insandı. Ona "Gavs" diyorlardı. Vefatından sonra büyük oğlu Muhammed Raşit Erol yerine geçti. Raşit Erol'la beraber Türkiye'nin dört bir yanından insanlar gelmeye başladı. Gelenler namaz kılıyor, geçmişteki hatalarından dolayı tövbe edip dönüyordu. Eğer, köyde yapılacak işler varsa gelen "sofi"ler sevap kazanılacağı düşüncesiyle gönüllü olarak tarlalarda çalışıyordu. Bu hizmeti "ibadet" olarak kabul ediyorlardı.

Yörede ilginç olaylar anlatılıyor. Devlette önemli görevlerde bulunanlardan Menzil'e yakın olanlar, yıllık izinlerinin bir bölümünü köyde geçiriyorlar. Buraya gelip koyun otlatan da, tarlalarda, ahırda çalışanlar da var.

Her gün ikindi namazından sonra 40-45 dakika tarikata mahsus "hatim" indiriliyor. Sağlığı elverdikçe Şeyh Abdülbaki Erol, beş vakit namaza geliyor. Menzil'in eski ve bugünkü gelenleri hakkında bilgi sahibi olan bir yöre insanından şunları dinledim:

Eskiden buraya gelenlerin yüzde 70'inden fazlası cahil insanlardı. Ama son yıllarda gelenlerin çoğu okumuş, devlette makam mevki sahibi olmuş. Doktor, subay, öğretmen ve diğer meslek gruplarından insanlar geliyor. Kimisi Allah rızası için bu tarikata mensup olup daha iyi nasıl ibadet yapabileceğinin arayışı içinde. Kimisi de içkiden, kumardan, kötü alışkanlıklardan kurtulmak için burayı çare görüyor. Başka bir grup var ki, onlar işlerini yürütmek için geliyor. Bazısı bürokraside yükselmek, bazısı da devletten iş alabilmek için burayı kullanıyor. Yani, herkesin amacı farklı.

Yörede, Muhammed Raşit Erol'un ticari ve siyasi faaliyeti olmadığı bilinir. Oğlu Feyzeddin Erol da böyle diyor. Onun ölümünü karanlık bulanlar da var. Köyde yaşananları yörenin saygın bir insanından dinliyorum:

Evet, Raşit Erol'un ölümü aslında karanlık bir şeydir. 18 yaşında, Denizli nüfusuna kayıtlı bir kişi, şeyhin arazilerini almak istediği kişilerden birisinin evine gidip, "Ben şeyhi öldüreceğim" diyor. "Nasıl öldüreceksin?" diye sorduklarında, "Bayram günü mihraba bomba koyarım" karşılığını veriyor. Menzil'de neredeyse bir ay kalıyor. Sonra gidiyor. Bir süre sonra bir daha geliyor. "Bombayla çok adam ölür, tabancayla öldürmeye karar verdim" diyor. Buna bir tabanca veriliyor. Son anda, tabancayı kendisine verenlere iade ediyor, yeni planını anlatıyor. "Ben şeyhe zehirli iğne yapacağım" diyor.

Bayram namazından sonra şeyh babası Abdülhakim'in mezarına gitti. Peşinden binlerce kişi geldi. Şeyh sandalyeye oturtuldu, vatandaşlar sıraya girip bayramlaşıyordu. Denizlili çocuk da eğilip şeyhin elini öpeceği sırada onun elinin üzerine iğneyi saplamaya çalışıyor. Ama enjektöre tam basamıyor. Hemen orada adamı yakalıyorlar, jandarmaya teslim ediyorlar.

Olaydan hemen sonra polis tahkikat yapmaya başladı. Polis amirine gidip, "Şeyh iftira ediyor. Müsaade et, ben bunları konuşturayım" dedim.

Gözaltındaki arazi sahibi Hacı Bekir'di. Kendisine, "Hacı Bekir, sen hacısın. Dinine, imanına bu işin gerçeğini anlat" dedim. Bana her şeyi anlattı. O köyden bunların çıkması gerektiğini söyledi.

"Artık aynı yerde olunmazdı" diye konuştu.

Durumu şeyhe anlattım. Bana, "Babam burada yatıyor. Biz burayı terk etmeyiz. Arazilerini bize satsınlar, onlar gitsin. Cemaatten birilerini seçin, ellerini vicdanına koyup fiyat biçsinler. Hatta, sizin tespit ettiğiniz değerin de biraz fazlasını vereceğim" dedi. Sonunda Hacı Bekir, arazisini satıp Menzil'den gitti. Muhammed Raşit, o zehirlenme girişiminden kısa süre sonra hastalandı ve öldü.

"Cemaatin nasıl ikiye bölündüğünün biz tanığıyız"

Konuştuğum aynı kaynak, Menzilcilerin nasıl ikiye bölündüğünü de yakından biliyor. Bize, o bölünmeyi şöyle aktardı:

Şeyh Muhammed Raşit Erol'un garip bir biçimde zehirlenme girişimi ve bunun ardından kısa süre sonra vefatı üzerine, şeyhlik kardeşi Abdülbaki Erol'a geçti. Raşit'in de, Abdülbaki'nin de beşer çocuğu vardı. Aile bir müddet iyi geçindi. Raşit'in çocukları da amcalarının dediğinin dışına çıkmıyordu. Yedi sekiz yıl sonra Raşit Erol'un en büyük oğlu Feyzeddin Erol, Sivrihisar'da arazi aldı ve o da şeyhliğini ilan etti. Böylece cemaat ikiye bölündü. Feyzeddin bilgi olarak amcasından ileridir. Ancak cemaati Menzil'den koparamadı. Abdülbaki, oğulları Seyyid Sait Fettah ile Seyyid Saki'yi halife yaptı. Şeyh vefat ederse, bunlardan birisi yerine oturacak. En kuvvetli kişinin Seyyid Saki Erol olduğu konuşuluyor.

Adıyaman ve Kâhtalılar, Menzilcileri sevmiyor

Semerkand tarım, hayvancılık, meyvecilik, turizm, inşaat, medya şirketleri var. Sürekli inşaat yaparlar. Dünya genelinde müritlerinden yardım isterler. Öz kaynağı, "Dergâh yapılıyor" diye vatandaştan toplanıyordu. Şu anda vatandaşın parasına da ihtiyaçları yok. TÜMSİAD bir Menzil kuruluşu ve 13 bin üyeleri var.

Melleler, bin kadro verdi. Menzil bunlardan altı yedisini köye imam yaptı, bu imamlar Menzil'de oturuyor. Vatandaş bu durumu hiç hoş karşılamıyor. Terör yeri olmamasına rağmen, 18 korucu var. Devlet onların maaşını ödüyor. Yıllarca kaçak elektrik kullanıldı. Bunlar yörede bilindiği için Menzilciler sevilmez.

Orada ne kadar market, lokanta varsa hepsi onların

Kaplıcalarını yaptılar. 1020 ev yaptılar. Beş yıllığına sattılar. Burası sanki saray. Görsen kafayı yersin. O köyde hastane yapıldı. Adıyaman'dan daha fazlası ve birinci kalitesi hep Menzil'de var. Kaplıcaların bulunduğu alanda da marketler, lokantalar bulunuyor. Tabii bunların hepsi şeyhe ait.

Şeyhi görmek için uçakla gelenler olduğu gibi direkt Menzil köyüne sefer yapan şeyhe ait otobüs firması da var. Hem Menzil'de, hem de Buhara'da helikopter pistleri de bulunuyor. Şeyh ailesinden uçakla gelip gidenler VIP'den girip çıkar. Girişte ve indikleri yerde onları mutlaka bir Emniyet mensubu kapıda karşılar.

Haftada iki üç kere gelen uçaklar var. 11'de geliyorlar 3'te gidiyor. VIP'den çıkıp gider. İstanbul'da da Emniyet amiri kapıda karşılar.

Menzil, 15 milyonu kurtarmak için kimden yardım istedi?

Başında sarıkla Şanlıurfa'da bir lokantaya girdi. CHP Şanlıurfa İl Başkanı Hayrettin Cidir de lokantaydı. Yakın ahbabı olan lokanta sahibine, gelen kişinin kim olduğunu sordu. "Bu önemli bir kişi. Kendisi Menzil tarikatının muhasebe müdürüdür. Şanlıurfa'ya gelince kebap yemek için bizim buraya gelir" dedi.

Hayrettin Cidir, bunu öğrendikten sonra, Menzil'in muhasebe müdürüyle sohbet etmek istedi. Konuşmanın yolunu açmak için, "Hocam sizi bir yerden tanıyorum ama, nereden?" diye sordu. Sarıklı kişi yakınlık gösterdi ve aralarında şu konuşma geçti:

– Nur yüzlü birisine benziyorsunuz.

– Ben, Menzil'in muhasebe müdürüyüm.

– Memnun oldum. Allah yaptığınız hayırları kabul etsin. Bir şeyi merak ediyorum, bu kadar büyük gelirleri olan Menzilciler, mallarının zekâtını veriyor mu? Veriyorsa nasıl veriyor?

– Biz yurtlar, pansiyonlar yapıyoruz. Medreselerde okuyan gençlerimiz var. Zekâtlar onlar için harcanıyor. Onun dışında ayrı bir zekât verme yok.

Hayrettin Bey, Semerkand Holding'in sahibi olan Menzil şeyhinin, verdiği zekât konusunda muhasebecisinden ancak bu kadarını öğrenmişti. Bunu anlattıktan sonra, "Size anlatacağım başka bir olay var ki şaşar kalırsınız" dedi. Hayrettin Cidir'i dinliyorum:

> Menzil şeyhinin damadı Gıyasettin, benimle tanışmak istiyor. Karaköprü'deki yerine gittik. Güzel bir Şark odası döşetmiş. Orada, hal hatırdan sonra önemli bir sıkıntısı olduğunu belirtti, "Kimseye anlatmıyoruz ama 15 milyon lira dolandırıldık. Bizim, bu parayı dolandıranlardan almamız lazım. Acaba bu konuda Fatih Bey (Bucak) bize yardımcı olabilir mi? O parayı tahsil eder mi? Bizim o parayı kurtarmamız mümkün değil. Eğer parayı alırsanız 7,5 milyon lirası da sizlerin olsun" dedi. Böyle bir istekte bulunmasına şaşırmıştım.

Hayrettin Cidir, gittiğine, gideceğine pişman olmuştu. "Bunları siz bana ne söylemiş olun, ne de ben bunları duymuş olayım" deyip oradan ayrıldı.

Menzilciler, devlette nasıl yapılanıyor, güçlerini nereden alıyor?

17-25 Aralık 2013 rüşvet, yolsuzluk, kara para iddialarıyla ilgili soruşturmanın hemen ardından başlatılan Fethullahçı oldukları öne sürülen hâkim, savcı, Emniyet mensuplarına dönük operasyondan sonra doğan boşluğu Menzilcilerin doldurmaya başladığı, hatta bazı Fethullahçıların "renk değiştirip" Menzilcilerin arasına katıldıkları anlatılıyordu. Menzilcilerin bürokraside yayılmasını bazı siyasetçiler, "FETÖ gitti, METÖ geldi" diye yorumluyordu.

AKP hükümeti döneminde Menzilcilerin en etkili olmaya başladığı yerin Sağlık Bakanlığı olduğu biliniyordu. Hatta, bakanlıkta üst düzey görevlerde bulunmuş bazı kişilerin, Menzilci olduklarını gizlemedikleri gibi bunu bir övünme aracı olarak da kullandığına tanık oldum. Konuştuğum eski bir bürokrat, Ülkücü kökenli olduğunu belirtti, "12 Eylül 1980 darbesinden sonra fikir, düşünce açıklamak yasaklanınca biz de arkadaşlarımızla Menzil'e gidip geldik. Bir cemaat. Örgüt gibi görmedik. İnanıcımızı yaşadık. Sevdiğimiz tarafı da bu oldu. Bulunduğumuz görevlerde de bir kişi bana Menzil'e gittiğini söylüyorsa onun işini yapmıyorduk. Sorumluluğu aldığımız zaman gereğini yerine getirdik. Tabii atamalarda güvendiğimiz çevrelerden insanları önemli görevlere getirmişizdir" dedi.

Menzilci bakanlar, milletvekilleri ve bürokratların önemli bir bölümü, o görevlere gelmeden önce Menzil'le bağlantılıydı. Öğrencilik dönemlerinde Menzil'le tanışmış, o bağlantılarını devam ettirmişlerdi. Menzilci olanlar, önemli görevlere geldiklerinde, Menzilci kadroları da yükseltti. Dikkat çekmemek için aralarına

Süleymancı, Nurcu, Hak Yolcu gibi gruplardan da göreve getirdikleri oluyordu.

Recep Akdağ'ın bakanlığı döneminde Sağlık Bakanlığı, Menzil'le birlikte anılır olmuştu. Yalnız bakan değil, müsteşar, müsteşar yardımcıları, diğer kritik görevlere getirilenlerin de Menzil'le bağlantıları biliniyordu. Kimisinin Menzil bağlantısı ise Bakan Recep Akdağ'ın gözüne girmek için başladı. Selçuklu Vakfı'nın bazı yöneticileri, Sağlık Bakanlığı'nda Ülkücü görüşe sahip olup da sonradan Menzil cemaatine katılmış birkaç kişiyle toplantılar yaptılar. Turan Buzgan bunlardan biriydi. Büyük Birlik Partisi (BBP) Genel Başkanı Muhsin Yazıcıoğlu'nun önerisiyle genel müdür yapılmıştı.

Sağlık Bakanlığı içinden öğrendiğim ve "Bu işin kare ası" denilen dört ismi kıdem sırasına göre şöyle: AKP eski milletvekili ve iş insanı Vahit Kiler, Müsteşar Nihat Tosun, Turan Buzgan ve Recep Akdağ. Vahit Kiler, siyasi yapılanmayı götürüyordu. Nihat Tosun bürokrasiyi organize ediyordu. Turan Buzgan eğitim konularıyla ilgileniyordu. Recep Akdağ ise bakanlık organizasyonunu gerçekleştiriyordu. Menzilci Recep Akdağ'ın yerinde Hak Yolcuların önde gelen isimlerinden Fahrettin Koca var. Bu grubun da en etkili olduğu yerlerin başında sağlık, hukuk-adliye geliyor. Sağlık Hizmetleri Genel Müdürlüğü tarafından sadece iki hastaneye kadro verildi. Bunlardan birisi Fahrettin Koca'nın bir dönem yönetiminde olduğu Medipol, diğeri ise Menzilcilerin EMSEY hastaneleri. Sağlık Hizmetleri Genel Müdürlüğü kadro vermezse, doktor özel hastanede çalıştırılamıyor. Özel sektörde alınmış ama boş tutulan 36 bin doktor kadrosu var. Özel hastaneler "Alıyorum" dese devlet hastanelerinin çökeceği de biliniyor.

Recep Akdağ, daha göreve gelmeden, bakanlıkla ve bürokratlarla ilgili bilgi ve belge toplamışlardı. Bunun için vakıflar da kullanılmıştı. Gönüllerde Birlik Vakfı ve Selçuklu Vakfı'ndan kendilerine bilgi getirenlerin bir kısmını bakanlıkta, birkaçını da başka bakanlıkta değerlendirdiler. Bakanın ilk icraatı, MHP döneminde atanmış, fikrinde samimi bürokratları üç ay içinde görevden almak oldu. Bu kişiler, alt görevlere verildi.

MHP'li bakan Osman Durmuş'un döneminde atanan genel müdürlerden İsmail Toprak, Tahsin Ecer, Sefer Aycan ile Teftiş Kurulu Başkanı Yaşar Seyfi'yi makama çağıran bakan, kendilerinden dilekçe vererek bakanlık müşavirliğine atanmayı istemelerini, yoksa haklarında soruşturma açılacağını ve dönüşü olmayan cezalar alacaklarını söyledi. Bu, "İstifa etmezseniz, sizin için iyi olmaz" anlamına geliyordu. Bu dört isim, genel müdür olarak girdikleri bakan makam odasından, 10 dakika sonra müşavir olarak çıktılar.

"Dublör"lerin başı yandı, Menzilciler kurtarıldı

Bu dolaylı baskılara bürokratlar boyun eğdi ve kendi istekleriyle makamı boşalttılar. Yerlerine rahatça atamalar yapıl-

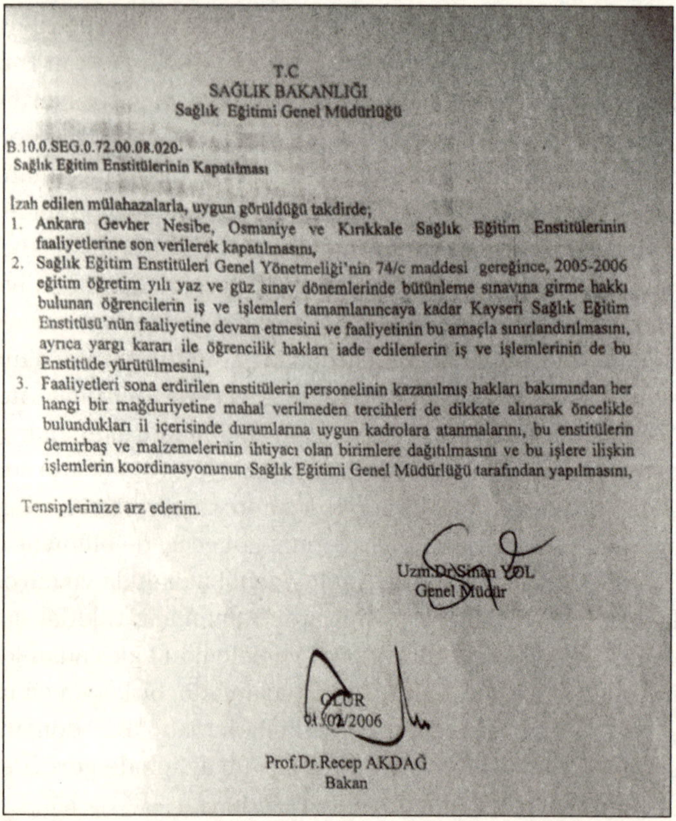

T.C
SAĞLIK BAKANLIĞI
Sağlık Eğitimi Genel Müdürlüğü

B.10.0.SEG.0.72.00.08.020-
Sağlık Eğitim Enstitülerinin Kapatılması

İzah edilen mülahazalarla, uygun görüldüğü takdirde;

1. Ankara Gevher Nesibe, Osmaniye ve Kırıkkale Sağlık Eğitim Enstitülerinin faaliyetlerine son verilerek kapatılmasını,
2. Sağlık Eğitim Enstitüleri Genel Yönetmeliği'nin 74/c maddesi gereğince, 2005-2006 eğitim öğretim yılı yaz ve güz sınav dönemlerinde bütünleme sınavına girme hakkı bulunan öğrencilerin iş ve işlemleri tamamlanıncaya kadar Kayseri Sağlık Eğitim Enstitüsü'nün faaliyetine devam etmesini ve faaliyetinin bu amaçla sınırlandırılmasını, ayrıca yargı kararı ile öğrencilik hakları iade edilenlerin iş ve işlemlerinin de bu Enstitüde yürütülmesini,
3. Faaliyetleri sona erdirilen enstitülerin personelinin kazanılmış hakları bakımından her hangi bir mağduriyetine mahal verilmeden tercihleri de dikkate alınarak öncelikle bulundukları il içerisinde durumlarına uygun kadrolara atanmalarını, bu enstitülerin demirbaş ve malzemelerinin ihtiyacı olan birimlere dağıtılmasını ve bu işlere ilişkin işlemlerin koordinasyonunun Sağlık Eğitimi Genel Müdürlüğü tarafından yapılmasını,

Tensiplerinize arz ederim.

Uzm.Dr.Sinan YOL
Genel Müdür

OLUR
[illegible]/2006

Prof.Dr.Recep AKDAĞ
Bakan

Recep Akdağ'ın Sağlık Bakanlığı döneminde bazı personel mahkeme kararıyla göreve dönüyordu. Akdağ, bazı kadroları tasfiye etmek için okulu bile kapatmayı göze aldı.

dı. Kendi adamlarını asaleten atadıkları görevleri, geçici görevle getirdikleri başkalarına fiilen yaptırdılar. Aslında dolu kadroya vekâlet edilmemesi gerekirken, bunlar adamlarını hukuki sorumluluktan kurtarmak için imza yetkisini geçici olarak görevlendirilen bürokratlara yaptırdılar.

İhalelerde, usulsüz bazı işlemleri geçici görevlere getirilen bürokratlara yaptırdılar. Bu usulsüz işlemlerle ilgili soruşturma açıldığında kendi adamları imzaları olmadığı için soruşturma dışında tutuldu, vekâlet ettirilenler sorumlu sayıldı. Aynı yöntemi hastanelerde de uyguladılar. Kendilerinden olmayan başhekim yardımcılarına yetki devrederek sorumluluk gerektiren ihale, parasız diğer işleri onlara yaptırdılar. Bakanlıkta bu uygulamaya "Dublör kullanma" diyenler vardı. Gerçekten "dublör"lerin başı yandı, Menzilciler kurtuldu. Sağlık Eğitimi Genel Müdürü Bülent Ulutaş, bu uygulamayı kabul etmeyince mahkemelerde perişan oldu.

En az beş yıllık hizmet süresi olan ebe, hemşire, sağlık memuru ve teknisyenlere üç yıl eğitim verip daha nitelikli personel yetiştiren köklü bir eğitim kurumu olan Gevher Nesibe Sağlık Eğitim Enstitüsü'nün başına ne geldiğine bakalım: Bu enstitünün Müdürü Güler Öz'ü görevden aldılar. Mahkeme kararıyla göreve döndü. Tekrar aldılar yine dönünce bu kez, Torba Yasa'ya, Gevher Nesibe Sağlık Enstitüsü'nü ekleyip tamamen kapattılar. Kendilerinin kontrolünde yeni bir yapılanmaya gidildi ve adını da "Hıfzıssıhha Mektebi" olarak değiştirdiler.

Recep Akdağ ve Müsteşar Necdet Ünüvar, göreve başladıktan sonra her genel müdürlüğe Menzilci birkaç kişi atadılar. Onlar kanalıyla o bolümdeki personellerle ilgili bilgiler aldılar ve bu bilgiler doğrultusunda bürokratları şube müdürlerine kadar görevlerinden alarak çok alt görevlere atadılar, onların yerine Menzil cemaatine mensup olduğunu çekinmeden söyleyen kişiler getirildi.

Görevden alınan bürokratlar İdari Mahkeme'den dönüş kararı almalarına rağmen eski görevlerine başlatılmadı, bir başka eski bürokrata karar uygulanarak eski bürokratları karşı karşıya getirdiler. Örneğin, Personel Genel Müdür Yardımcısı Avukat Gür-

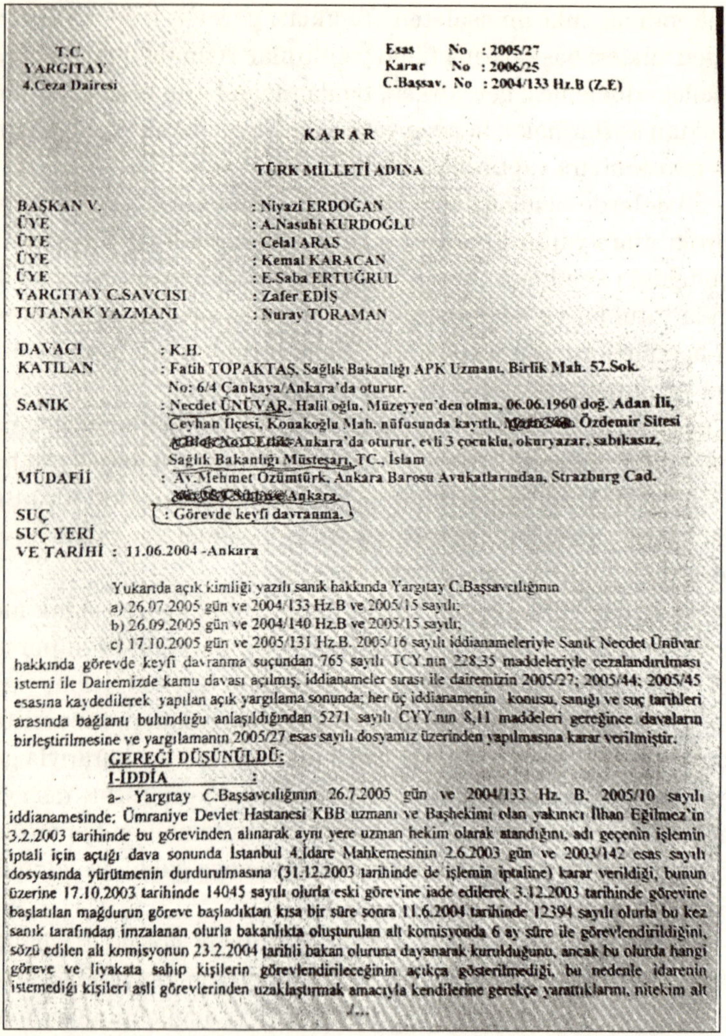

T.C.
YARGITAY
4.Ceza Dairesi

Esas No : 2005/27
Karar No : 2006/25
C.Başsav. No : 2004/133 Hz.B (Z.E)

KARAR

TÜRK MİLLETİ ADINA

BAŞKAN V. : Niyazi ERDOĞAN
ÜYE : A.Nasuhi KURDOĞLU
ÜYE : Celal ARAS
ÜYE : Kemal KARACAN
ÜYE : E.Saba ERTUĞRUL
YARGITAY C.SAVCISI : Zafer EDİŞ
TUTANAK YAZMANI : Nuray TORAMAN

DAVACI : K.H.
KATILAN : Fatih TOPAKTAŞ, Sağlık Bakanlığı APK Uzmanı, Birlik Mah. 52.Sok. No: 6/4 Çankaya/Ankara'da oturur.
SANIK : Necdet ÜNÜVAR, Halil oğlu, Müzeyyen'den olma, 06.06.1960 doğ. Adan İli, Ceyhan İlçesi, Konakoğlu Mah. nüfusunda kayıtlı, [illegible] Özdemir Sitesi [illegible] Ankara'da oturur, evli 3 çocuklu, okuryazar, sabıkasız, Sağlık Bakanlığı Müsteşarı, TC., İslam
MÜDAFİİ : Av.Mehmet Özümtürk, Ankara Barosu Avukatlarından, Strazburg Cad. [illegible] Ankara.
SUÇ : Görevde keyfi davranma.
SUÇ YERİ VE TARİHİ : 11.06.2004 -Ankara

Yukarıda açık kimliği yazılı sanık hakkında Yargıtay C.Başsavcılığının
a) 26.07.2005 gün ve 2004/133 Hz.B ve 2005/15 sayılı;
b) 26.09.2005 gün ve 2004/140 Hz.B ve 2005/15 sayılı;
c) 17.10.2005 gün ve 2005/131 Hz.B. 2005/16 sayılı iddianameleriyle Sanık Necdet Ünüvar hakkında görevde keyfi davranma suçundan 765 sayılı TCY.nın 228,35 maddeleriyle cezalandırılması istemi ile Dairemizde kamu davası açılmış, iddianameler sırası ile dairemizin 2005/27; 2005/44; 2005/45 esasına kaydedilerek yapılan açık yargılama sonunda; her üç iddianamenin konusu, sanığı ve suç tarihleri arasında bağlantı bulunduğu anlaşıldığından 5271 sayılı CYY.nın 8,11 maddeleri gereğince davaların birleştirilmesine ve yargılamanın 2005/27 esas sayılı dosyamız üzerinden yapılmasına karar verilmiştir.

GEREĞİ DÜŞÜNÜLDÜ:

I-İDDİA :

a- Yargıtay C.Başsavcılığının 26.7.2005 gün ve 2004/133 Hz. B. 2005/10 sayılı iddianamesinde; Ümraniye Devlet Hastanesi KBB uzmanı ve Başhekimi olan yakınıcı İlhan Eğilmez'in 3.2.2003 tarihinde bu görevinden alınarak aynı yere uzman hekim olarak atandığını, adı geçenin işlemin iptali için açtığı dava sonunda İstanbul 4.İdare Mahkemesinin 2.6.2003 gün ve 2003/142 esas sayılı dosyasında yürütmenin durdurulmasına (31.12.2003 tarihinde de işlemin iptaline) karar verildiği, bunun üzerine 17.10.2003 tarihinde 14045 sayılı olurla eski görevine iade edilerek 3.12.2003 tarihinde görevine başlatılan mağdurun göreve başladıktan kısa bir süre sonra 11.6.2004 tarihinde 12394 sayılı olurla bu kez sanık tarafından imzalanan olurla bakanlıkta oluşturulan alt komisyonda 6 ay süre ile görevlendirildiğini, sözü edilen alt komisyonun 23.2.2004 tarihli bakan oluruna dayanarak kurulduğunu, ancak bu olurda hangi göreve ve liyakata sahip kişilerin görevlendirileceğinin açıkça gösterilmediği, bu nedenle idarenin istemediği kişileri asli görevlerinden uzaklaştırmak amacıyla kendilerine gerekçe yarattıklarını, nitekim alt

/...

Sağlık Bakanlığı'nda Menzilci kadroları köşe başlarına getirebilmek için diğer bürokratlar tasfiye ediliyordu, ancak buna karşı direnenler de oldu. Mahkeme kararlarını bile uygulamayan Sağlık Bakanlığı müsteşarı hapis cezasına çarptırıldı.

büz Yüksel, haksız ve gerekçesiz, sırf Menzilcilerin istediğini yerine getirmediği için görevden alındı. Yargı kararıyla görevine döndü. Tekrar görevden alındı. Gürbüz Yüksel'in hukuk mücadelesi sonucunda Sağlık Bakanlığı Müsteşarı Necdet Ünüvar, "görevi kötüye kullanmak, yargı kararını yerine getirmemekten" iki kez hapis cezasına çarptırıldı. Ne oldu? Ünüvar'ı kurtarmak için milletvekili yapıldı. Dokunulmazlığı kaldırılmadan af düzenlemesiyle, kesinleşen toplam dört yıllık hapis cezasının infazı ortadan kaldırıldı.

İlk atadıklarından Boğazlıyan eski kaymakamı Abdülkadir Atalık, bakanlıkta müsteşar yardımcılığına atandı, daha sonra ise Çanakkale valiliğine verildi. Oradan da 2011 yılında cumhurbaşkanı tarafından Danıştay'a üye olarak atandı. 2016 yılında yapılan seçimde de Atalık, Danıştay başsavcılığına seçildi.

Cemaat içinde hocalarının, onların deyimiyle "GAVS hazretleri"nin yanında rütbesi, kıdemi yüksek olanlar (böyle anlatıyorlardı) devlette bir alt görevde de olsa diğerlerinin ağabeyi pozisyonundadır ve öyle anılır, ona saygı duymak ve onun dediğini yapmak zorundadır. Abdülkadir Atalık'ın da Bakan Recep Akdağ'ın ve Müsteşar Necdet Ünüvar'ın ağabeyi olduğu, o dönemde sıkça dile getirilmişti. Nihat Tosun'un, bakanı Recep Akdağ'dan; Tedavi Hizmetleri Daire Başkanı Hüseyin Acar'ın da hepsinden üstte olduğu konuşuluyordu.

Bakanlıkta birim sayısı artırıldı. Dolayısıyla unvanlı kadro sayısı da çoğaltıldı. Maliye Bakanlığı'ndan sözleşmeli kadro adında kadro da aldılar. Bakanlık merkez teşkilatında ve taşrada eskisinden iki katı fazla unvanlı kadro ortaya çıktı. Bunlara kendi adamlarını atadılar ama atamadan önce atayacakları kişileri görüşmeye çağırdılar, ellerinden imzalı ve tarihsiz istifa dilekçesini peşinen aldılar. İstedikleri yapılmayınca o dilekçe hemen işleme konuluyordu. Bu yöntemi başlangıçta Menzilciler uyguladı, sonra bu diğer bakanlıklara da yayıldı. Şartları şuydu: "Seni şu göreve atayacağız. Ama biz istediğimiz zaman bu dilekçenizi işleme koyup görevden alabileceğiz. Ayrıca bu göreve geldiğinizde aynı görevde olan devlet memurundan en az iki kat fazla maaş alacaksınız. Aldığınız maaşın bir kısmını (oranını da söyleyerek) cemaatin vakfı olan Semerkand Vakfı'na bağışlayacaksınız. Bununla ilgili maaş alacağınız bankaya bir dilekçeyle (ellerinde hazır olan dilekçeyi göstererek) talimat vereceksiniz ve böylece maaşlarınızdan kesilerek vakfa hibe edeceksiniz. GAVS hazretlerini memnun etmemiz fedakâr olmamıza bağlı" diyerek dilekçe imzalattılar. (Örneğin, büyük şehirlerdeki hastane başhekimlerinin maaşı 16-18 bin lira arasındayken başhekim yardımcısı hastane yöneticileri de buna yakın maaşlar alıyorlardı.)

Ayrıca bakanlığın tüm hizmet gereçlerini çekinmeden cemaate tahsis ettiler. Bakan ve müsteşar makam araçlarıyla GAVS hazretlerini(!) ziyarete gidebildi. Sağlık Bakanlığı'nın Türk Hava Kurumu'ndan kiraladığı ambulans uçaklarına GAVS'ın kısaltılmış hali olan GVS yazıldığı haberleri de yayımlandı.

Diğer kurumlardan veya açıktan atama yoluyla dışarıdan cemaat mensuplarını bakanlıktaki önemli kadrolara atadılar. Bakanlığın mescidi varken her genel müdürlüğün her katında mescit açtılar. Recep Akdağ görevden ayrıldıktan sonra gelen bakanları engelleyerek çalıştırmadılar ve görevden alınmasına sebep oldular.

Bakanlıkta kim, kimdir, hangi görevde bulundu?

1. Sağlık Bakanlığı'nda Menzil cemaatinin yapılanması Recep Akdağ'ın bakan olmasından sonra gerçekleşti. Sağlıkta önemli değişim ve dönüşümün başında olan Akdağ, Menzilci olduğunu hiçbir zaman yalanlamadı ama o kadar hizmetinin sadece Menzil'e indirgenmesine karşı olduğunu da yeri geldiğinde söyledi. O da bakan olduğu dönemde değil, öğrencilik yıllarında Menzil'le tanışmıştı.

Recep Akdağ bakan olduktan sonra Nihat Tosun'u da hızlı bir yükselişle müsteşar yardımcısı ve müsteşar olarak atadı. Nihat Tosun'un cemaate yakınlığını kendi Twitter hesabından paylaştığı mesajlarda da her zaman belli ediyordu. (Menzil liderlerinden Muhammed Saki Erol'un mesajları.)

2. Nihat Tosun'un Trabzonlu olmasını da kullanarak bürokrasideki yerini sağlamlaştırmış, özellikle Efkan Ala'nın ekibiyle kurduğu yakınlık sayesinde de Tayyip Erdoğan'a yakın olmayı bilmiştir. Müsteşarlık yaptığı dönemde birçok hastanenin başhekimine büfe kantinlerinin kiraya verilmesinden tıbbi cihaz alımlarına, hatta birçok inşaat ihalelerinin TÜMSİAD üyesi Menzil tari-

katına mensup işadamlarına verilmesi için telkin ve ricalarda bulunduğu görevde olduğu dönemde hep konuşuldu. Akrabası olan FETÖ'den ihraç edilen Dr. İbrahim Şentürk'ü idareciliğine getirdiği Hudut ve Sahilleri Genel Müdürlüğü'nün büyük meblağlı tıbbi cihaz alımlarını hukuka aykırı şekilde belirli firmalara verilmesini sağladığı, hatta bu aykırılığı aşmak adına Bakan Recep Akdağ'ın onayını alarak satın aldıkları bilinmektedir. Nitekim bu alımlarla ilgili Mehmet Müezzinoğlu sağlık bakanı olduktan sonra soruşturma açtırdığı ve cezaların verildiği, ancak Recep Akdağ'ın ikinci sağlık bakanlığı döneminde soruşturma raporlarını uygulatmadığı ya da yeniden sipariş raporlarla sonuçsuz bıraktığı biliniyor. Ankara Atatürk Eğitim ve Araştırma Hastanesi'ne 2010-2013 yılları arasında kadınlar mescidine alınan ayakkabılığa kadar her şeyi Ankara Siteler'deki Semerkand Mobilya'ya hem de rayicin çok üstünde bedelle aldırdığı da hep konuşuldu.

3. Özellikle 2011 yılı sonlarında Sağlık Bakanlığı teşkilatı 663 sayılı KHK ile yeniden yapılandırıldıktan hastane, il sağlık yönetiminin kariyer ve liyakat gözetilmeden sözleşmeli hale getirilmesinden sonra Menzil'e yakın insanlar bu yerlere daha kolay atandı. Nitekim kendilerine yakın yöneticileri bu şekilde belirledikten sonra hastanelerin ihalelerinin cemaate yakın işadamlarına verilmesi daha kolaylaşmıştı. 24 Ocak 2013 tarihindeki kabine değişikliği ile Mehmet Müezzinoğlu sağlık bakanı olduktan sonra Nihat Tosun'a yakınlığı olan firmaların ihalelerini iptal etti.

Müezzinoğlu bakan olduktan sonra Sağlık Bakanlığı merkez ve taşra teşkilatında hâkim olan Menzil tarikatı mensupları, Nihat Tosun'un müsteşarlıktan, diğer bürokratların da görevlerinden alınmaması için yoğun çaba sarf etti. Mehmet Müezzinoğlu'nun başarısız olmasını sağlamak üzere pasif direniş yaparak işleri yavaşlattılar. Bakan Müezzinoğlu çalışamaz noktasına getirildi, bakanlık adeta kilitlendi. Diğer yandan etkili oldukları basın ve sosyal medya hesaplarından Müezzinoğlu ve getirdiği bürokratları itibarsızlaştırma, Menzil mensubu bürokratları ve Recep Akdağ'ı başarılı gösteren yayınlarla kabine revizyonunda Menzilci bir bakan getirilmesi beklentisi içinde kadrolarını firesiz muhafaza düşüncesiyle hareket ettiler.

Ahmet Davutoğlu Haziran 2015 seçimleri sonrası kabine listesini Recep Tayyip Erdoğan'a mesafeli ya da ihtilaflı isimlerden oluşturmaya çalıştı. (Recep Akdağ'ın domuz gribi aşı alımları ve aşı kampanyasında da Erdoğan'ın karşı çıkışı, şehir hastaneleri ihalelerinin Menzil çerçevesinde yapılmaya çalışılmasının fark edilerek Danıştay tarafından iptali, bu sırada Recep Akdağ'ın bakanlıktan alınması, yerine gelen Müezzinoğlu'nun şehir hastaneleri ihalelerini yeniden yapması nedeniyle Menzil tarikatında Erdoğan'a karşı bir hoşnutsuzluk oluştu.) Davutoğlu tarafından tekrar sağlık bakanı olarak kabineye alınmaya çalışılan ancak Cumhurbaşkanı Erdoğan tarafından listeden çıkarıldığı bilinen Recep Akdağ, Binali Yıldırım'ın kurduğu hükümette tekrar sağlık bakanı olarak görevlendirildi. Mehmet Müezzinoğlu tarafından Menzilci bürokratlar (Müsteşar Nihat Tosun, yardımcıları, Kamu Hastaneleri Kurumu Başkanı Hasan Çağıl, İlaç ve Tıbbi Cihaz Kurumu Başkanı Dr. Saim Kerman, Hudut ve Sahilleri Sağlık Genel Müdürü Dr. İbrahim Şentürk ve diğerleri) hakkında açılan soruşturmaları engellemek, sonuçlanan soruşturmaları da yeniden inceleterek yargılanan Menzilci bürokratlar lehine mahkemelerde delil oluşturarak berat etmelerine yönelik çabalar içine girildi.

Nihat Tosun'un akademik unvanı ise bakanlığa idareci olarak geçtiğinde doçent olduğu ve müsteşar olmadan hemen önce hastanesi olmayan Düzce Üniversitesi Tıp Fakültesi'nden profesör akademik kadrosu ve unvanı aldı. Görevlendirme ile Sağlık Bakanlığı'nda görevine devam etti.

Kendi aralarında da müthiş mücadeleler yaşandı

4. Recep Akdağ hem atamaları hem da bakanlığın tüm alımlarını yürütme görevini Nihat Tosun'a vermişti. Bundan rahatsız olan ve bir zamanlar Menzil'e yakınlığıyla bilinen dönemin İstanbul İl Sağlık Müdürü Dr. Mehmet Bakar'la büyük çekişme yaşadı. Tayyip Erdoğan'a yakınlığı bilinen Mehmet Bakar, İstanbul gibi büyük bir ilde hastanelerin alımlarına ve personel atamalarına müdahale etmek isteyen Nihat Tosun'a karşı çıktı. Sonunda, Bakar görevinden ayrıldı.

5. EMSEY (Emret Seydam) hastanesinin menzil cemaatine ait olduğu bilinmesine rağmen bu hastanenin kurulması ve ruhsat alınması işlemleri bakanlık bürokrasisinde hiçbir engele takılmadan hızla gerçekleşti.

6. Recep Akdağ bakanlığın tüm teşkilat yapısını değiştirdikten hemen sonra 2012'de Ankara Yaşamkent'te Atatürk Hastanesi'ne yüksek bedelle on yıllığına rezidans bina kiralattı. Bu binanın yapıldığı yerin arsa sahiplerinin kendisine ve Menzil'e yakın işadamları olduğu (Coşkun Kuyumculuk) biliniyordu. Bina, kiralandıktan sonra iki yıl boş bırakıldı. *Sözcü* ve *Cumhuriyet* gazetesinde haberlere, ayrıca Meclis'te soru önergelerine konu olan bu skandal sonrası bakanlığa gelen Müezzinoğlu, binayı sözleşme bitmeden boşalttırdı ve ilgililer hakkında soruşturma açtırdı.

7. Menzil liderinin yakın dostu ve aynı zamanda doktoru olan Dr. Ahmet Çağıl önemli bir yere sahipti. 2013'te vefat ettiğinde cenazesi görkemli bir kalabalıkla kaldırıldı. Nitekim Menzil liderinin YouTube'da yeşil cüppe giyerek elinde kırmızı güllerle ilahiler içinde görüldüğü video bu cenaze törenine aitti. Ahmet Çağıl'ın oğlu Dr. Hasan Çağıl Sağlık Bakanlığı'nda müsteşar yardımcılığı, Kamu Hastaneleri Kurumu Başkanlığı, Sosyal Güvenlik Kurumu (SGK) Başkanlığında genel müdürlük ve bakanlık müşavirliği yaptı. Hakkında birçok yolsuzluk iddiası ortaya atıldı.

Dr. Hasan Çağıl'ın Nizip Devlet Hastanesi başhekimi iken birçok ihaleyi Menzil'e çok yakın firmalara verdiği için savcılık tarafından hakkında soruşturma açıldı, ancak bir sonuç çıkmadı. Dr. Hasan Çağıl Ankara-Yaşamkent'teki binayı usulsüz ve çok yüksek kira bedeliyle kiralanması talimatını veren kişiydi. Özellikle Doğu ve Güneydoğu Anadolu'daki birçok hastanenin medikal malzeme alımlarını yapan firmalar Hasan Çağıl ve Menzil'e yakındı.

Enerji yatırımları da olan Çağıl ailesinin dönemin Enerji ve Tabii Kaynaklar Bakanı Taner Yıldız'la da bağlantısı vardı. Yıldız da, kabinenin Menzilci bakanlarındandı. Mehmet Müezzinooğlu Sağlık Bakanlığı'nda Menzil yapılanmasından rahatsızdı, ancak yaklaşık 12 yıl bakanlık yapmış Recep Akdağ'ın gücünü hem bakanlık merkezinde, hem de taşradaki hastanelerde kıramadı. Menzilci bürokratlar Müezzinoğlu'nun başarılı olmasını engellemeye çalıştı. Recep Akdağ'ın tekrar bakan olması için hem bürokraside hem de siyasette kulis yaptılar. Müezzionoğlu'na bu denli tepki verilmesinin nedeni ise bakan olduğunda ilk olarak görevden aldığı yöneticinin kurum başkanı Hasan Çağıl olmasıydı.

Müezzinoğlu bakan olduktan sonra kamuoyuna ve medyaya pek yansımasa da, Sağlık Bakanlığı'nda adeta iktidara başka bir parti gelmiş gibi bir algı oluşmuştu. Yeni bakan, Menzil'in etkisini kırmak için Hasan Çağıl ve Nihat Tosun'u görevden alarak bunu göstermeye çalıştı.

8. Recep Akdağ'ın bakanlığı döneminde özel hastanelerin açılması, ruhsat ve hekim kadrosu verilmesi konusunda etkili isim ise Dr. Şerif Serdar Mercan'dı. Bakanlıkta özel hastanelerden sorumlu genel müdür yardımcılığı görevine gelmeden önce Adana İl Sağlık Müdürlüğü de yaptı. Akdağ bakanlıktan alınınca kendisi de bakanlıktan ayrılıp Özel Acıbadem Hastaneleri'nde koordinatör oldu. Dr. Şerif Serdar Mercan'ı, Recep Akdağ'a öneren ve arkasında duran ise yakın arkadaşı Dr. Hasan Çağıl'dı.

9. Menzil'in Adana sorumlusundan da ismini vermeden söz edeceğim. Başhekim yardımcılığı görevinde bulunan bu kişi, Adana Cumhuriyet Başsavcılığı tarafından 2010 yılında yapılan bir ihaleye fesat karıştırma soruşturmasında hastane müteahhidinin dostu kadının yatağında sabaha karşı Mali Şube polislerince gözaltına alındı. Bu kişi daha sonra bir ilçeye atandı. Menzil köyüne otobüslerle sağlık çalışanlarını götürdü. Polis dinleme kayıtlarında, Menzil köyünden şifreli olarak söz ederken, "Köye çorba içmeye gidelim" diyordu. İhale verdiği bir firmaya Mercedes aldırıp hac parasını da firmaya ödetti. Daha sonra ihaleye fesat karıştırmaktan tutuklandı.

Kişiler cemaatin etki alanını kullanarak kendilerine de menfaat sağladı. Yasadışı faaliyetlerde kamu gücü cemaatsel aidiyetlerin arkasına sığınarak yürütülüyor.

10. İşadamı Eyyup Yıldız, MHP'nin kürsü kurma, seslendirme, aydınlatma işlerini yürütüyor. Yıldız, Sağlık Bakanlığı eski müsteşarı olan Adana eski milletvekili halen Cumhurbaşkanlığı Sağlık Komisyonu üyesi Prof. Dr. Necdet Ünüvar'ın kayınbiraderi.

11. FETÖ'den sonra doğan boşluğu fırsata çevirmek isteyen

Menzil tarikatı, Adalet ve İçişleri bakanlıklarında Menzil'e yakın hâkim, kaymakam ve polis alımlarında ve atamalarında aktif rol alıyor. Bunun için bazı hukukçular devreye giriyor.

Recep Akdağ'ın döneminde Menzil mensubu olduğu belirtilen bürokratlar ve halen bulundukları görevler

Prof. Dr. Necdet Ünüvar: Recep Akdağ bakan olunca göreve ilk getirdiği ve müsteşarlık koltuğuna oturttuğu kişi Erzurum Atatürk Üniversitesi'nden sınıf arkadaşı da İç Hastalıkları Uzmanı Necdet Ünüvar oldu. İkilinin eşleri de arkadaş.

Dr. Orhan Gümrükçüoğlu: Menzilci olan Gümrükçüoğlu 1991 yılına kadar dahiliye uzmanı olarak memleketi Trabzon'da çalıştıktan sonra 1992 yılında İstanbul'a gidip Türk Cumhuriyetlerinde ihtisasa başlayıp naklen gelenlerden. Haseki Hastanesi'nde görev yaparken İstanbul Büyükşehir Belediye (İBB) Başkanı Recep Tayyip Erdoğan'a cezaevine girmemesi için istirahat verdiği için göze giren Orhan Gümrükçüoğlu, 2003 yılında önce İstanbul da Hudut ve Sahiller Sağlık genel müdürü, sonra İlaç ve Eczacılık genel müdürü, Sağlık Bakanlığı müsteşar yardımcısı ve müsteşarı oldu. AKP Trabzon büyükşehir belediye başkanı seçilerek Sağlık Bakanlığı'ndan ayrıldı. Eczacı Kardeşi Sakarya'da 9. Cumhurbaşkanı Süleyman Demirel'e karşı eylem yaptı. Gümrükçüoğlu, son seçimde aday gösterilmedi.

Prof. Dr. Sabahattin Aydın: 1994 yılında İBB'de Sağlık İşleri müdürü iken Van Yüzüncü Yıl Üniversitesi'nde doçentlik kadrosu aldı. Tıbbi cihaz alımı ihalesinde yolsuzluk yaptıkları iddiasıyla dönemin rektörü ve bazı görevliler 14 yıl sonra beraat ettikleri davada, Van YYÜ Hastanesi başhekimi olan ancak davalarda hiç adı geçmeyen Ürolog Dr. Sabahattin Aydın 2002'de Sağlık Bakanlığı'nda bilgi işlemden de sorumlu müsteşar yardımcısı yapıldı. Eşi Sibel Aydın adına kurduğu ortak BİLBEST firması üzerinden Sağlık Bakanlığı hastanelerine program sattı. Gazetelerde "KARI KOCA A.Ş." olarak hakkında haberler çıktı. Dünya Sağlık Örgütü'nde Türkiye temsilcisi yapıldı. Firmayla ilişkisi olmadığını, çok önceden eşinin hisselerini devrettiğini öne sürdü.

Mehmet Ulvi Saran: Menzilci olmamakla birlikte Mülkiye müfettişiyken Sağlık Bakanlığı'na müsteşar yardımcısı olarak atandı. Sonra görevden alındı ve İçişleri Bakanlığı'na gönderildi. Ardından Malatya valiliği, kamu güvenliği müsteşarlığı yaptı. Doktorasını ve doçentliğini Sağlık Bakanlığı imkânlarıyla sağlayan, Saran halen profesör unvanıyla bir üniversitede öğretim üyesi.

Mehmet Atasever: Akdağ'ın bakanlığa atanmasından sonra Erzurum'da önce hastane müdür yardımcılığı ve müdürlük görevinde bulundu. 2005 yılında Sağlık Bakanlığı İdari ve Mali İşler Daire Başkanlığı'na atandı. 2006-2015 yılları arasında Sağlık Bakanlığı Strateji Geliştirme Başkanlığı'na verildi. 2015 yılında Türkiye Kamu Hastaneleri Kurumu başkan yardımcılığına atanan Atasever, görevden alınmasını müteakip 2016 yılında Sağlık Bakanlığı müşavirliğine atandı. Atasever, 26 Nisan 2016 tarihli Bakanlar Kurulu kararıyla Kamu İhale Kurulu üyeliğine atandı.

Abdülkadir Atalık: Kaymakam kökenli. İçişleri Bakanlığı Eğitim Şube Müdürlüğü ve Personel Daire Başkanlığı görevlerinde bulunan Atalık, Recep Akdağ sağlık bakanı olduktan sonra Sağlık Bakanlığı müsteşar yardımcılığına atandı. Pursaklar'da bulunan Menzil dergâhına zaman zaman gittiği bakanlıkta sıkça konuşuluyordu. Atalık, daha sonra Çanakkale valisi oldu. Bu görevdeyken Danıştay üyeliğine, 2018 yılında da Danıştay başsavcılığına seçildi.

Ali Yerlikaya: Kaymakamken Sağlık Bakanlığı'na geçen ve personel genel müdürlüğü görevinde bulunan Ali Yerlikaya da, Menzilci olarak biliniyor. Buradaki görevi devam ederken vali olarak atandı. Gaziantep valiliğinden İstanbul valiliğine verildi.

Ömer Faruk Koçak: Kaymakamken Sağlık Bakanlığı'nda müsteşar yardımcılığı görevine atandı ve yaklaşık 4,5 yıl bu görevde bulundu. 2013'te Elazığ valiliğine, 2015'te Mardin valiliğine, 2016'da Aydın valiliğine atandı. 2017 yılında merkeze alındı.

Necmettin Kılıç: Recep Akdağ'ın, kaymakamken Tedavi Hizmetleri Genel Müdürlüğü Döner Sermaye Daire Başkanlığı'na getirdiği Kılıç, uzun süre bu görevde kaldı. 2009'da valiliğe atandı.

Dr. Saim Kerman: İlaç Eczacılık Genel Müdürü, İlaç Tıbbi Cihaz Kurumu Başkanı Kerman, ilaç ruhsatlarında yapılan büyük çaplı yolsuzluk soruşturmaları sonucu görevden alındı. Ancak, görevden alan Bakan Müezzinoğlu, baskılar sonucu raporları uygulamamak üzere tekrar tekrar inceleme yaptırsa da Saim Kerman'ı tekrar göreve getirmedi.

Kenan Bozgeyik: Recep Akdağ'ın bakan olur olmaz göreve getirdiği ilk isimlerden olan Bozgeyik, 2003-2008 yılları arasında ödenek ve inşaat işleriyle ilgili Sağlık Bakanlığı Araştırma Planlama ve Koordinasyon Kurulu Başkanlığı ve Strateji Geliştirme Başkanlığı görevlerinde bulundu. Bozgeyik hakkında bu dönemde çok sayıda soruşturma yapıldı, adli ve idari işlemler yürütüldü. Sekreterini genel müdür yardımcısı yapması, uzun süre konuşuldu.

Yalçın Ekmekçi: Ankara Bölge İdare Mahkemesi'nde idari yargı hâkimi iken 4 Nisan 2009 tarihinde Sağlık Bakanlığı müsteşar yardımcısı olarak atanan Yalçın Ekmekçi, 2011 yılında Abdülkadir Atalık ile birlikte Danıştay üyeliğine seçildi.

Dr. Ekrem Atbakan: Sağlık Bakanlığı özel kalem müdürü oldu, daha sonra müsteşar yardımcılığı görevinde bulundu.

Dr. Hasan Çağıl: "Şeyhin damadı" olarak bilinen Çağıl, 12 bin dolar maaşla baş saha koordinatörü, sonra SGK'de genel müdürlük, Kamu Hastaneleri Kurumu başkanlığı ve bu görevden alınmasını müteakip emekli olup Pakistan'da, sağlıkta dönüşüm danışmanlığı ve ticaret yapmaya başladı.

Dr. Hakkı Yeşilyurt: Sağlık Bakanlığı'nda müsteşar yardımcılığı ve 12 bin dolar maaşlı baş saha koordinatörlüğü, Kamu Hastaneleri Kurumu başkanlığı yaptıktan sonra görevden alınıp doktor olarak atandı.

Dr. Mustafa Aksoy: Erzurum Mareşal Çakmak Asker Hastanesi'nde anestezi uzmanı olarak albay rütbesinde görev yaparken, ameliyat olan sivil bir hastadan para aldığı iddiasıyla hakkında soruşturma açılmış ve ihraç kararı tebliğ edilmeden emekliliğini istemişti. 28 Şubat mağduru olduğu gerekçesiyle Sağlık Bakanı Akdağ tarafından Ankara Dışkapı Eğitim Araştırma Hastanesi'ne başhekim yardımcısı olarak atandı. 2007 yılında Ankara İl Sağlık müdürü, 2012 yılında Türkiye Halk Sağlığı Kurumu başkanı yapıldı. Tabelalardan "TC" ibaresinin kaldırılması yönündeki genelgesi üzerine Bakan Müezzinoğlu tarafından 2013 yılında görevden alındı. Yıldırım Beyazıt Üniversitesi'nde öğretim üyesi kadrosu verildi. Aksoy'un çocuğu ile Recep Akdağ'ın çocuğu uluslararası sağlık ve tıbbi malzeme, danışmanlık işi yapıyor.

Uz. Dr. Turan Buzgan: 1986 yılında Atatürk Üniversitesi Erzurum Tıp Fakültesi'nden mezun oldu. Enfeksiyon hastalıkları ve klinik mikrobiyoloji uzmanı olan Buzgan, 2004 yılında Sağlık Bakanlığı Temel Sağlık Hizmetleri genel müdür yardımcılığına, 2005 yılında Temel Sağlık Hizmetleri genel müdürlüğüne, 2007 yılında müsteşar yardımcılığına atandı. 2010 yılında doçentlik unvanı alan Buzgan, 2013 Nisan ayında Türkiye Halk Sağlığı Kurumu başkanlığına atandı. 14 Kasım 2013 tarihinde Bakan Müezzinoğlu tarafından görevden alındı. Dr. Turan Buzgan'a da tıpkı diğerleri gibi Van Yüzüncü Yıl Üniversitesi'nden doçentlik, Menzilcilerin ağırlıklı olduğu Yıldırım Beyazıt Üniversitesi'nden profesör kadrosu verildi. Halen bu üniversitede çalışıyor.

Prof. İrfan Şencan: Temel Sağlık Hizmetleri genel müdürlüğü, Sağlık Hizmetleri genel müdürlüğü, Halk Sağlığı Kurumu başkanlığı görevlerinde bulunan Şencan, Ahmet Demircan'ın bakanlığı döneminde görevden alındı.

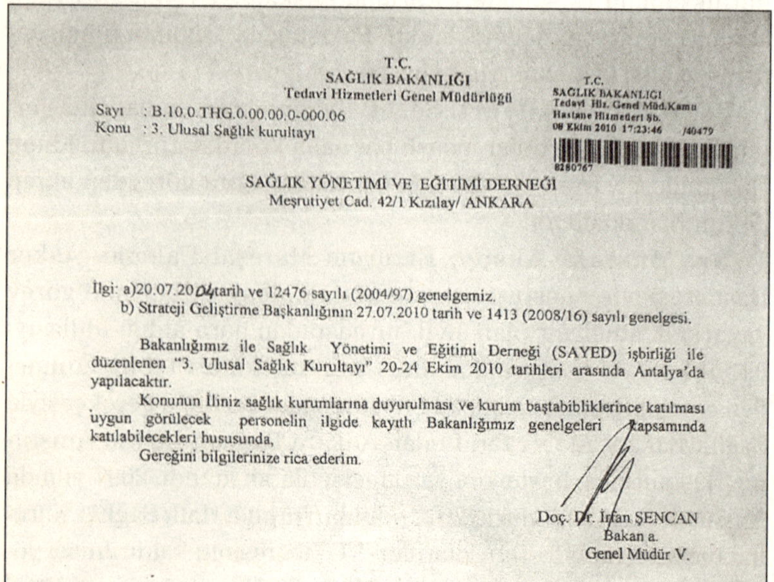

T.C.
SAĞLIK BAKANLIĞI
Tedavi Hizmetleri Genel Müdürlüğü

T.C.
SAĞLIK BAKANLIGI
Tedavi Hiz. Genel Müd.Kamu
Hastane Hizmetleri Şb.
08 Ekim 2010 17:23:46 /40479
8280767

Sayı : B.10.0.THG.0.00.00.0-000.06
Konu : 3. Ulusal Sağlık kurultayı

SAĞLIK YÖNETİMİ VE EĞİTİMİ DERNEĞİ
Meşrutiyet Cad. 42/1 Kızılay/ ANKARA

İlgi: a)20.07.2004 tarih ve 12476 sayılı (2004/97) genelgemiz.
b) Strateji Geliştirme Başkanlığının 27.07.2010 tarih ve 1413 (2008/16) sayılı genelgesi.

Bakanlığımız ile Sağlık Yönetimi ve Eğitimi Derneği (SAYED) işbirliği ile düzenlenen "3. Ulusal Sağlık Kurultayı" 20-24 Ekim 2010 tarihleri arasında Antalya'da yapılacaktır.

Konunun İliniz sağlık kurumlarına duyurulması ve kurum baştabibliklerince katılması uygun görülecek personelin ilgide kayıtlı Bakanlığımız genelgeleri kapsamında katılabilecekleri hususunda,

Gereğini bilgilerinize rica ederim.

Doç. Dr. İrfan ŞENCAN
Bakan a.
Genel Müdür V.

Sağlık Bakanlığı'nda oluşturulan yapı üzerinden önemli kazanç sağlayan dernekler vardı.

Dr. Selahattin Şahin: 2003'te Ankara İl Sağlık müdürü yapılan Selahattin Şahin hakkında çok sayıda yolsuzluk soruşturması açıldı. 2008 yılında AÇSAP genel müdür yardımcılığına atandı. Daha sonra Sağlık Bakanlığı müşavirliğine atanan Selahattin Şahin, Sudan ve Somali'de Sağlık Bakanlığı tarafından açılan hastanelerin satın alma ihale işlerini yürüttü.

Dr. Hasan Irmak: TSK'dan çıkarılan Irmak, Akdağ döneminde Sağlık Bakanlığı'nda genel müdür yardımcılığı yaptı.

Dr. Serdar Mercan: Recep Akdağ tarafından önce Adana İl Sağlık Müdürlüğü'ne, 2007 yılında Tedavi Hizmetleri genel müdür yardımcılığına atanan Mercan, tıbbi cihaz akreditasyon birimi ve özel hastaneler ve tıp merkezlerinden sorumlu oldu. Halen özel hastanede çalışıyor.

Dr. Hasan Bağcı: Recep Akdağ tarafından Tedavi Hizmetleri genel müdür yardımcılığına getirildi. Kendilerine özel alan açarak emekli olup JSI (uluslararası sağlık akreditasyon kuruluşu) Türkiye temsilciliğini aldı.

Dr. Mehmet Bakar: Menzilci olarak bilinen Dr. Mehmet Bakar, İstanbul Haseki Hastanesi'nde uzman doktor olarak çalışırken Recep Tayyip Erdoğan'la tıpkı Dr. Orhan Gümrükçüoğlu gibi rapor vererek başlayan ilişki 2002 sonrası İstanbul İl Sağlık müdürlüğüne atanarak devam etti. Daha sonra Mehmet Bakar İstanbul'da Sağlık Bakanlığı'nda kendi yapılanmasını oluşturdu. Bu durum bakan, müsteşar nezdinde uzun süre "kontrolden çıktı" olarak değerlendirildi. Recep Akdağ, Recep Tayyip Erdoğan'ı ikna ederek Bakar'ı müsteşar yardımcısı olarak atayıp görevinden almak istemesi üzerine, Bakar bir basın açıklaması yaparak görevi kabul etmediğini bildirdi.

Mehmet Müezzinoğlu bakan olunca, Mehmet Bakar'ı müsteşar yardımcısı olarak atadı ve Akdağ'ın ekibiyle mücadele etmesini sağladı. Bakar, bu görevi sırasında İstanbul'da oluşturduğu ekibini Ankara'ya taşımaya başlaması üzerine yaklaşık iki yıl sonra yine görevden alınarak müşavir yapıldı. 2019 başında yaş haddinden emekliye ayrıldı.

Muhammet Gedik: İstanbul İl Sağlık Müdürü Dr. Mehmet Bakar ve Ankara İl Sağlık Müdürü Selahattin Şahin hakkındaki yolsuzluk soruşturmalarını ve diğer Menzil bağlantılı soruşturmaları istenildiği gibi sonuçlandırması üzerine 2005 yılında Sağlık Bakanlığı Teftiş Kurulu başkanı yapıldı. Sağlık Bakanlığı Teftiş Kurulu başkanlığı döneminde (2005-2014) aldığı müfettiş yardımcılarından çoğu daha sonra FETÖ'den ihraç edildi. Sağlık Bakanlığı tarihinde, yönetimin istediği gibi davranmayan çok sayıda müfettiş meslekten atıldı.

Menzil bürokratik ve siyasi yapılanmayı neden sağlık alanında başlattı?

Menzil tarikatı Sağlık Bakanlığı ile başladığı bürokratik ve siyasi yapılanmayı daha ileri taşımaya kararlıydı. Recep Akdağ'ı Abdullah Gül'e takdim ederek tanıştıran ve 2002'de milletvekili ve sağlık bakanı olmasını sağlayan kişi ise Menzil'de "Abi" statüsünde bulunan Taner Yıldız'dı. Taner Yıldız, Kuleli Askeri Lisesi'nden atılmıştı. Yıldız'ın bakanlık dönemini Menzil de iyi değerlendirdi. Denizli bölgesinde Menzil Enerji Şirketleri kuruldu.

İlk olarak Sağlık Bakanlığı'nda yapılanan Menzil, atama ve nakil taleplerini de kullanarak büyük bir güç elde etti. Ayrıca özel adamlarını Cumhurbaşkanlığı'nda ve yüksek yargıda doktor ve sağlıkçı olarak görevlendirdi. Böylece buralarda kulis ve iş takibi yapılmasının yolu açıldı. Yıldırım Beyazıt Üniversitesi ile Sağlık Bilimleri Üniversitesi'nin, kuruluşundan beri Menzil tarikatının kontrolünde olduğu biliniyor.

İstanbul-Kurtköy'de Menzil şeyhi Raşit Erol'un doktoru Ahmet Çağıl adına kayıtlı küçük bir arsa, hazine arazileriyle büyütüldü. Elazığ'da başhekim olan ve daha sonra Kartal Eğitim Araştırma Hastanesi'ne başhekim olarak atanan Hayrettin Yekeler, mesaisinin önemli bölümünü Menzil'in EMSEY hastanesinin kuruluş ve inşaatına yoğunlaştırdı. Cumhurbaşkanı Recep Tayyip Erdoğan tarafından açılışı yapılan Türkiye'nin en lüks özel hastaneleri arasında adı geçen EMSEY'de, Menzil şeyhi için beş odalı bir kat düzenlendi. Hastanenin ilk başhekimi Prof. Dr. Hayrettin Yekeler, yardımcısı Dr. Ömer Çağıl oldu.

Sağlık alanında Menzilci bürokratların yönetimini oluşturduğu Sağlık Turizmi Derneği ve Kamu Özel Ortaklığı Derneği (SAYED) aracılığıyla, bağlantılı oldukları otellerde her birine yılda iki defa düzenlenen panel ve konferanslara tüm illerdeki hastanelerden büyük katılım olması sağlandı. Katılımcıların giderleri kurumları tarafından döner sermaye bütçelerinden ödettirildi. Böylece tarikata ve organizasyona para aktarıldı. Ayrıca tıbbi cihaz, malzeme satan firmalara ve özel sağlık kuruluşları ile hastanelere bu organizasyonlarda tanıtım stantları adı altında yer vererek büyük paralar toplandı.

Adıyaman'ın Kâhta ilçesine bağlı Menzil köyünde kurulan ve 1980 sonrasında adı daha çok duyulan tarikat, alkol ve madde bağımlılarını bu bağımlılıktan kurtarıyor söylentisiyle başladığı büyüme ve mürit kazanma yolculuğunda, temizlik, güvenlik şirketleri, tıbbi sekreterlik ve hasta yönlendirme hizmetleri gibi alanlarda genellikle hastanelere ihale verilen bu şirketlerin çok sayıda işçi çalıştırması Menzil'e istihdam imkânı da verdi. Menzil'in bilişim, medya, enerji, akademik kadrolar, üniversiteler, özel hastaneler, işadamı örgütleri, sivil toplum örgütleri, asker, polis, adalet teşkilatı, yüksek yargı yapılanmaları bazı siyasiler tarafından "yeni bir paralel yapı" olarak yorumlanıyor ve FETÖ'den sonra Sağlık Bakanlığı'nda ve diğer bürokraside Menzilci olmayanların tanımıyla "METÖ", "FETÖ'den boşalan alanı doldurarak Türkiye Cumhuriyeti devletinin gelecekte yeni baş belası olarak yerini almıştır" deniyor.

Menzilcilerin çalışma yöntemini, Sağlık Bakanlığı'ndaki üst düzel bir bürokrat, bu kitap için şöyle anlattı:

> Sağlık Bakanlığı'nda ihale alan müteahhitlere, Menzilci dernek ve vakıflara aldıkları ihalenin yüzde 10'u kadar bağış yaptırıyorlar. Bazen parayı elden alıyor, asla banka yöntemini kullanmıyorlar. Parayı diplomatik dokunulmazlıklarını kullanarak Türkiye'den Arap ülkelerine götürüyorlar. Oradan, sanki yatırım amaçlı sermaye geliyormuş gibi aklayıp Türkiye'ye sokuyorlar.
>
> İnsan kaynağı açısından sağlık bulunmaz bir alandı. Sağlıkla ilgili yüzlerce firma var. Yemek, temizlik, güvenlik, hasta karşılama, tıbbi sekreterlik gibi hizmet alım firmalarıyla hem tarikata in-

san kaynağı sağladılar, hem de mensupları için istihdam alanı oldu. Dolayısıyla sağlıkla birlikte en etkin konuma geldiler. Menzilciler, sağlıkta önemli yerleri ele geçirdikten sonra, cemaatler arası sıkıntıya sebep olmamak için sözde denge gözeterek Fethullahçı, Süleymancı, İskender Paşacı, Hak Yolcu, Nurcu gibi diğer gruplardan da atama yaptılar.

Menzilci olduğunu gizlemeyen, ancak adının açıklanmasını istemeyen eski bir bürokrat ise kadrolaşma iddialarını şöyle cevaplandırdı:

> Sağlık Bakanlığı'nda Recep Akdağ'ın kadrosundan etkin görevde olan kimse kalmadı. Önce Mehmet Müezzinoğlu, ardından Ahmet Demircan, son olarak da Fahrettin Koca, çok büyük darbe indirdiler. Menzil'e gittiğim doğru. Ama "Cİ" değilim. Menzile gidince namazı daha içten kılıyordum. Dini bilgilerim azdı. Orada kendimize göre manevi iklim buluyorduk. Bizim yapımızda insanı sevmeyi, mağdura, mazluma yardım etmeyi bunlardan çok öğrendik. Sağlık Bakanlığı'nda göreve getirilecek kişilerle ilgili istihbarat raporu istiyorduk. Ancak, birçok yer FETÖ'nün elinde olduğu için güven problemi yaşadık. Örneğin, kendi karısıyla yaşayan kişi hakkında, "Başka bir kadınla yaşıyor" denilebiliyordu. Kadrolaşma olunca Menzilcilerin sözü geçmeye başladı. Ama üst yönetimde 200 kişi varsa, bunun ancak 20'si Menzilciydi. Liyakatli davranmaya çalıştık. Eskiden tanıdıklarımız arasından seçilenler oldu. "Bakanlığı Menzilciler yönetsin" diye bir düşüncemiz olmadı.

Tabii bunların gerçeği tam olarak yansıtmadığı da Sağlık Bakanlığı bürokratlarıyla konuştuğumuzda anlatılıyor, ama bakanlıkta bütün bürokratların Menzilci olmadığı, hatta Menzilci olarak bilinenlerin bir kısmının istikbal için öyle göründüğü, bakan değişikliğiyle birlikte onların da değiştiği bilinen bir durum.

Menzilciler, "doldur-boşalt" yöntemiyle kamu personeli sınavına girmeden memur yapılıyordu

Menzil tarikatı tarafından hayati önem verilen Sağlık Bakanlığı, ekonomik ve sosyal güç elde etmenin etkin bir aracı olarak kullanılıyordu. Tarikat, yapılanmasında kendi mensubu, müridi olan kişileri gerekli şart ve donanıma sahip olup olmadıklarına bakmadan bakanlık bürokrasisini tepeden aşağıya değiştirerek kadrolaştı. Bu sırada değiştiremediği, engel gördüğü kişileri de soruşturma baskısı ve tehdidiyle bertaraf etti. Bunlardan biri de, bakanlıklar ve bağlı kuruluşlardaki Teftiş Kurullarında görev yapan müfettişlerin meslek örgütü olan, kuruluşu 1970'li yıllara dayanan 3.500 üyeli Devlet Denetim Elemanları Derneği'ydi (DENETDE). 2000-2011 yılları arasında bu etkili derneğin genel başkanlığını Sağlık Bakanlığı Müfettişi Atılay Ergüven yapıyordu.

Atılay Ergüven, 2002 yılından önce de koalisyon hükümetleri döneminde kamu kurumları ve kamu bankalarındaki kredi yolsuzluklarının krizlere sebep olduğunu, yolsuzlukların devleti hedef

DENETDE başkanına Menzil operasyonu

Sağlık Bakanlığı Teftiş Kurulu, DENETDE Genel Başkanı Atılay Ergüven hakkında soruşturma başlattı. Teftiş Kurulu'nun soruşturma açma gerekçesi evlere şenlik. Kurul, Ergüven'in odasında bulunamamasını gerekçe olarak gösterdi. Kurul Başkan Vekili Muhammed Gedik ve Yardımcısı Haydar Mezarcı tarafından hazırlanan tutanakla başlatılan soruşturmayla birlikte; Ergüven'i suçlayıcı isimsiz bir mektup Sağlık Bakanı Recep Akdağ'a ulaştırıldı. Bunun üzerine Hüseyin Samur ve Ayşe Türkmenoğlu isimli iki müfettiş de söz konusu iddia kapsamında 28 Mayıs'ta Ergüven hakkında soruşturma yapılmasını onayladı. Sağlık Bakanlığı Başmüfettişi olan Atılay Ergüven, 2000 yılından bu yana DENETDE'nin genel başkanlığını yapıyor. Ergüven Ecevit-Bahçeli-Yılmaz Hükümeti döneminde yolsuzlukları, özellikle de kamu bankalarındaki kredi vurgunlarının açığa çıkarılmasında başrolü oynamıştı.

Sağlık Bakanlığı'nda, AKP iktidarıyla birlikte Menzil tarikatı merkezli bir kadrolaşma yaşandı. Bakanlığın Teftiş Kurulu da bu kadrolaşmaya yenik düştü ve kurum içi baskılar had safhaya yükseldi. Son olarak da, bu kadrolaşmaya tepki gösterdiği için tarikatın hedefi haline gelen DENETDE Başkanı Ergüven hakkında komik bir gerekçeyle soruşturma başlatıldı. DENETDE Başkanı Ergüven soruşturma başlatılmadan iki hafta önce bir açıklama yapmış ve AKP Hükümeti'nin denetim kurullarını tasfiye girişimlerini eleştirmişti.

Menzil tarikatının hedefinde Sağlık Bakanlığı'nın bazı müfettişleri de vardı. Atılay Ergüven de Menzilcilerin görevden aldırdığı müfettişlerdendi.

alan tüm yıkıcı, bölücü ve irticai olarak tanımlanan unsurların geçim ve gelişim kaynağı olduğunu, yolsuzlukların Türkiye'nin milli güvenlik sorunu haline geldiğini de yazılı ve görsel medyada sıkça anlatıyordu. Denetim Haftası etkinlikleri kapsamında Anıtkabir özel defterine de bu düşüncelerini yazıyordu.

Ergüven, AKP hükümetinin seçim vaatlerinde belirttiği yolsuzluklarla mücadele, kamu kaynaklarının verimli kullanılması, kamuda ehliyet, liyakat sistemine uyulacağı sözlerine rağmen, bunların tersinin yapıldığını da gündeme getiriyor, mensubu bulunduğu Sağlık Bakanlığı'nda israf ve yolsuzluklar ile yanlış uygulamaları da anlatıyordu. Sağlık Bakanlığı'nda "doldur-boşalt" yöntemiyle, Kamu Personeli Seçme Sınavı (KPSS) ile atama ve görevde yükselme yönetmeliği baypas edilerek, sınavsız atanabilecek istisnai kadrolar kullanılarak özel kalem müdürlüğü gibi yerlere atama yapıldığını, kısa bir süre sonra atanan bu kişilerin şube müdürlüğü ya da başka göreve çekilerek yerine yeniden atama yapıldığını, bu işlemin sürekli tekrar ettirilerek sınav sisteminin dışında işe yerleştirme yöntemi olarak kullanıldığına da dikkat çekiyordu. Böylece Menzilci kadrolar, sınava girmeden devlet memuru olarak atanıyordu.

Ergenekon soruşturmalarının başlamasından hemen önce, Sağlık Bakanlığı'nda başmüfettiş olarak görevli Atılay Ergüven, hakkında isimsiz mektuplarla başlatılan soruşturmalar sonucu Bakan Recep Akdağ'ın talimatıyla görevinden alınarak Polatlı Devlet Hastanesi'ne sayman olarak atandı. Bu, bir Menzil operasyonuydu. Nitekim, o dönem *Aydınlık* gazetesi de "DENETDE Başkanı Atılay Ergüven'e Menzil Operasyonu" başlığı ile haberi duyurmuştu. Bu konu o dönem CHP'den beş, MHP'den üç milletvekili tarafından Sağlık Bakanı Recep Akdağ ve Başbakan Erdoğan'a sorulmak üzere soru önergeleriyle de gündeme getirilmişti.

Görevden alınan Atılay Ergüven'in, mahkeme kararıyla dönüşünün engellenmesi için Sağlık Bakanlığı tarafından hakkında yirmiye yakın soruşturma ve dava açıldı. Hepsi, Ergüven'in lehine sonuçlandı. DENETDE başkanlığını bırakması için yoğun baskılar sürdü. Ergüven 2011 yılında genel başkanlıktan ayrıldı.

Menzilcilere dolarla maaş

Sağlık Bakanlığı'nda 2012 yılında Kanun Hükmünde Kararname (KHK) ile Teftiş Kurulu kaldırıldı, müfettişler kurumlara "denetçi" olarak dağıtıldı. Ortadan kaldırılan müfettişlerin işlevi, bakanlıkta Menzil müritlerinden oluşan, Dünya Bankası üzerinden danışman olarak sözleşme yapılan, maaşları dolarla verilen "saha koordinatörleri"ne verildi. Recep Akdağ, ikinci defa sağlık bakanı olduktan sonra Cumhurbaşkanlığı hükümet sisteminde kabine dışında kalmasının ardından Sağlık Bakanlığı'nda Teftiş Kurulu yeniden oluşturuldu.

Menzil tarikatı Sağlık Bakanlığı vasıtasıyla 17 yılda kamuda önemli ölçüde kadrolaştı. Önce Van Yüzüncü Yıl Üniversitesi, sonra Yıldırım Beyazıt Üniversitesi ve Recep Akdağ tarafından altyapısı oluşturularak kuruluşu sağlanan Sağlık Bilimleri Üniversitesi vasıtasıyla protokoller yapılarak tüm illere yayıldı. Bakanlığa bağlı eğitim araştırma hastanelerinde görevli mürit ve kendilerine yakın doktorlara akademik kadro ve unvanlar verildi. Menzil tarikatı, Sağlık Bakanlığı başta olmak üzere FETÖ ihraçları sonrası boşalan kadrolara da yerleşerek devlet içindeki gücünü sağlamlaştırdı. Yani, FETÖ gitti, yerini METÖ aldı.

Diyanet tarikatlar raporunda Menzil/ Semerkand cemaati için yazılanlar

15 Temmuz 2016 darbe girişiminden önce Diyanet İşleri Başkanlığı'nda tarikatlar arasında da müthiş bir mücadele yaşanıyordu. Bunlardan Fethullah Gülen öne çıkıyor, Adıyaman'ın Kâhta ilçesine bağlı Menzil (Durak) köyünde Muhammed Raşit Erol ise çalışmalarını sessiz sedasız yürütüyordu. Örgütlenme biçimi birbirlerine benziyordu. Erzurumlu olan ve Diyanet'te uzun süre vaizlik yapan Fethullah Gülen, yalnız Türkiye'de değil, birçok ülkede faaliyet yürüterek hızla büyüyordu.

"Kara Ses" olarak bilinen Cemalettin Kaplan da Erzurum'un İspir ilçesindendi. O da, Türkiye'den Almanya'ya gittikten sonra ünlenmişti. 1966 yılında İbrahim Elmalı Diyanet İşleri başkanıydı. Personelden sorumlu başkan yardımcılığına ise Cemalettin Kaplan getirilmişti. Kaplan daha sonra Adana müftülüğüne atandı. Laiklikle uyuşmayan fetvalar veriyordu. 12 Eylül 1980 darbesinden kısa süre sonra emekliye sevk edildi. Almanya'ya gitti. Evren'e gönderdiği videokasetlerle popüler oldu. Almanya'da dernek faaliyetleri yürüterek sözde "Anadolu İslam Federe Devleti"ni kurduğunu açıkladı. Kamuoyu, onu "Kara Ses" olarak tanıdı. Vefatından sonra cenazesi memleketi Erzurum'a getirilip toprağa verildi.

Diyanet, kendi çevresinde olanlara hep sessiz kalıyordu. 15 Temmuz 2016 tarihinde yaşanan darbe girişiminden sonra, Diyanet'te de önemli bir operasyon yapıldı. O dönem 110 bin personeli bulunan Diyanet'ten 3.322 din görevlisi, Fethullahçı Terör Örgütü (FETÖ) mensubu olduğu gerekçesiyle meslekten atıldı. O güne kadar susan Diyanet İşleri Başkanlığı, Milli Güvenlik Kurulu'nda alınan tavsiye kararı doğrultusunda bir rapor hazırladı. Tarikatlarda dikkat çeken husus, liderlerinin farklılık yaratmak için İslam dinine aykırı fikirler savunmaları, yan kuruluşlarla ticarete atılmaları ve en önemlisi de bir süre sonra siyasetin bir parçası olmaları. Bazıları ise radikal fikirleri nedeniyle teröre bulaşmış. Bu tehlikeler raporda da belirtiliyor. İlginçtir, Diyanet'te çalışanlar bile böyle bir raporun Diyanet İşleri Başkanlığı tarafından yazıldığına inanmıyor. Raporun, İstihbarat tarafından hazırlandığı, Diyanet İşler Başkanlığı tarafından yazılmış gibi gösterildiği yorumları yapılıyor.

1970'li yıllarda Menzil'in adı duyulmaya başlanmıştı. Anadolu'nun değişik yörelerinden "kötü huylarından arınmak isteyenler" Menzil'in yolunu tutuyordu. Kimisi esrarı, kimisi içkiyi, kimisi de sigarayı bırakmak istiyordu. Gelenler, "Bize bir iki öğün çorba, yanında üçer küçük ekmek veriyorlar. Tövbe edip dönüyoruz" diyorlardı.

Bunların arasında içkiyi, uyuşturucuyu bırakanlar da oluyordu. Bu durum, Menzil'i daha çok duyulur hale getiriyordu. Diyanet'in raporundan Menzil/Semerkand cemaati hakkında şunlar yazıyor:

> **Tarihçe:** Bu oluşum Nakşibendiliğin Hâlidî kolunun ülkemizdeki uzantılarından biridir. Menzil tarikatı diye de bilinen bu kolun kurucusu Siirt civarından Adıyaman'ın Kâhta ilçesi Menzil köyüne gelip yerleşen Gavs Bilvanisi olarak da bilinen ve Seyyid soyundan geldiği iddia edilen Abdülhakim el Hüseyni ve "Gavsı Azam" mahlaslarını kullanan Abdülhakim Erol'dur. Bu şahıs 1902 yılında Siirt'in Baykan ilçesinde dünyaya gelmiş, 1972 yılında Menzil'de vefat etmiştir. Onun ölümünden sonra yerine oğlu Muhammed Raşit Erol (1930-1993) geçmiş, M. Raşit Erol'un ölümünden sonra da yerine kardeşi Abdülbaki Erol geçmiştir. Bu oluşum, bugün de faaliyetlerini Menzil köyü merkez olmak üzere Türkiye'nin her bölgesinde devam ettirmektedir.
>
> **Öne çıkan görüşleri:** Bir tarikat yapılanması olan Menzil dergâhının dini görüşleri şöyle özetlenebilir:

a. Tarikatın halifeliği iki yolla olur. Birincisi işaretle verilen halifelik, ikincisi de zaruretle verilen halifeliktir; işaretle halifelik, silsiley-i meşayih-i kiramın (büyük zatlar, izzet ve ikram sahibi şeyhler) mana âlemindeki ittifakı ve işaretleriyle verilir. Tabii bu silsilenin başı Hz. Peygamber'dir (s.a.v.). Allahü Teâlâ kimi seçtiyse, mürşid ona hilafet verir.

b. Münkir, mürted, münafık gibi dini terimleri kolayca diğer Müslümanlar için kullanmaktadırlar. Tarikatı tenkit eden veya bazı kabul ve uygulamalarını reddeden kimseye "münkir" denir. Tarikat münkirinden, öz kardeş olsa bile adeta bir aslandan kaçar gibi uzaklaşmak gerekir. Böyle bir kişinin (münkirin) bir lokmasını yemek, kalbin kırk gün manevi gıdasını almasına mâni olur. Kalbi öldürür ve zikir yapamaz hale getirir. Fitnelerinden müridleri korumak amacıyla, böyle münkirlerin gıybetlerini yapmak caizdir.

c. Tarikatta, kalbin selim hale gelmesi üç safhada gerçekleştirilmektedir. Birinci safha manevi kirlerden temizlik, ikinci safha yüksek ahlaklarla güzellik, üçüncü safha ilahî huzura kabul ve Yüce Allah ile özel beraberliktir. Buna da ancak tevbe-i nasûh ile ulaşılabilir, tevbe-i nasûh ise Allah dostlarının yanına gidip, onların manevi terbiyesinde ve kemâlâtlarının himayesinde bulunmak suretiyle elde edilebilir.

d. Takva yolunda imam olan bir arifi sevmek ve desteklemek imanın bir parçasıdır. Mürid, ulaştığı bütün ilahî ilim, feyiz ve nurun kendisine mürşidinin üzerinden geldiğini, bunun için Cenabı Hakk'ın onu vesile ettiğini bilmeli ve kalbini tamamen ona çevirmelidir.

e. En önemli amellerden biri "rabıta"dır. Rabıta, müşahede makamına ulaşmış, ilahî huzurda kabul görmüş, Allah'ın nuru ve edebiyle süslenmiş kâmil bir mürşide kalbi bağlamaktan ibarettir. Rabıtada mürşid ile mürid arasına kimse giremez. Mürşidin sağlığında ondan başkasına rabıta edilmez. Bu iş ortaklık/şirk kabul etmez.

f. Mürşid yani tarikatın lideri olağanüstü, hatta bir anlamda yarı ilahî bir konumdadır. Söz konusu anlayışın yansımalarından bazıları şunlardır:

- Mürid, bir nimetle karşılaşınca onu kendisinin herhangi bir ameline bağlamak yerine, mürşidinin dua ve bereketine bağlamalıdır. Nimetin yaratanı Allah ise de sebebi mürşiddir.
- Her mümin kişi, mürşid-i kâmilini, Allah ve Resulü'nün (s.a.s.) bir emaneti olarak görmelidir. Ona karşı yapacağı hürmetin, aslında Allah ve Resulü'ne yapılan bir hürmet olduğuna inanmalıdır.
- Kamil mürşidin ilahî tecellilere ayna olan kalbi, yeri ve göğü aynı anda seyredecek bir genişliğe sahiptir.
- Allahü Teâlâ, yeri, karayı, havayı, denizi, hayvanları, dostu olan mürşidin emrine verir. O mürşid bunları dilediği zaman istediği gibi kullanır.
- Mürşid, kalpleri halden hale döndüren "Mukallib" ismine mazhar olduğu gibi, insan ile kalbi arasına girebilme sıfatıyla da süslenmiştir.
- Mürid kesin bir inançla, mürşidinden sadır olan her fiilin, sözün, halin, hareketin ve sükûnun Allahü Teâlâ'nın emir ve rızasıyla olduğuna inanmalıdır. Gerçek ihlas da zaten budur. Dolayısıyla mürid, şeyhinin hallerinden birinin şeriata muhalif olduğunu gördüğünde, her ne kadar şeyhine uymayıp şeriatın gereğince amel etmesi gerekirse de, şeyhinin bu halini inkâra da kalkışmaz.
- Şeyhin dini ilimleri tahsil etmiş olması şart değildir; Fâtiha'yı bilmeyen ümmi bir kişi, ilm-i ledün ile mürşidlik mertebesine ulaşabilir.
- Mürid, kâmil bir mürşidi aramak ve onu bulduktan sonra da canıyla malıyla onun kapısında Allah için hizmet etmek zorundadır. Hatta bu yükümlülük, şeyhin evladı ve torunlarına hizmeti de kapsar.
- Mürşid ölünce gerçek anlamda ölmüş olmaz; tasarrufları devam eder.

g. Tarikatın öne çıkan bir anlayışı da şeyhin vesile yani aracı kılınmasıdır. Bu kabule göre Cenab-ı Hak, mürşidi kendisine arz edilecek işlerde bir vesile olmakla görevlendirmiştir. Ancak onun aracılığı ile ihtiyaçlar ilahî huzura arz edilebilir.

Onun Hak katındaki hatırına dertlere çare aranabilir. Sıkıntılardan kurtuluş isteği şeyh tarafından Allah'a sunulur, Allahü Teâlâ da dostlarının duasını kabul eder. Onlar ne isterse verir. Bir işte şefaatçi olurlarsa, dileklerini geri çevirmez.

h. Tarikatın en önemli ritüellerinden biri, Nakşibendiyye tarikatının özellikle Hâlidiyye (Hâlid el Bağdâdî) kolunda uygulanan bir zikir şekli olan hatm-i hâcegândır. Burada dikkat çeken ayrıntı ise şudur: Hz. Peygamber hatm-i hâcegân denen zikrin manevî reisidir ve hatme meclislerine katılır. Oradakilerin dileklerini Allahü Teâlâ'ya Hz. Peygamber ulaştırır.

Faaliyetleri: Menzil Cemaati faaliyetlerini Semerkand Yayın Grubu adı altında Semerkand TV, Radyo 15, Semerkand Yayınevi, Hacegân Yayınevi, *Semerkand* dergisi, *Semerkand Çocuk* dergisi, *Semerkand Aile* dergisi, *Genç Okur* dergisi ile sürdürmektedir. Yayınevleri aracılığıyla hepsi de tasavvufi görüşleri içeren pek çok kitap neşretmiştir. Televizyon ve radyo programları, yukarıda zikredilen görüşleri yoğun olarak işlemektedir. Ayrıca ilgili grubun Semerşah Turizm ve Erşah Turizm adı altında hac ve umre organizasyonu yapan firmaları da mevcuttur. Uzunca zamandan beri bağlıları ve ilgi duyanlar tövbe almak vb. amaçlarla Menzil köyüne gitmekte, buna ilaveten Avrupa'nın pek çok ülkesinde tekke adını verdikleri yerlerde faaliyetlerde bulunmaktadırlar.

Değerlendirme: Menzil grubu ülkemizdeki benzeri yapılar içerisinde en çok taraftara sahip olanlardan biri olarak görülmektedir. Oluşum, Nakşibendî tarikatının devamı olan tasavvufi bir harekettir. Bu tür hareketlerde olduğu gibi şeyh önünde tövbe, zikir, vird, hatme, rabıta, vesile, tevessül, şefaat, cezbe ve himmet gibi konuları öne çıkarmaktadırlar. Aynı şekilde rüya, keramet ve menkıbeye de büyük önem vermektedirler.

Grubun yukarıda sıralanan görüşleri, sahih İslam anlayışıyla bağdaşmamaktadır. Aslında benzer tasavvufi oluşumlarda da görülen bu sakıncalı telakkiler Menzil cemaatinde daha çok vurgulanmakta ve etki sahası daha çok sade halk tabakası olduğu için daha çok yaygınlaşmaktadır. Son zamanlarda Menzil grubunun bürokraside teşkilatlandığı ve kamuda etkinliğini artırdığı yönünde kamuoyunda bir kanaat dillendirilmeye başlanmıştır. Doğru olması halinde bu tezahürün ülkemizde orta ve uzun vadede sıkıntılara yol açacağı değerlendirilmektedir.

Öne çıkan cemaatler neler yapıyor, nasıl büyüyor?

Fethullahçı Terör Örgütü'nün (FETÖ) yerini Menzilcilerin almakta olduğu gündeme getiriliyor, devlet içindeki örgütlenmelerini dikkate alan bazı siyasetçiler "FETÖ gitti 'METÖ' geldi" yorumunu yapıyor. Dünün Fethullahçılarının bir bölümünün "istihbarat dilinde" kullanılan "renk değişimi"ne uğradıkları belirtiliyor. Diyanet Raporu'nda diğer yapılarla ilgili de şu bilgiler yer alıyor:

İSKENDER EVRENOSOĞLU: 1933 yılında İznik'te doğmuştur. İlk, orta ve lise tahsilini Bursa'da tamamlamış, 1956 yılında bugünkü adıyla Marmara Üniversitesi Banka ve Muhasebe Bölümü'nden mezun olmuştur. TKP içinde faaliyet yürütmesi, *Milli Gazete*, *Sebil* dergisi ve *Doğuş* dergisi gibi yayın organlarında yazılar yazması kayda değerdir. İskender Evrenosoğlu'nun öldüğü, ancak taraftarları tarafından bu bilginin gizlendiği iddiaları bulunmaktadır. Yerine Fazıl Nimet müstear ismini kullanan Abdülcabbar Boran'ın geçtiği söyleniyor.

Öne çıkan görüşleri: Evrenosoğlu, kendisinin "Mehdi-resûl" olduğunu iddia etmektedir.

Faaliyetleri: Nur TV, MPL TV, *Mihr* dergisi, Mihr Takvimi, Radyo Nur (91.6), Nur Radyo, Radyo Ankara, Radyo Hidayet Çağı, Radyo Hakkın Sesi, Radio Glueckseligkeit bu grubun basın ve yayın organlarıdır.

Değerlendirme: Evrenosoğlu'nun görüşleri, İslam dininin değişmez esaslarına, Kur'an ve Sünnetin temel hükümlerine kesin olarak aykırıdır.

* * *

İHSAN ŞENOCAK: 1974 yılında Samsun'da doğdu. İlkokuldan sonra hafızlık yaptı. 1994'te Samsun İmam Hatip Lisesi'nden,

1999'da Ondokuz Mayıs Üniversitesi İlahiyat Fakültesi'nden mezun oldu.

Öne çıkan görüşleri: Şenocak, kendisini "Ehl-i Sünnet savunucusu" olarak görmekte ve gelenekte yaygın kabul gören görüşler dışındaki farklı dini görüş ve düşünceleri genellikle oryantalizme hizmet olarak sunmakta ve bazı muhaliflerini "oryantalizmin uşağı" olarak nitelemektedir. Bazı konuşmalarında toplum tarafından yadırganabilecek bir üslup kullandığı gözlemlenmektedir.

Faaliyetleri: Şenocak, 1996 yılında *Yedibeyza* dergisini neşretti. 2005-2010 yılları arasında yayımlanan *İnkişaf* dergisinin genel yayın yönetmenliğini yaptı. *Milli Gazete* ve *Yeni Şafak*'ta müstear isimle yazılar yazdı. 2008'de Tv5'te "Köprü" programını hazırlayıp sundu.

Değerlendirme: Konuşma ve yazıları incelendiğinde, Şenocak'ın dar ve abartılı bir Ehl-i Sünnet yorumunu savunduğu, ümmetin birliği, cihad gibi konulardaki kendine özgü görüşleriyle "aksiyoner bir Müslüman" kimliği oluşturmayı hedeflediği görülmüştür.

* * *

NURETTİN YILDIZ: 1960 yılında Trabzon'un Of ilçesinde doğdu. Öğrencilik yıllarında Milli Türk Talebe Birliği ve Akıncılar Teşkilatı'nda aktif görevler üstlendi. İmam hatip lisesinin ardından, Marmara Üniversitesi İlahiyat Fakültesi'nde bir dönem eğitim gördükten sonra Mekke Ümmü'l-Kurâ Üniversitesi'ne geçiş yaptı. Burada Usul-i Fıkıh Bölümü'nü bitirdi.

Öne çıkan görüşleri: Yıldız, yeni fikirler ortaya koymaktan ziyade bir davetçi ve hatip rolüyle kendisini sunmaktadır. Dinde reforma karşı olduğunu açıkça ifade etmektedir. Hasan el Bennâ ve Seyyid Kutub gibi isimleri örnek almaktadır.

Faaliyetleri: Kitap yayınlama dışında, *Yeni Akit* gazetesinde yazılar yazmaktadır. Geçmişte *Milli Gazete* ve *Milat* gibi gazetelerde yazıları çıkmıştır. Aylık yayınlanan *Altınoluk* dergisinde 2010 yılından beri yazmaktadır. Yine Sosyal Doku Vakfı'nca çıkarılan *Genç Doku* ve *Elifelif* dergilerinde yazmaktadır.

Değerlendirme: Yıldız'ın söylemlerinde öne çıkan dört husus şunlardır: Cemaatçilik-ümmetçilik ve hilafet ideali, kadın konusunda aşırı gelenekçi tavır, üslup kaynaklı sorunlar. İlahiyat fakültelerine son derece muhalif. Özellikle kadın, cinsellik ve aile gibi konularda suiistimale açık söylemlere sahip olduğu da söylenebilir.

* * *

ŞAHIMERDAN SARI (VASAT GRUBU): 1960 yılında Adıyaman'da doğdu. 1978'de İmam Hatip Lisesi'nden mezun olduktan sonra Diyanet İşleri Başkanlığı'nda imam olarak göreve başladı ve 1995 yılında bu görevinden istifa ederek ayrıldı. 1997 yılında Gaziantep Kitap Fuarı'nda İncil basım ve dağıtımı yapan Müjde Yayınevi'ne yapılan bombalı saldırıyı, Şahımerdan Sarı'nın cemaati VASAT'ın yaptığı iddia edilmiştir. Saldırıdan bir gün sonra bombayı atanlar yakalanmış, akabinde de itirafçı sıfatıyla serbest kalmış, Sarı ise örgüt lideri suçlamasıyla tutuklanıp 18 yıl hüküm giymiş ve 10 yıl hapis yatmıştır. 2007'de cezaevinden çıktığında vaaz ve etkinliklerine devam etmiş, tekrar tutuklanacağını öğrenince de Erbil'e kaçmıştır. Erbil'de tutuklanmış olup Türkiye'ye iade edilmemiştir. Yargılama süreci devam etmektedir.

Faaliyetleri: Dini bakımdan marjinal bir görüşü tespit edilememiştir. Ayrıca, devlete karşı herhangi bir söylem veya eylemi gözlemlenmemiştir. Bu haliyle mevcut oluşumun vasat bir yol izlediği müşahede edilmiştir.

* * *

HİZBU'T-TAHRÎR: 1953 yılında Ürdün'de, işgal altındaki Doğu Kudüs'te Filistin asıllı İslam âlimi Takiyuddin en Nebhanî tarafından kurulmuştur. Hizbu't-Tahrir, kurulduktan sonra bölgede faaliyetlerine gayriresmi olarak devam etmiştir. Yasaklanmasına ve çeşitli baskılara maruz kalmasına rağmen Arap coğrafyasında sesini duyurmuş ve toplumsal bir taban oluşturmaya çalışmıştır. Hizbu't-Tahrir faaliyet alanını 90'lı yılların başında genişletmeye başlayarak, Endonezya, Pakistan, Bangladeş'te yapılanmıştır. Hareket, politik/siyasal İslam ilgisini İslam dünyasında yaymaya çalışmaktadır. Körfez Savaşı gibi olayların meydana getirdiği radikalleşmenin etkisiyle Ürdün, Suriye, Kuzey Afrika, Türkiye ve Güney Orta Asya'ya yayılmıştır. Ortadoğu'da baskılara maruz kalan üyeleri Batı Avrupa'da yeni yapılanma yoluna gitmiş, özellikle ikinci nesil göçmenler arasında kabul görmüştür.

Hizbu't-Tahrir mensupları, Sovyetler Birliği'nin çökmesiyle Orta Asya'da yapılanmak için çalışmalara başlamışlar, bu bölgede 90'lı yılların ikinci yarısında hızla genişlemişlerdir. Bu bağlamda Özbekistan ve Kırgızistan'da faaliyetleri dikkat çekmektedir.

Öne çıkan görüşleri: Yapı, hilâfetin yeniden kurulmasının tüm Müslümanlar üzerine farz olduğunu savunur. Bu nedenle yapıya göre, hilafetin kurulması yolunda en ufak bir ihmal dahi büyük bir günah ve isyandır. Allah bu günahı işleyenleri şiddetli bir şekilde cezalandıracaktır.

Faaliyetleri: Hemen hemen bütün dünya ülkelerinde örgütlenen hareket, 1960'lı yıllardan itibaren Türkiye'de de faaliyet göstermeye başladı. Bir grup Ürdünlü öğrencinin Türkiye'ye gelmesiyle toplumsal zemin ve propaganda ortamı buldu.

Değerlendirme: Yapı, İslam'ın fıtrata uygun evrensel bir ideoloji olduğunu vurgulayarak bunu gerçekleştirmek için hilafet ihdasının farz olduğunu dile getirmektedir. Haklarında, küresel güçlerin kontrolü ve desteğiyle faaliyet yürüttüklerine dair iddialar bulunmaktadır.

* * *

MUSTAZ'AFLAR HAREKETİ (HİZBULLAH): Cemaata Ulamayê İslami (İslam Alimleri Cemaati) adıyla 1979 yılında Batman'da ortaya çıkan hareketin kurucusu, 1952 yılı Batman doğumlu, Mülkiyeli Hüseyin Velioğlu'dur. (Velioğlu, İstanbul'da polisle giriştiği çatışmada öldürüldü.) Oluşum, ismini sonradan "Hizbullah" olarak değiştirmiştir. İlim Kitabevi etrafında gelişen oluşum, cami merkezli bir yapılanmaya gitmiştir. Yapı, kendisine öncelikli faaliyet bölgesi olarak Güneydoğu Anadolu bölgesini belirlemiş ve 1990'ların başına kadar medrese hocaları, seydalar, şeyhler ve eğitimli kişilerle temas kurmaya çalışmıştır.

1979-1991 yılları arasında şiddete bulaşmayan hareket, 1991-

2001 arasında taktik değiştirerek esas kabul ettiği Tebliğ, Cemaat ve Cihad aşamalarını terk ederek PKK'ya, kendi çizgisindeki Menzil Grubu'na (Fidan Güngör Grubu) ve bölgedeki bazı kanaat önderlerine yönelik şiddete başvurmuş ve illegal bir hüviyete bürünmüştür.

Hareket, doğal merkezi Diyarbakır başta olmak üzere Bismil, Silvan, Mardin, Nusaybin, Cizre, Tatvan, Adana, Konya ve İstanbul'da 17 Ocak 2000 tarihinde gerçekleşen Beykoz Operasyonuna kadar Velioğlu kontrolünde faaliyetlerini yürütmüştür. Velioğlu'nun operasyonda öldürülmesinden sonra Cemal Tutar, İsa Altsoy ve Edip Gümüş'ün harekete liderlik yaptığı belirtilmektedir.

Beykoz Operasyonu ile devlet, örgütün üyelik arşivini ele geçirmiş ve arşivdeki isimlere yönelik 17 bin civarında tutuklama yapmıştır. Bu tutuklamalarla dağılan hareket, 2004 yılında Mustazaflarla Dayanışma Derneği adıyla dernekleşerek, hem mağdur/mustazaf kabul ettiği tutuklu müntesiplerine ve onların yakınlarına sahip çıkmak suretiyle toparlanmaya başlamış, hem de legal alanda faaliyette bulunmayı tercih etmiştir. Her ne kadar "tağûtî" sistem ve "darülharb" kabul ettikleri devletin denetimine girmek örgüt içinde bazı itirazlara neden olsa da faaliyetlerine devam eden dernek, 2012 yılında Hizbullah'ın devamı olma gerekçesiyle kapatılmıştır.

Mustazaflar Derneği'nin kapatılmasından sonra hem kapatılmasının zor olması hem de propaganda imkânı derneğe göre daha iyi olmasından dolayı hareket, partileşme kararı almış ve 2013 yılında Hür Dava Partisi (Hûda Par) adıyla partiye dönüşmüştür. Mustazaflar Hareketi, hem dernekleştikten hem de partileştikten sonra Hizbullah'ın devamı olma problemi veya ithamıyla karşılaşmıştır.

Öne çıkan görüşleri: Mustazaflar hareketi; akılcılık, mealcilik, tekfircilik ve ırkçılık gibi akım ve düşünceleri prensipte reddetmektedir. Hareket, kendini dini naslara bağlı olarak görmekte ve dinin ahlak, ibadet, itikatla ilgili bütün prensiplerini kabul etmekte, bu prensiplerin ihyasını engelleyen tağuti zulüm rejimlerine karşı mücadeleyi hedeflemektedir.

Faaliyetleri: Mustazaflar Hareketi, 1979-1991 yılları arasında Doğu ve Güneydoğu bölgelerinin medrese, üniversite, lise, ortaokul, işçi, esnaf, memur, köylü bütün kesimlerini içine alan tebliğ, davet, eğitim ağırlıklı çalışmalar yapmıştır. Propaganda için cami dersleri, ev sohbetleri, kitabevleri, Hizbullah'ın tarihçesini anlatan kitaplar, *İnzar*, *Nisanur*, *Kelhaamed* dergileri, haftalık *Doğru Haber* gazetesi, Dua Yayıncılık, İlke Haber Ajansı, web siteleri ve televizyon yayınlarını kullanmaktadır.

Değerlendirme: Hareket, tarihinde yaşananlardan dolayı kimilerine göre tekrar şiddete başvurma potansiyeline sahiptir.

* * *

YENİ ASYA GRUBU (MEHMET KUTLULAR): Yeni Asya Grubu'nun lideri Mehmet Kutlular, 1938 yılında Balıkesir'de doğmuştur. 14 yaşına kadar Gönen'de yaşayan Kutlular, 1957 yılında askere gitmiş ve Risale-i Nurlarla ilk tanışması da askerlik döneminde olmuştur. Askerlik sonrası 11 yıl Zübeyir Gündüzalp'le beraber olmuş ve onun derslerine devam etmiştir. 1970 yılında çıkarılmaya başlanan *Yeni Asya* gazetesi sayesinde gazetenin ismi cemaatle bütünleşmeye başlamış ve bu grup Yeni Asya cemaati olarak anılır olmuştur.

Öne çıkan görüşleri: Bu grup, siyasi hayatımızdaki önemli değişikliklere rağmen Demokrat Parti misyonunun temsilcisi olarak gördüğü ve siyasi yelpazede neredeyse kaybolmaya yüz tutmuş partilere destek veren siyasi kimlikleriyle, diğer Nurcu gruplardan ayrılmaktadır.

Yeni Asya grubuna göre AK Parti ve yöneticileri, "dini siyasete alet eden" bir zihniyetin ve "Milli Görüş" çizgisinin temsilcileri olup Türkiye'yi bu görüşe çekme niyetini bugün için gizlemektedirler.

Faaliyetleri: Yayıncılık bu grubun en önemli faaliyet alanını oluşturmaktadır. Başlıca yayınları ise şunlardır: *Yeni Asya* gazetesi, Yeni Asya Yayınları, *Köprü*, *Bizim Aile*, *Genç Yaklaşım*, *Genç Yorum* ve *Can Kardeş* dergileri.

Değerlendirme: Politikayla yoğun ilişkisi sebebiyle diğer Nurcu gruplardan ayrılan ve siyasal anlamda ülkemizin yaşadığı onca değişikliklere rağmen "demokrat hareketin efsaneleştirip kendisini bir siyasi partiye (DP) angaje eden Yeni Asya grubu, geldiği konum itibariyle misyonunu önemli ölçüde yitirmiş ve farklı bir alana kaymış görünmektedir.

15 Temmuz darbe girişiminin ardından hükümete yönelik aşırı muhalif tutumları ile paralel olarak FETÖ'yü destekler mahiyette yayınlar yaptıkları bilinmektedir.

* * *

MEHMET OKUYAN: 1965 yılında Trabzon'un Çaykara ilçesinde doğdu. İlköğrenimini Trabzon Çaykara'da, ortaöğrenimini Trabzon Hayrat'ta tamamladı. Ondokuz Mayıs Üniversitesi İlahiyat Fakültesi'nden 1987 yılında mezun oldu.

Öne çıkan görüşleri: Geleneksel din anlayışının Kur'an'dan uzaklaştığı tezini savunan Okuyan, bu noktada tek de kalsa doğrunun kendi söylediği olduğuna kesin olarak inanmaktadır.

Faaliyetleri: Okuyan, başta Hilal TV olmak üzere çeşitli kanallarda programlara katılmaktadır.

Değerlendirme: Okuyan, Kur'an'ı hiçbir yardımcı kaynak olmadan doğrudan anlamayı ve tefsir etmeyi benimseyen bir anlayışa sahip olarak, geleneksel birikimi ve hadis külliyatını göz ardı etmektedir.

* * *

MUSTAFA İSLAMOĞLU: 1960 yılında Kayseri'nin Develi ilçesinde dünyaya geldi. Babası, Ahmet İslamoğlu'dur. Eğitimine Yüksek İslam Enstitüsü'nde başlamış, akabinde İlahiyat Fakültesi'nde, daha sonra da Ezher Üniversitesi'nde İslam Hukuku Fakültesi'nde sürdürmüştür. Ancak bu okullardan mezun olup olmadığı bilinmemektedir. İslamoğlu bazı görüşlerinden dolayı 90'lı yıllarda 2,5 yıl cezaevinde yatmıştır.

Öne çıkan görüşleri: Mustafa İslamoğlu itikadi konularda birtakım farklı yaklaşımları dile getirmektedir. Kadere imanın Kur'an'da yer almadığını söyleyerek bunu "çıkıntı iman maddesi" olarak nitelemektedir.

Faaliyetleri: Tefsir ve Esmâü'l-Hüsnâ dersleri, konferanslar, basılı yayınları (onlarca kitap), ders, hutbe ve diğer videolarını içeren görüntülü yayınlar. Hilal TV, *Kur'anî Hayat* dergisi.

Değerlendirme: 80'li yıllardan beri çeşitli yazıları, konferansları ve kitaplarıyla tanınmaya başlayan İslamoğlu'nun, ilerleyen yıllar boyunca görüşlerinde, düşüncesinde, söylemlerinde, dil ve üslubunda farklılaşmalar dikkat çekmektedir.

* * *

SÜLEYMAN HİLMİ TUNAHAN CEMAATİ: Süleyman Hilmi Tunahan'ın (1888-1959) öncülüğünde ortaya çıktığı için ona izafeten "Süleymancılık" olarak bilinir.

Öne çıkan görüşleri: Nakşî geleneğin içinde filizlenmekle birlikte kendilerini bir tarikat olarak nitelemeyen oluşumun son derece içe kapalı yapısı nedeniyle görüşlerini sağlıklı bir şekilde tespit edebilme imkânı pek bulunmamaktadır. Yayın organları olan *Yedi Kıta* dergisi *Tarih, İnsan ve Hayat* dergisi aktüel içerikli olup, cemaatin kendine özgü görüşlerini yansıtan bilgilere buralarda rastlanmamaktadır.

Faaliyetleri: Cemaatin faaliyetleri günümüzde orta ve yükseköğretim öğrencileri için yurtlar, Süleymaniye Özel Eğitim Kurumları ve Kur'an kurslarıyla devam etmektedir. Yurt, kurs ve okulların finansmanı, sahip oldukları çok sayıdaki holding ve halktan toplanan yardımlarla karşılanmaktadır.

Süleymancıların, Kur'an kurslarına Diyanet'in ismini kullanarak yardım topladıkları, cenazelerde para karşılığı Kur'an okuma ve ıskat hususlarında da oldukça aktif davrandıkları bilinmektedir. Süleymancılarla ilgili olarak, onların, birtakım yabancı istihbarat örgütleriyle bağlantısı olduğu iddialarının ciddiye alınması ve yeni bir FETÖ ile karşılaşmamak için gerekli incelemelerin yapılması, üzerinde durulması gereken önemli bir konudur.

Zira uzun yıllar cemaat bünyesinde çalışmış, içyüzlerine vâkıf olduktan sonra onlardan ayrılmış olan ve cemaat içinde "Kozan imamı" olarak bilinen Mustafa Akyıldız, oluşumun din anlayışı ve yapılanmasıyla ilgili oldukça ciddi iddialarda bulunmaktadır. Buna göre, cemaatin Türkiye genelinde bölgeler bazında "kolordu kumandanlığı" ismi altında yapılandıkları öne sürülmektedir. Cemaat hakkında dile getirilen bir başka iddia da 16 yıldır derin güçler tarafından kontrol altında tutulduğudur. 1980 darbesinden sonra arkadaşıyla hapse alınan Kemal Kaçar'ın, o dönemki MİT tarafından hapiste anlaşmaya zorlandığı, anlaşmayı kabul etmek zorunda kaldığı söylenmektedir.

* * *

İSMAİLAĞA CEMAATİ: Nakşibendi tarikatının Hâlidiyye kolunun günümüz temsilcilerinden biri. İsmailağa adı, 56. Şeyhülislam İsmail Efendi (ö. 1137/1725) tarafından Çarşamba'da (Fatih-İstanbul) yaptırılan camiden alınmıştır. Cemaatin Mahmut Ustaosmanoğlu'ndan sonra öne çıkan isimlerinden Hızır Ali Muratoğlu ve Bayram Ali Öztürk, suikast sonucu hayatlarını kaybetmişlerdir.

* * *

MAHMUT USTAOSMANOĞLU: Cemaatin, dini görüş ve fetvaları genellikle Diyanet İşleri Başkanlığı ile uyum arz eder. Bazı konularda farklı görüş ve fetvaları da vardır.

Faaliyetleri: Cemaatin, özel okullar, medrese ve Kur'an kursları, basın-yayın organları gibi çeşitli kurumları vardır. Cemaat mensubu yazarların kitap ve yazıları İsmailağa Yayınları, Siraç Yayınevi, Ahıska Yayınları, Lalegül Yayıncılık, Çelik Yayınevi, Kitap Kalbi Yayıncılık, Yasin Yayınevi, Hüküm Kitap gibi yayınevleri tarafından basılmaktadır.

Değerlendirme: Mahmut Ustaosmanoğlu'nun yaşlı ve hasta olması nedeniyle yapı içerisinde bazı isimler etrafında birbirleriyle çatışan/çekişen müstakil gruplaşmaların olduğu görülmektedir. İndirgemeci tercihler Müslümanları ayrıştırma riski taşımakta; birlik, beraberlik ve kardeşliğini de olumsuz etkileyebilmektedir.

* * *

ADNAN OKTAR: 1956 yılında Ankara'da doğdu. Lise mezunu. Dini bir eğitim aldığına dair bir bilgiye rastlanmamıştır.

Öne çıkan görüşleri: Harun Yahya müstear ismiyle öne çıkan Oktar, evrim ve Siyonizm karşıtlığı ile özellikle muhafazakâr kesim arasında şöhret basamaklarını tırmandı. Oktar'ın, www.harunyahya.org sitesinde kamuoyuyla paylaştığı kitaplar arasında en dikkat çeken *Müşrikler İstemese de Mehdi* adlı kitabıdır. Onun Siyonizm karşıtlığı ise Yahudi devleti ile yakın temaslar kurarak, Filistin'in Yahudilerin hakkı olduğunu savunabilecek bir noktaya savrulmuştur.

Faaliyetleri: Oktar, faaliyetlerini kurucusu olduğu Bilim Araştırma Vakfı (BAV) aracılığı ile yürütmektedir. Evrim karşıtı 300 adet kitap yazdırmış ve bu kitaplar 70'ten fazla dile tercüme edilmiştir. Öte yandan A9 kanalının internet versiyonunda İslami kurallara, örf ve adaba yakışmayacak programlar yapmaktadır. (Oktar ve adamları halen cezaevinde. Kitabın yayımlandığı tarihte yargılamalar devam ediyordu S.Ö.)

Değerlendirme: Oktar'a göre evrim teorisi; materyalizm, nazizm, komünizm ve Budizm gibi ideoloji, din ve inançlarla doğrudan bağlantılı, şeytani bir öğretidir. 80'li ve 90'lı yıllarda o, bu düşünce ve yaklaşımlarıyla İslami kesimin dikkatini çekmiş ve desteklerini elde etmiştir. Oktar, etrafındaki bakımlı kız ve erkeklerden oluşan bir propaganda grubuna sahip olmakla birlikte aslında bir tabandan ve doktrinden yoksundur.

* * *

ALPARSLAN KUYTUL (FURKAN VAKFI): Bu başlık altında selefi eğilim taşıyan yedi şahıs/grup üzerinde incelemeler yapılmıştır: Abdullah Yolcu, Alparslan Kuytul, Feyzullah Birışık, Halis Bayancuk (Ebu Hanzala), Kul Sadi Yüksel, Mehmet Balcıoğlu (Ebu Said Yarpûzî) ve Mehmet Emin Akın. Kuytul, 1965 yılında Adana'da dünyaya geldi. Mısır'ın Ezher Üniversitesi İslam Hukuku Fakültesi'nden 1997'de mezun oldu. 1994 yılının Kasım ayında Furkan Eğitim ve Hizmet Vakfı'nı kurdu.

Öne çıkan görüşler: Kuytul, kendi çizgisini Rabbani ve tevhîdî bir hareket olarak nitelemektedir. Demokrasi, anayasa, kanun ve laiklik gibi yönetim şekil ve rejimlerini reddetmekte, ümmetin bu konularda sapkınlığa düştüğünü iddia etmektedir.

Değerlendirme: Kuytul'un, devlet karşıtlığı söylemi, darbecileri ve FETÖ'yü savunmaya, bunun yanında birçok milli meselede Türkiye düşmanlarını tercih etmeye kadar ulaşmıştır. Öte yandan FETÖ elebaşına benzer şekilde Hz. Peygamber'in adını istismar ederek onun kendi mitinglerine katıldığını iddia etme noktasına gelmiştir.

* * *

AHMET MAHMUT ÜNLÜ (CÜBBELİ AHMET): 1965 İstanbul Fatih doğumlu Cübbeli Ahmet diye bilinen Ahmet Mahmut Ünlü, ilkokuldan sonra ortaokulu dışarıdan bitirmiş, Fatih İsmailağa'da ve Rize'nin Pazar ilçesinde Tütüncüler Köyü Kur'an Kursu'nda medrese eğitimi almıştır. 1999 yılında yaptığı 17 Ağustos depremiyle ilgili konuşmasından dolayı 13 ay hapis yatmıştır. Yine 12 Ekim 2011 tarihinde Karagümrük Çetesi operasyonu kapsamında gözaltına alındıktan sonra 7 Aralık 2012 tarihinde tutuksuz yargılanmak üzere tahliye olmuştur.

Öne çıkan görüşleri: Aylık dergide ve haftalık sohbetlerinde sıkça yer verdiği dualar sebebiyle bazı kesimlerin İslam diniyle alay ettikleri gözlemlenmektedir. Cinsel uzva üflenecek dua, cehennemi haram kılan dua vb. dualar örnek gösterilebilir.

Faaliyetleri: 60'tan fazla derleme ve tercüme mahiyetinde eseri olan Ünlü, geniş kitlelere ulaşmaktadır. Ünlü, *Arifan* dergisinde yazılar yazmakta, her çarşamba ve perşembe akşamı Lalegül TV'de ve Lalegül FM'de sohbet programı yapmaktadır.

Değerlendirme: Hadis usulüne adeta tavır alması ve ilmi eleştirileri dikkate almaması, ciddi bir problem olarak görülmelidir. Dini ticarî amaçlarla kullanması dikkat çekmektedir.

* * *

ERENKÖY CEMAATİ: Bu cemaat adını şeyhleri Mahmut Sami Ramazanoğlu'nun 1955'ten sonra İstanbul'da görev yaptığı Zihni

Paşa Camii'nin bulunduğu Erenköy semtinden almaktadır.

Öne çıkan görüşleri: Nakşiliğe bağlı bu cemaatte tasavvufi söylem ön plandadır. Bazı yönlerden sahih İslam öğretisiyle çelişkili görülen rabıta, istiğâse, istimdat, müridin gassâl elinde meyyit gibi olması gerektiği vb. düşünceler bu cemaatte de benimsenmiştir.

Faaliyetleri: Cemaate bağlı vakıf ve kuruluşlar arasında en dikkat çekenleri, Aziz Mahmud Hüdayi Vakfı, Muradiye Kültür Vakfı ve İlmî Araştırmalar Merkezi'dir (İLAM). Sadece hayri hizmetler değil; okullar, kurslar vb. aracılığıyla eğitim ve öğretim faaliyetleri de yürütmektedirler.

Değerlendirme: Erenköy cemaati, Nakşibendiliğin esnaf ve zanaatkârlar kolu olarak bilinir. Üst gelir düzeyine sahip mensupların sayılarının oldukça fazla olduğu ifade edilmektedir. Geleneksel tarikat anlayışlarında görülen ve özgün dini telakki ve uygulamalar açısından sakıncalı olarak değerlendirilebilecek bazı hususlar, Erenköy cemaatinde de bulunmaktadır. Bununla birlikte söylem ve eylemleri itibariyle uyumlu ve mutedil bir görüntü sergilemektedir.

* * *

IŞIKÇILAR CEMAATİ: Işıkçılar Cemaati'nin kurucusu, *Tam İlmihal Saadet-i Ebediyye* kitabının yazarı Hüseyin Hilmi Işık'tır. Nakşîlerin bir kolu olduğu iddia edilir. Işık'ın 2001'de vefat etmesiyle damadı Enver Ören oluşumun lideri olmuştur. Ören, 1970 yılına kadar İstanbul Üniversitesi'nde öğretim görevlisi olarak çalıştı. *Türkiye* Gazetesi adını alan gazeteyi 1970 yılında çıkarmaya başladı. Ören, 1975 yılında da İhlas Vakfı'nı kurdu. 1993 yılında İhlas Holding adıyla şirketleşti, İhlas Haber Ajansı'nı ve TGRT'yi kurdu. BDDK tarafından el konulan İhlas Finansı da 1995'te kurmuştur. Ören, 2013 tarihinde vefat etmiştir. Yerine geçen oğlu Ahmet Mücahit Ören, Amerika'da yaşamaktadır.

Öne çıkan görüşleri: Hüseyin Hilmi Işık'ın kaleme aldığı, 1963'te bastırılan *Tam İlmihâl* adlı (temel referans aldıkları) kitapta, Hanefi mezhebinin temel yaklaşımıyla bağdaşmayan vurgular dikkat çekmektedir. Faaliyetleri İhlas Holding, *Türkiye* gazetesi, TGRT Haber, TGRT FM, TGRT Belgesel TV, İhlas Eğitim Kurumları, Hakikat Kitabevi, Hüseyin Hilmi Işık'ın eserleri, İhlas Vakfı, Türkiye Takvimi, *Türkiye Çocuk* dergisi, İrfan Turizm (hac umre hizmetleri). Ayrıca birçok internet sitesi aracılığıyla da çeşitli yayınlar yapmaktadırlar.

Değerlendirme: Klasik anlamda bir tarikat veya dini bir cemaatten farklı bir yapıdır. Dini lideri: Hüseyin Hilmi Işık. Ön plana çıkan isimler: Mücahid Ören, Osman Ünlü, Mehmet Ali Demirbaş, Mehmet Said Arvas ve Ramazan Ayvallı. Oluşum siyasi olarak milliyetçi-muhafazakâr bir çizgidedir. Öte yandan oluşumun bazı söylemlerinin din istismarına kapı araladığı görülmüştür. H. Hilmi Işık'ın öğretileri doğrultusunda, devletle barışık, siyasilerle yakınlık içerisinde bir çizginin benimsendiği görülmektedir.

* * *

NURETTİN ŞİRİN: 1964 yılında Trabzon'da doğdu. 1982 yılında Ankara Dil Tarih Coğrafya Fakültesi'ne girdi. 1985 yılında aylık *İstiklal* (daha sonra *Şehadet*) dergisini, 1990-93 yılları arasında aylık *Tevhid* dergisini çıkardı. Haftalık ve günlük yayınlanan *Selam* gazetesinde köşe yazarlığı ve haber müdürlüğü yaptı. 1979, 1981, 1989, 1995, 1997 yıllarında tutuklanarak cezaevine konuldu, yaklaşık 10 yıl hapis yattı. Halen Kudüs TV genel yayın yönetmenliğini yapmaktadır.

Öne çıkan görüşleri: Şirin'in düşüncesinin ana merkezini Kudüs davası oluşturmaktadır.

Faaliyetleri: Şirin; www.velfecr.com, www.israhaber.com internet siteleri ve "İsra Kültür Merkezi" aracılığıyla sosyal faaliyetlerini sürdürmektedir.

Değerlendirme: Türkiye'deki İran-Hizbullah lobisinden olduğu yönünde değerlendirmelere rastlamak mümkündür. Asıl amacının "vahdet" söylemi altında takiyye yapmak suretiyle Şiiliği yaymak, İran ve Hizbullah propagandası yapmak olduğu söylenmektedir, ki yazdığı yazılar, TV programlarındaki söylemler de bu iddianın izdüşümlerini görmek mümkündür. Genel yayın yönetmenliğini yaptığı Kudüs TV de günümüzde bu lobinin medya ayağı gibi değerlendirilmektedir.

* * *

İSKENDERPAŞA CEMAATİ: Nakşibendiyye tarikatının Hâlidiyye koluna bağlıdır. Aralarında Muhammed Zahid Kotku'nun şeyhi Tekirdağlı Mustafa Feyzi Efendi'nin de bulunduğu 116 kişiye hilâfet veren Ahmet Ziyaüddin Gümüşhânevî (1813-1893) yayılmalarında önemli bir rol oynamıştır. Gümüşhânevî'den sonra Şehzadebaşı İsmail Paşa Medresesi müderrisi Mustafa Feyzi Efendi (1267/1851) pek çok talebe yetiştirmiştir. Onun hilafet verdiği talebelerinden Mehmet Zahit Kotku (1897-1980), çeşitli camilerde imamlık görevi ifa etmiştir. Fatih İskenderpaşa Camii'ndeki görevini vefatına kadar sürdürmüştür. Cemaatin başına Kotku'dan sonra damadı Mahmud Esad Coşan (1938-2001) geçmiş, 2001 yılında hayatını kaybetmiştir. Yerine, 1963 doğumlu olan oğlu Nureddin Coşan geçmiştir. Nureddin Coşan Ankara İmam Hatip Lisesi'ni bitirdikten sonra Suudi Arabistan'da Arapça eğitimi, ABD'de işletme eğitimi almıştır. Babası Es'ad Coşan'ın vefatı üzerine, vasiyeti gereği onun sorumluluk ve görevlerini devralmıştır.

Öne çıkan görüşleri: Cemaat mensuplarının geleneksel tasavvuf ritüelleri bağlamında diğer Nakşi cemaatlerden çok farkları bulunmamaktadır.

Faaliyetleri: Cemaatin bir diğer özelliği siyasetle ve siyasetçilerle yakından ilgilenmeleridir. Zahid Kotku döneminde, cemaatin önde gelen isimleri Milli Nizam Partisi ve Milli Selamet Partisi'nin kurulmasında aktif rol üstlenmişlerdir. Ancak daha sonra cemaat ile Necmettin Erbakan ve çevresi arasında ihtilaf çıkmıştır. Mahmud Esad Coşan 1987 yılında Refah Partisi'ni desteklemişse de Coşan daha sonra kendi partisini kurma çabasına girmiştir. 28 Şubat döneminde ise Büyük Birlik Partisi'ne yakın durmuştur. Türkiye'de tarikat-siyaset-ticaret ilişkisi bağlamında İskenderpaşa Cemaati önemli veriler barındırmaktadır.

* * *

HAYDAR BAŞ: 1947 yılında Trabzon'da doğdu. 1970 yılında Kayseri Yüksek İslam Enstitüsü'nü bitirdi. Kullandığı akademik unvanlar ile ilgili yaygın kanaat, usulüne uygun olarak elde edilmediği yönündedir. Çeşitli devlet okullarında yedi yıl öğretmenlik yapmış ve İPA A.Ş.'nin bölge müdürlüğü görevlerinde bulunmuştur. Baş, Bağımsız Türkiye Partisi'nin genel başkanlığını yapmaktadır. İddiaya göre Haydar Baş, Kâdirî şeyhi Hacı Mustafa Hayri Öğüt'ün 1979 yılında vefatının ardından onun yerine geçmiştir. Kâdirîliğin bir kolu olan bu teşekkül, onunla birlikte "İcmalciler" veya "Haydar Baş Grubu" olarak tanınmıştır.

Öne çıkan görüşleri: Baş'ın, özellikle son dönemde yazdığı eserlerde, yazılı ve görsel medyaya yansıyan görüşlerinde, Şii vurgulu söylemlerinin ön plana çıktığı gözlemlenmektedir. Ona göre Hz. Ali'den başka halife yoktur, Mehdi hayattadır ve insanların arasında dolaşmaktadır.

Faaliyetleri: Bağımsız Türkiye Partisi (BTP), BAŞ Şirketler Grubu, BAŞ Çelik Fabrikaları, BAŞ Ticaret A.Ş., BAŞ Isı Sanayi. Özel Meltem Kolejleri, İlmî Araştırmalar Vakfı, Özel Meltem Hastaneleri, Özel Meltem Diş Poliklinikleri. *İcmal* dergisi, *Öğüt* dergisi, *Mesaj* dergisi, *Yeni Mesaj* gazetesi, Meltem Radyo/TV, Mesaj TV, Kadırga TV, Sıhhat TV, Köy TV, Av TV, Kanal 99.

Değerlendirme: Baş ve grubunun, özellikle son dönemlerde söylemlerine yansıyan Şiî vurgusuna bakıldığında, mezkûr çevrelerle yakın bir ilişki içinde olduğu çıkarımını yapmak mümkündür.

Kişi merkezli dini yapılar

Diyanet raporunda cemaat ve tarikatların yasaklanması yerine şeffaflaştırılarak denetlenmesi ve toplumun olumsuzluklara karşı bilinçlendirilmesi, imam hatip liseleri ve ilahiyat fakültelerindeki eğitimin kalitesinin de artırılması öneriliyor. Raporda yer alan önerilerden bazıları şöyle sıralanıyor:

Ülkemizdeki dini hareketler, bazen kendilerini geleneksel dini-kültürel yapılara nispet ederek, bazen de bir kişinin fikirleri etrafında hareket ederek bağlılarını yönlendirmişlerdir. 1960-1970 yıllarına kadar daha çok tarikatlar ve Nurcu gruplar bu konuda ana akımı oluştururken, 1970'li yıllardan sonra dini-sosyal teşekküller (cemaatler) yayılma eğilimi göstermiş ve son yıllarda ise kişi merkezli dini yapılar hızlı bir şekilde çoğalmıştır. Ülkemizde, belirli dönemlerde ortaya çıkan din karşıtı politikalar, toplumu "dini yaşam" konusunda arayışlara ve bilerek ya da bilmeyerek gruplaşmaların bir parçası olmaya sürüklemiştir. Bununla birlikte söz konusu teşekküllerin tamamının, ülkemizin içinde bulunduğu siyasi veya sosyal saiklerden kaynaklandığını iddia etmek vakıaya uygun düşmemektedir. Zira Filistin meselesi, İran Devrimi, Vehhabîlik gibi dış etkenler de bazı oluşumları hızlandırmıştır.

Dünyayı kurtarma iddiası

Yerel hedeflerle hareket edenler olduğu gibi, bütün dünyayı kurtarma iddiasıyla ortaya çıkan ve mega idealler peşinde koşarak özel bir misyonla hareket eden yapılar da mevcuttur. Başlangıçta dini, karizmatik kişiler etrafında şekillenen bu türden hareketler, zamanla kendi içinde hiyerarşik bir yapılanmaya, bir söyleme ve misyona dönüşmektedir. Dini referansların ve tarihte temayüz etmiş dini şahsiyetlerin anlatıları, bu tür yapılarda müntesiplerini motive etmek için manipülasyon aracı olarak kullanılmaktadır. Öte yandan tasavvufi bazı çevrelerce dillendirilen dini yaklaşım ve tecrübeler, İslam'ın doğru ve açık bilgisinden koptuğu takdirde indi mülahazaya evrilmekte ve istismar alanına dönüşmektedir. Bilhassa tasavvufi düşüncenin kurumsallaşmasıyla oluşan bazı yapılar, zaman zaman etki alanlarını güçlendirme adına pragmatizme kayabilmekte ve varlıklarının devamı için dünyevi kaygılarla hareket edebilmekte, kurumsal güç ve çıkar güdüsü bireyin manevi tezkiyesinin önüne geçebilmektedir.

Bütün bunlarla birlikte İslam'ın ana yolundan sapmamayı kendisine ilke edinen grupların varlığı da inkâr edilemez. Toplumun ahengini bozan, dini ve dini değerleri istismar eden ve ferdin bireysel sorumluluğunu ortadan kaldıran her tür akıma karşı toplumsal bilincin artırılması ve farkındalık oluşturulması için şu dört unsur öne çıkmaktadır: a. Hukuk, b. Diyanet İşleri Başkanlığı, c. Milli Eğitim Bakanlığı, d. İlahiyat fakülteleri.

Yasaklamayla sonuç alınmaz

Devletin öncelikli ele alması gereken tedbir, ülkemizdeki dini hareketlerin şeffaflığını temin edecek yasal çerçeveyi ortaya koymasıdır. Söylemlerindeki gizem, abartı ve kurtuluş garantili motifler sebebiyle halka daha çabuk ulaşabilen her türlü oluşumun belli bir hukuki çerçeve içine alınması, söz konusu oluşumların hem kamu otoritesince denetlenmesini mümkün kılacak, hem de bunların kendi kendilerini denetleme (otokontrol) mekanizmalarını geliştirecektir.

Esasen Osmanlı Devleti'nin son yıllarında hayata geçirilen Meclis-i Meşâyıh tecrübesi bu bağlamda incelenmeyi hak etmektedir. Mezkûr hareketler hakkında, "mali kontrol, asayişi bozan unsurlara karşı önlem ve toplumun değerlerini koruma" hususlarını da içeren kanuni denetimlerin mümkün hale getirilmesi, "merdiven altı" tabir edilebilecek oluşumlara kapı aralanmasına da mani olacaktır.

Toplum içindeki sosyal yapıları yasaklamayla sonuç alınamayacağı açıktır. Bundan dolayı, bu tür sosyal örgütlenmelerin yasal bir zeminde hareket etmelerinin sağlanması şarttır. Eğer bu kanuni denetim mekanizması kurulmazsa, dinin kutsallarının ticaretini yapandan din adına şantaj üretene veya menfi davranışlarını din adına meşrulaştırmak isteyene kadar birçok kişi veya grubun oluşması kaçınılmazdır. Bu durumda, asayiş sorunu olduktan sonra fark edilen yapılara karşı, vücudun kangren olmuş bir parçasının kesilip atılmasından farklı bir çözüm sunulamayacağı aşikârdır. Yasal zeminin evvelemirde oluşturulması, toplumun geleceği olan gençlerin bu tür yapılara eğilimini ve katılımını ciddi oranda engelleyecektir. Aynı şekilde yasal boşluktan yararlanan ve kendilerine dini bir görünüm veren kişi veya gruplar da toplum içinde ciddi huzursuzlukların doğmasına, hatta dini anlayış ve yaşayışta kayıplara ve kaygılara yol açacaktır.

Toplum bilinçlendirilmeli

Türkiye'de Diyanet İşleri Başkanlığı, imam hatip liseleri ve ilahiyat fakültelerinin varlığı, radikal dini söylemlerin toplumda büyük çaplı yer bulabilmesine ve bu yapıların faaliyetlerini istedikleri gibi yapabilmelerine fırsat vermemiştir. Diyanet İşleri Başkanlığı ve ilahiyat fakültelerinin üzerine düşen en temel vazife, bu tür yapılara karşı toplumu bilinçlendirecek ve bilgilendirecek bir çaba ve çalışma içinde olmasıdır.

Ülkemizdeki teşekküllerin, yasal bir zemine kavuşturularak mali ve asayiş yönünden denetimlerinin yapılmasının yanında Diyanet İşleri Başkanlığı'nca dini açıdan denetlenmeleri zaruret arz etmektedir. Dini düşünce ve uygulamada birtakım sapmalar ve güvenliği ilgilendiren sorunlar varsa, bu durum, dini bilgiyi aktaran eğitim kurumlarının yeterliliğini gözden geçirmeyi gerektirmektedir. Bu bağlamda sorunun paydaşları olan Milli Eğitim Bakanlığı, Yüksek Öğretim Kurumu ve Diyanet İşleri Başkanlığı'na bağlı birimler tarafından uygulanan eğitim programlarının toplumu kuşatıcılığı, etkinlik ve verimlilikleri yeniden değerlendirilmelidir. Aslında bu kurumlar, hem geçmişten tevarüs eden dini bilgiyi gözden geçirerek bidat ve hurafelerden uzak bir şekilde çağımıza taşımaları, hem de günümüz insanının içerisinde bulunduğu sosyal ve kültürel problemleri hesaba katan bir yöntem takip etmeleri ve yeni sentezlere açık olmaları yönüyle ülkemizin geleceği açısından hayati öneme sahiptir. Ancak daha etkili bir din eğitimi ve hizmeti için atılması gereken birtakım adımların olduğu da unutulmamalıdır. Eğitim kurumlarında dinin ve dini değerlerin etkili ve verimli bir şekilde öğretilmesi, öğrencilerin akıllarını, duygularını tatmin edecek, yeryüzünde bulunuşlarının varoluşsal anlam ve amaçlarını aydınlatacak, ülkü ve ideallerini besleyecek, İslam'ın bütün insanlar için bir rahmet kaynağı olduğu fikrini verecek bir yöntemin izlenmesi gerekir.

Evet, Diyanet İşlerdi Başkanlığı'nın 220 sayfalık raporundan bazı bölümler aktardık.

"Her cemaat ve tarikat FETÖ olmaya adaydır"

Bir dönem Fethullah Gülen'den söz ederken, "Fethullah Gülen Hoca Efendi" demeyene kızıyorlardı. "Fethullahçılar" dinin de adeta dilini koparıyor, onlar için de "Hizmet Hareketi" denmesi isteniyordu. O günlerde, bunun öncülüğünü yapanlar, 17/25

Aralık operasyonu, hele de 15 Temmuz darbe girişiminden sonra "Fethullah" diyene "FETÖ" demedikleri, cemaat yerine ise "terör örgütü" diye konuşmadıkları, yazmadıkları için kızıyorlar. Bugün, diğer tarikat ve cemaatlere karşı da daha dikkatli olunması gerektiğini vurguluyorlar.

FETÖ'den sonra cemaat ve tarikatlara karşı daha mesafeli durulmasına ilişkin iki kalemden iki uyarı aktaralım:

AKP'de de eğitim veren ilahiyatçılardan Sait Çamlıca, sosyal medya hesabından 15 Temmuz'un üçüncü yıldönümünde, başka cemaat veya tarikatların FETÖ olmaya müsait olduğunun altını çizdi, "Görmek isteyen için örnek çok. Ancak gözüne FETÖ kibritini çok fazla yaklaştırırsanız, arkadaki ormanı göremezsiniz" dedi ve mesajını şöyle sürdürdü:

> FETÖ bir zihniyetin zehirli meyvesidir. Zehirli meyve yetiştiren bahçeyi ilaçlamazsanız, meyvenin adı değişir ama yine zehirlenirsiniz. Şahısların putlaştırıldığı, tek tip okumaların yapıldığı her kurum, her cemaat veya tarikat FETÖ olmaya müsaittir.

"Farklı bahçelerin zehirli meyveleri"

Sait Çamlıca, "Peygamberimiz Türkçe Olimpiyatlarına geldi" diyen Fethullah Gülen'i eleştirirken, "Kuran'da 33 ayet Risaleleri müjdeliyor" veya "Hz. Ali Risaleleri müjdelemiştir" diyen Said Nursi'ye "Bediüzzaman" demeye devam edilirse FETÖ'nün bitmeyeceğini kaydediyor.

"Cübbeli Ahmet Hoca" olarak bilinen Ahmet Mahmut Ünlü'ye ve Menzil tarikatına da tepki gösteren Sait Çamlıca şunları söylüyor:

> Cübbeli Ahmed'in "Halid'i kolundanım diyen cennete gider", yakın zamanda medyaya düşen Uşşaki Şeyhi'nin "Elimi öpen cennete gider", Alpaslan Kuytul'un "Peygamberimizi meydanda gören bacılar var", Adıyaman Menzil ekibinin "Şeyhimizin gözlerine bakan içkiyi bırakıyor" gibi sözleri, hep aynı zehirli bahçelerin farklı meyveleridir.

Sait Çamlıca, "FETÖ ekibi Fethullah Gülen için 'Kâinat imamı' diyordu. FETÖ ekibinin liderlerine söyledikleri ile Nurcuların Said Nursi için söyledikleri, Süleymancıların Süleyman Hilmi Tunahan veya şimdiki liderleri için söyledikleri, Menzilcilerin Gavs sandıkları kişi için söyledikleri, Nakşi ve Kadir'i olanların Şeyh sandıkları kişiler için söyledikleri ile aynıdır" derken, "Tüm bunları açan yetkililer, şayet 15 Temmuz ihanetine götüren 'İslam'a Hizmet kılıflı ihanet zihniyeti' ile mücadele etmezlerse, paralelcilerin yapamadığını meridyen ekip yapar ve 15 Temmuz Üst Geçidini açan yetkiliyi o köprüde sallandırırlar" diye uyarıyor.

"Bir cemaatten kurtulalım derken, onu taklit eden cemaatler yerini almaya başladı"

Abdurahman Dilipak da, darbe girişiminin üçüncü yıldönümünde "Bir cemaat'ten yakamızı kurtaralım derken, onu taklit eden başka cemaatler onların yerini almaya başladı" dedi ve *AKİT* gazetesindeki yazısında şu iddiaları gündeme getirdi:

> Üç yıl geçmiş. Ve hâlâ hemen her hafta bir operasyon haberi geliyor. Bir yandan eski davalar sonuçlanırken bir yandan da yeni davalar açılıyor. 15 Temmuz'un iş, medya ve uluslararası ayağı henüz tam olarak çözülmüş değil.
>
> 15 Temmuz başarılı olmuş olsaydı, kimler başbakan ve bakan olacaktı? Kimler vali emniyet müdürü, kaymakam olacaktı? Bunlardan haber yok. Peki, ilk kimleri tutuklayacaklardı ve onları ne yapacaklardı? Hangi vakıf, dernek, sendikaya el koyacaklardı? Bu tempoyla, beşinci yılda da bu davalar bitmez. Bakın geciken adalet adalet değildir.
>
> Kanun Hükmünde Kararname (KHK) ile görevden alınan, hakkında dava açılan, beraat ettiği halde göreve iade edilmeyen o kadar çok insan var ki! Bir yandan da, FETÖ'cü olduğu bilinen birileri elini kolunu sallayarak ortalıkta dolaşıyor. Bir de kaçanlar var tabii. Onlar da "dost ve müttefik" NATO ülkelerinde yaşamaya devam ediyorlar.
>
> Adam itirafçı olmuş, güya. Masum birtakım insanlar hakkında iftirada bulunmuş, onlar içeri alınmış, İtirafçı serbest kalınca yurt-

dışına kaçmış. İftira ettiklerinin kimi hâlâ içeride, kimi beraat etmiş ama hâlâ göreve iade edilmiş değil. 15 Temmuz 2016 darbe girişiminin üçüncü yılında, daha yargılamalar bitmeden affı konuşmaya başladık. Bu işten insanlar fazla bir şey anlamadılar.

"The Cemaat"le dolaylı ve zorunlu ilişkide olanlar bir şekilde cezalandırılırken, bu hareketin merkezinde ya da doğrudan ilişkisi olan birtakım isimlere kimsenin dokumuyor olması, hatta bunların itibar görmeleri, terfi etmeleri anlaşılır bir durum değil. Öte yandan bir "Cemaat"ten yakamızı kurtaralım derken, onu taklit eden başka cemaatler onların yerini almaya başladı. Birtakım FETÖ'cüler de bu muteber cemaatler, vakıflar, dernekler üzerinden AK Parti saflarına sızdılar. Onların "ılımlı İslam" politikası bir şekilde bu yapılar üzerinden takip edilmeye başladı. "İstanbul Sözleşmesi" bunlardan sadece bir tanesi. AK Parti'nin bugün yaşadığı krizin arkasında bu ve buna benzer sorunlar var.. Hatta iş artık sadece "ılımlı İslam" değil, "ılımlı Kemalizm", "ılımlı sol", "ılımlı milliyetçilik" projelerine dönüştü. Dört koldan harekete geçtiler. Etkin konumdaki partilerin hepsi yeniden dizayn ediliyor. AK Parti de, CHP de, MHP de, İyi Parti de, HDP de yeniden yapılandırılacak ve yeni siyasi oluşumlar, yeni ittifaklarla siyasi dengeler yeniden kurgulanacak! FETÖ, BÇG'lilerden yakasını kurtarıp ipleri ele geçirseydi, onlara göre 15 Temmuz'a gerek kalmayacaktı. Şimdi FETÖ ve BÇG'ye yön veren üst akıl, "Kansız" bir şekilde, "silahsız kuvvetler" eliyle yeni bir yol deneyecek!

15 Temmuz davasının seyrinden şehit yakınları da, gaziler de rahatsız. Siyaset de, bürokrasi de, yargı da, ordu da bu konuda iyi bir sınav vermedi. Üniversiteler zaten kendi içlerini bile temizleyemediler. 15 Temmuz konusunda hangi üniversite kaç bilimsel makale yayınladı? 15 Temmuz'u hazırlayan sebepler, oluş şekli ve sonuçları, bu işin ekonomik, sosyal, siyasal, kültürel maliyeti, sosyopsikolojik, sosyopolitik maliyeti, bölge devletleri üzerine etkisi, bundan sonraki muhtemelen yansımaları acaba ne olacak, bunu araştıran var mı?

Mesela, bu süreç AB ile ilişkileri, NATO ile ilişkileri nasıl etkileyecek? Darbecileri iade etmeye yanaşmayan ülkeleri, mesela F. Gülen'i himaye etmeye devam eden ABD'nin bu kararının gerekçelerini inceleyen bir akademisyen var mı? Peki, bunun efradına cami, ağyarına mani bir belgeseli var mı? Aynı şekilde romanı yazıldı mı, sinema filmlerine hangi ölçüde konu edildi? Bu konuları toplum ve medya sağlıklı bir şekilde, övgü ve sövgü dışında konuşabiliyor mu?

Mesela, darbe günü İncirlik'te yaşananları ne zaman öğreneceğiz?.. Darbe girişimi öncesi sırası ve sonrasında ABD, İngiltere, Almanya, Yunanistan, İsrail ve Rusya'da yaşananlar nelerdi!

Ben merak ediyorum, 15 Temmuz darbe girişiminden hükümet üyeleri ne zaman haberdar oldular, haber aldıktan sonra ne yaptılar, o gece neredeydiler, saat kaçta ortaya çıktılar? Bildiğim kadarıyla bu konuda, o güne ilişkin kitap hacminde açıklama yapan yalnız Davutoğlu oldu.

Bu konuda sadece AK Parti değil, diğer partilerdeki yöneticiler de neredeydiler ve ne yapıyorlardı! Ne yazık ki, hâlâ birileri kendi içlerine bakmaya cesaret edemiyorlar. Çünkü bunların arkasında diğer darbelerin de arkasında olan "iyi saatte olsunlar" var!

Ben 15 Temmuz'un kahramanları hakkında şöyle düşünüyorum: Daha Tayyip Erdoğan'ın nerede olduğu bile bilinmezken meydana çıkanlar, 15 Temmuz'un asıl kahramanlarıdır. Onlara altın madalya. Kimse onları çağırmadı, onlar kendi kararları ile darbeye karşı sokağa çıktılar. Tayyip Erdoğan'ın çağrısından sonra sokağa çıkanlar da gerçekten önemli bir iş yaptılar. Onlara gümüş madalya! Yatıp sabah namazına kalkınca darbe olduğunu anlayıp, "Biz ne duruyoruz?" diye sokağa çıkanlara bronz madalya. Gün doğup, ortalık aydınlanıp, darbenin başarısız olduğu anlaşılınca, elinde bayraklarla sokağa çıkanlara gelince, onlara güvenmeyin. Onlara dikkat edin!

Bu adamların bir kısmı parti saflarına sızdılar, bu son seçimlerde bile "kraldan fazla kralcı" söylemlerle meydanlardaydılar. Merkezi siyaset, yerel yönetimler ve bürokraside kendilerine kolaylıkla yer buldular. Hemen AK Parti çevresinden ya da diğer partilerden birileri ile ortak şirketler kurup, piyasada iş tutmaya başladılar. 15 Temmuz'un hep hafızalarda kalacak birkaç noktası var. O insanların darbeye karşı akşamın ilk saatlerinde nasıl sokaklara, meydanlara aktılar. Erdoğan'ın cesur ve kararlı duruşu ve havaalanını ele geçiren halkın kuleyi de ele geçirerek Erdoğan'ın salimen havaalanına inmesi, Halisdemir'in, darbeyi yönetecek paşayı alnından vurması, darbenin sivil yönetici Adil Öksüz'ün Akıncı Üssü'nde yakalanması ve birileri tarafından kaçı(rılı)şı!

O güne dair halkın bildiği birçok gerçek henüz gün yüzüne çıkmış değil. Mesela, o günden önce ABD'ye gidip "Hoca Efendi ile birlikte dönmek için" orada bulunanlar kimlerdi. Onları Türkiye'de karşılamak için heyecanla bekleyenler, planlar yapanlar, billboardları hazırlayanlar, şehri donatmaya hazırlayanlar kimlerdi! Bunlar şimdi neredeler? Sahi, MİT ve Emniyet bu süreçte ne yapıyordu? JİTEM neredeydi, Genelkurmay İstihbaratı ne yapıyordu? Buna benzer daha birçok cevabını bekleyen sorular var. Genelkurmay başkanının, MİT müsteşarının özel kalemleri, Cumhurbaşkanının yaverleri hep örgüt üyesi! Darbe olacağını, bilmesi gerekenler dışında neredeyse herkes biliyor! Zaten bugüne kadar hiçbir darbe ansızın ve sessizce gelmedi. Davul çala çala geldiler.

Şu seçim sürecini hatırlayın! Olanlardan ders almıyoruz. Basiretimiz mi bağlanıyor, neden bilmiyorum, göz göre göre yine bir yerlere doğru sürükleniyoruz sanki. Herkesin gördüğü gerçeği karar vericilerin görmemesini neyle ve nasıl açıklayabiliriz?

Aşk, öfke, korku ve ihtiras gözü kör eder, kulaklar sağırlaşır. Bir iş zamanında yapılmıyorsa, bu hastalığın tedavisi gibidir, yarın çok daha pahalı ve zor şartlar bizi bekliyor olabilir. Onun için "Hayırda acele ediniz" denmiştir. Demir tavında dövülür. Giden fırsat geri dönmez. Namaz vaktinde kılınır, oruç zamanında tutulur, Hac zamanında gerçekleşir, kurban zamanında kesilir. Siyasetin kuralı da zamana bağlıdır. Tarihin tekerrür etmemesi için tarihi övgü ya da sövgü kitabı yapıp, onu mefahirle sarmalayıp, törenlere boğmadan halkın idrakinde canlı tutarak ders almayı sağlamamız gerekiyor.

Ha bu darbe bize ders olsun! Hani "bir musibet bin nasihatten iyidir" derler ya, umarım ders alırız. İbret almazsak, tarih yine tekerrür eder.

Alparslan Türkeş, Namık Kemal Zeybek'e tarikatlarla ilgili hangi görevi verdi?

MHP Genel Başkanı Alparslan Türkeş, Namık Kemal Zeybek'e, Menzil'le bağlantı kurmasını istemişti. Bu cemaatin o dönem bir milyon civarında oyu olduğu söyleniyordu. Partiler, Menzil şeyhine şirin görünmeye çalışıyordu. 1980 öncesi Ülkücülere,

Menzil'i tanıştıran Zeybek oldu. Aradan yıllar geçtikten sonra bu kitap için, "Yaptığımız yanlışmış. Bu hem siyaseti, hem dini bozdu, hem de dincileri şımarttı. Yanlış yaptığımı düşünüyorum" diyor.

Namık Kemal Zeybek'in Menzil şeyhiyle tanışması, köyün bağlı olduğu Kâhta ilçesinde kaymakam olmasından kaynaklanıyordu. İlçenin bağlı olduğu Adıyaman, tasavvufun yoğun olarak yaşandığı bir bölgeydi. Kâhta'nın eski adı Durak, şimdiki adı Menzil olan köyünde tanınmış bir şeyh ailesi olduğunu, Zeybek göreve ilk başladığı günlerde öğrenmişti. Göreve ilk başladığı dönemde, tarikatlara soğuk duruşu sebebiyle bu dergâha ilgi göstermedi. Menzil'le ilgili, şeyh ailesiyle ilgili dosyaları inceledi. Dosya olumluydu. Devlete karşı bir tutumları olmadığı gibi bölücülüğe de uzak duruyorlardı. Önceki kaymakamların izleme raporları da olumluydu. Ama, Kâhta'da Menzil şeyhini kötüleyen bir grup da vardı.

Kaymakama gelip gidenler arasında şeyhin bir müridi vardı. Bir gelişinde şöyle bir olay anlattı: "Urfa'da yaşayan bir şeyh varmış, ateşin içine taşlar atar ve onlar kızgın hale gelince üzerinde yürürmüş. Seydanın (Raşit Erol) babası Gavs'a haber göndermiş: 'Gerçek şeyhse gelsin, ateş üzerinde yarışalım.' Gavs ona cevap vermiş, 'Ben ateşten korkarım, korkmasam böyle şeyler yapmazdım' demiş."

Bu anlatım kaymakamın hoşuma gitmişti. Köye gittiğinde Seyda'yı ziyaret etti. "Seyda" seyyid, âlim, mürşit anlamında kullanılıyordu ve halihazırdaki şeyhin unvanıydı. Gavs ise babasına deniyordu. Babasının adı Abdülhakim Hüseyni Erol, kendisi Muhammed Raşit Erol...

"Giderken bir hediye götürmeli" diye düşünmüştü. Bakkaldan bir kutu bisküvi aldırdı. Müride sordu. "Müritlerinden hediye kabul etmezler. Ancak siz götürürseniz alırlar, karşılığını da verirler" dedi mürit. Karşılık olarak kaymakama bir hindi verdi şeyh. Tanışıklıkları derinleşince dost oldular. Oğlu Feyzeddin Erol'un Türkçesi çok iyiydi. Onunla daha çok görüşüyordu. Samimi arkadaş olmuşlardı. Menzil'in ilginç bir yanı vardı. Daha çok sarhoşlar getiriliyor, orada tövbe edip derviş oluyorlar, içkiyi bırakıyorlardı. Elbette dönüp eskisinden daha çok içenler de olabiliyordu.

Türkeş, Zeybek'i odasına çağırdı ve mektubu ona verdi

1979 yılının Temmuz ayıydı. MHP Genel Başkanı Alparslan Türkeş, Namık Kemal Zeybek'in odasına gelmesini istedi. Zeybek geldiğinde, Türkeş bir mektubu okuyordu. Zeybek gelince, elindeki mektubu ona uzattı, "Oku" dedi.

Mektup, Adıyaman MHP il başkanı tarafından Türkeş'e gönderilmişti. Mektupta şunlar yazıyordu:

> Bizde, Kâhta Menzil köyünde Nakşibendi Şeyhi Muhammed Raşit Erol adında bir zat var. Kendisinin Türkiye çapında bir milyona yakın müridi olduğundan söz ediliyor. Adıyaman'da da çok müridi var. Kendileri Namık Kemal Zeybek'i seviyorlar. Onu gönderirseniz bizi desteklerler; Adıyaman'dan milletvekili çıkarırız...

Zeybek mektubu okudu. Türkeş, "Bu nedir?" dedi. Zeybek, durumu anlattı. Aralarında şu konuşma geçti:

– Gidip konuşur musunuz?

– Uygun görürseniz gidebilirim.

– O zaman git, konuş.

Zeybek, emaneten bir arkadaşından aldığı Anadol marka otomobiliyle, güvendiği bir arkadaşıyla birlikte yola çıktı. Adıyaman uzaktı. Yol boyunca sol fraksiyonların işaretleri ve yazıları vardı. Biri bitiyor, öteki başlıyordu. Sonunda gece Menzil'e ulaştılar. Menzil'e gelen müritler gibi Zeybek ile arkadaşı da yatmak için camiye gittiler. Birçokları gibi uzanıp sabahı beklediler.

Sabah namazı okununca Şeyda Hazretleri (öyle deniyordu) geldi. Namazı kıldırdı. Cemaate bakmaya başlayınca kendisini aradığını düşündü. Yanına yaklaştı. Şeyh yanında bekleyen görevliye, "Misafiri divana alın" dedi. Divanda, tereyağlı, ballı, yumurtalı bir kahvaltı hazırdı. Kahvaltı bittikten sonra Seyda geldi. Zeybek, arkadaşıyla birlikte Menzil'e görevli olarak geldiğini, Genel Başkanı Alparslan Türkeş'in selamlarını iletti, tarikat olarak MHP'yi desteklemeleri isteğini iletti. Şeyh sordu:

– Türkeş namaz kılıyor mu?

– Cumaları kılıyor, diğerlerini bilmiyorum. Ama benim gençlere tasavvufu anlatmamı o istedi. Ayrıca bizim mücadelemiz olmazsa Türkiye komünist olacak. O zaman da ne cami kalır ne namaz ne de tasavvuf.

Şeyh, başını öne eğdi, biraz düşündü. Başını kaldırdı Zeybek'e şunları söyledi:

"Biz insanları Allah yoluna çağırıyoruz. Bize sarhoş gelenler namaza başlıyor. Bizim işimiz gelenleri siyasette yönlendirmek değil. Biz onu yapamayız. Sofiler arasında CHP'liler de var, Adalet Partililer (AP) de var. Ama siz siyasetçisiniz, girin sofilerin içine, partinizin tanıtımını yapın; serbest... Zaten Milli Selamet Partililer (MSP) de buralarda dolaşıp duruyorlar."

Namık Kemal Zeybek ordan ayrılırken karışık duygular içindeydi Kendisini görevini başaramamış olarak görüyordu. Ama bir yandan da, din büyüklerinin kendilerine bağlananları siyasi partilere yönlendirmelerinin yanlış olduğunu düşündüğü için takdir hisleri duyuyordu. "İşin esası, biz o yıllarda kendimizi bir siyası parti olarak değil, dinin, devletin, milletin ve vatanın koruyucuları olarak görüyorduk" dedi.

Talimat kesindi: "Menzilcilerin içine gir ve onları partiye bağla"

Ankara'ya dönünce durumu olduğu gibi Genel Başkan Türkeş'e anlattı ve ne yapması gerektiğini sordu. Türkeş'in talimatı şöyle oldu:

"Gir içlerine ve partiye bağla. Yalnız Menzil'de değil, diğer dini cemaatlerde de aynı çalışmayı yap."

Namık Kemal Zeybek, artık Menzilcilerin içine girmiş, Ülkücü gençler arasında Menzil'e gidenlerin sayısı da artmıştı. Zeybek, "Ava giden avlanırmış" dedi ve o günlerde sürdürdüğü çalışmayı şöyle anlattı:

> Menzil cemaatinde MHP'ye karşı ilgi ve destek başladı. Bir yandan da arayış içinde olan Ülkücü gençlik arasında Menzil köyüne gidenler çoğaldı. Gençlerin otobüsler tutup Menzil'e gitmeleri ko-

nusunda hiçbir çabam olmadı. Ama dolaylı olarak bu işin sorumlusu olarak görülmeye başlandım. Bu görüş çok da haksız görünmüyordu. Çünkü eğitimcilerin başkanı ve teşkilatların koordinatörü yakından ilgilendiğine göre, demek ki bu durum onaylanıyordu. Bir süre sonra sıkıntı başladı. Ülkücüler arasında değil ama partililer içinde birileri bu durumdan rahatsız oldu. Kimileri gerçekten yanlış buluyorlardı. Kimileri de bu konuyu, çok fazla güç kazanmış olan beni yıpratmak için kullanıyorlardı. Genel başkana gidip "Namık Kemal Zeybek, eğitim işini ve Nakşibendiliği kullanarak sizin yerinizi almak istiyor" diyenler olmuş. Genel başkanın buna inandığını sanmıyorum. Ama çok yetki verdiği bir kişiye karşı oluşan itirazlar onu rahatsız etmiş olabilir.

Bu rahatsızlık somut olaylarla ortaya çıkmaya başlamıştı. Bir gün Menzil Şeyhi Seyda'nın halifelerinden Mehmet Yarbay, Zeybek'e geldi. Alparslan Türkeş'in kendisini çağırdığını söyledi ve birlikte gitmelerini istedi. Gittiler. Zeybek, Mehmet Yarbay'ın özel kalemde beklemesini istedi ve kendisi Türkeş'in odasına girdi. Durumu anlattı. Türkeş, "Hayır, böyle bir isteğim olmadı. Bu kişi de tanımıyorum" derken sinirlendi, "Kim oluyor bunlar? Size niye böyle kolay ulaşıyorlar? Size yedi kapıdan geçip gelmeleri gerekir" dedi.

Zeybek şaşırdı, üzüldü. Mehmet Yarbay'a, "Bir yanlış anlama var. Sizi çağırmamış size kim söyledi çağırdığını?" diye sordu. "Yaşar Okuyan" dedi Mehmet Yarbay. Zeybek, hemen Okuyan'ın odasına gitti. Okuyan, Türkeş'in çağırttığını belirtince, Zeybek ve Okuyan birlikte Türkeş'in odasına gittiler. Orada anlaşıldı ki Türkeş bir isim söylemiş ve Okuyan, Yarbay'ı anlamış.

Olay ilginçti. Kahramanmaraş'ta bir şehit için okunan mevlitte Mehmet Yarbay da varmış. Seyda'nın bir vekili particilik yapıp MSP propagandası yaptığından onu görevden almaya gönderilmiş. Camideki kalabalığı da sofiler zannetmiş. "Yarın ankette hangi partili olduğunuz değil; dininiz, imanınız sorgulanacak" konulu bir konuşma yapmış. Okuyan gelmiş, bunu genel başkana anlatmış. Genel başkan da il başkanını kastederek, "Çağırın onu buraya!" demiş. Yaşar Okuyan, Yarbay çağrılıyor sanmış. Neyse yanlışlar düzeltildi. Genel başkan, kendisiyle görüşmekte ısrar eden Yarbay'la görüştü. Onu öperek yolculadı. Meğerse bir kıtada birlikte çalışmışlar.

"Menzil ve diğer tarikatlar için çalışmaya devam et"

Olay böylece kapandı. Ama Zeybek, bu olayın derinliklerinde olan biteni daha iyi anladı. Yarbay gidince genel başkanın odasına tekrar girdi, "Efendim, beni Adıyaman'a siz gönderdiniz ve bir görev verdiniz. Görevimi yapmaya çalışıyorum. Uygun bulmuyorsanız bu işi bırakayım" dedi. Türkeş ise "Hayır, devam edin" talimatını verdi.

1980 Temmuz'unda genel başkan, Zeybek'i çağırdı. Aralarında şu konuşma geçti:

– Sizi artık milletvekilliği ve bakanlığa hazırlamalıyız. Ramiz Ongun askerden döndü. Eğitim işini ona bırakın.

– Efendim, Ramiz çok iyi bir teşkilatçı... Ama eğitim işinin fikri taraflarını ben yürütmeliyim.

– O konularda yine kendisine yardım edersiniz.

– Peki, hazırlığımı yapayım.

Genel başkanın yanından ayrılırken Zeybek'in canı sıkılmıştı. Zeybek, Ramiz Ongun'un eğitim işinin başına geçmesini beklerken, Yüksek Kurul'un toplantılarına da çağrılmamaya başlandığına tanık oldu. Çok sonra Dil Okulu'nda tutukluyken, Avni Çarsancaklı'dan olayın içyüzünü öğrendi, Eğitim işlerinin başına Ramiz Ongun'un geleceğini duyunca, arkadaşlarıyla toplanıp bir değerlendirme yapmışlar. "Namık Kemal Zeybek bizim Türkçü arkadaşımızdır. Son zamanlarda tarikat sapması var, ama güvenilir insandır. Ramiz Ongun onun yerine gelmemelidir" kararına varmışlar ve genel başkana giderek Ramiz Ongun'un bu konuma getirilmesinin yanlış olduğunu söylemişler. Genel başkanı ikna etmişler. Zeybek, 12 Eylül 1980 darbesine kadar MHP'deki görevini sürdürdü.

Zeybek, eski günleri anlatırken, Atatürk'ün de Kurtuluş Savaşı döneminde şeyhlerle işbirliği yaptığını, kendilerinin de zamanı gelince bunlardan kurtulacağını düşündüklerini belirtti, "Ama yanlış yapmışız" demeyi de ihmal etmedi. Zeybek, *Siyaset Yolu* kitabında da bu konulara değindi.

Koray Aydın: "Cezaevinden çıkan gençler Menzil'in yolunu tutuyordu"

MHP'de yıllarca yöneticilik yapan, milletvekilliği, bakanlık görevinde bulunan Koray Aydın, MHP'den ayrılıp İYİ Parti'nin kuruluşunda bulundu. Rahmetli Alparslan Türkeş'in, tarikatlarla ilgili çalışma yapılması konusunu, ülkücülerin Menzil tarikatına gidişleriyle ilgili gelişmeleri de biliyor. Koray Aydın, bu kitap için şunları anlattı:

O dönemde MHP'de genişleme, büyüme stratejisi belirlendi ve buna bağlı olarak parti içinde görev yapan ve dini hassasiyetleri yüksek olan bazı arkadaşlara çeşitli tarikatlarla ilgilenmeleri görevi verildi. Böylece, onlarla diyaloğu geliştirecek, gerekirse onların içinden milletvekili adayı çıkarılması yönünde de çalışma yapılacaktı. Bu atılımın ciddi sonuçlarını da gördük. Böylece, Adalet Partisi'nin MHP üzerindeki "MHP'nin dinle alakası yok. Bunlar kuru milliyetçiler" lafı sözde kalmaya başladı. Hatta, Necip Fazıl Kısakürek de MHP'ye geçti. MHP mitinglerine katılarak konuşmalar yapmıştı. Böylece ileriye dönük bir pencere açıldı ve bütün tarikatların içine girmiş olduk.

12 Eylül 1980 harekâtından sonra yaklaşık 30 bin civarında Ülkücü cezaevine girdi. İçeriye girenler günlerini dini kitaplar okuyarak geçiriyordu. Cezaevi günleri, işkenceler gençler üzerinde büyük bir boşluk yaratmıştı. Sonrasında cezaevinden çıkanlar ağırlıklı olarak Menzil'e gitmeye başladı.

Yalnız kendileri değil, çevrelerinden de insanları topluyor, otobüsle Menzil'in yolunu tutuyorlardı. Bu, onlar için bir terapi oluyordu. Orayı "Kendine gelme yeri" olarak görüyorlardı. Buna kimse de bir şey demiyordu. Çünkü cezaevinden psikolojik olarak çok yıkılmış olarak çıkıyorlardı. Daha sonraki süreçte, Büyük Birlik Partisi (BBP) ayrışmasında özellikle Menzilciler, Muhsin Yazıcıoğlu ile birlikte MHP'den koptular. Böyle bir sürecin yaşanmasında Fethullah Gülen'in de desteği oldu. Her taraftan büyük birlik oluşturma çabası başlatıldı. Sonra rahmetli Muhsin'i yolda bıraktılar. İşin içinde bir organizasyon olduğu anlaşıldı.

İddianameden: Şeyh 1 milyon dolarlık arazi aldı

Menzil yeni değil, yıllardır gündemde. Ancak, Menzilcilerle ilgili haberler basında yer almıyor. Menzilcilerle ilgili çalışma yaparken, kendi arşivime baktım. Menzilciler için sınırlı bilgilere rağmen değişik tarihlerde şu yazılarım yayımlanmıştı:

> Ankara Esenboğa Havaalanı'na giderken yolunuz Pursaklar kasabasından geçer. Ankara'nın gelişime açık yörelerinden birisi. Ancak son yıllarda bu kasabadan söz edilirken "tarikatların merkezi" olarak nitelendiriliyor. Bu kasabaya bakıyorsunuz bir gece yarısı "kırmızı plakalı" makam otomobilleri geliyor. Arabalardan bakanlar, milletvekilleri çıkıyor. Onlar gelince bürokratların ayakları da buradan hiç eksik olmuyor. Hatta rivayet edilir ki bazı atamalar Pursaklar kasabasındaki bir "dergâh"ta planlanıyor.
>
> Dergâh mı? Evet, dergâh. İşte bu dergâh son yıllarda hayli önem kazandı. Adıyaman Menzil Şeyhi Muhammed Raşit Erol'un vefatından sonra oğlu Feyzeddin Erol babasının yerine geçti. Siyaset ve bürokrasi üzerinde de hayli etkili olduğu söyleniyor. Eğer bu kadar etkili olmazsa "el öpmek" için uzun yollardan gelinmez... Feyzeddin Erol'un ziyaretçileri arasında kimler yok ki? Hani Atatürk'ün TBMM'de üniformalı fotoğrafının indirilmesini isteyen milletvekili de o evin devamlı misafirlerinden birisi. Birçok konu da "o meclis"te konuşuluyor, sonra diğer yerlere bunlar taşınıyor.
>
> Yakın bir zaman önce bu dergâha Ankara Keçiören Jandarma Komutanlığı ekipleri tarafından düzenlenen baskında tam 42 kamu görevlisi yakalandı. Gecenin bir saatinde 42 kamu görevlisi Pursaklar kasabasında ne arıyor? Bakıyorsunuz, gidenlerin çoğunluğu Sağlık Bakanlığı personeli. Aralarında Milli Eğitim Bakanlığı, İçişleri Bakanlığı görevlileri de var. Demek ki toplanmanın bir araya gelmenin de bir amacı bulunuyor. "Şeyh" Feyzeddin Erol'un sağlık alanında bazı işadamlarıyla yakın ilişki içinde olduğu söyleniyor. Hatta bazı şirketlerin "gizli ortağı" olduğu belirtiliyor. Bunu kendisine sormak istiyoruz ama "şeyh"e ulaşmak ne mümkün...

Şeyhe dava açıldı

Ankara Cumhuriyet Savcısı Hamza Uçar tarafından hazırlanan 2004/3 sayılı iddianameye göre, Asliye Ceza Mahkemesi'nde "şeyh" Feyzeddin Erol'un da aralarında bulunduğu 17 kişi hakkında dava açıldı.

İddianamede sanıkların kimlikleri sıralanıyor. Tabii başta "şeyh" unvanını kullanan ya da kendisine bu isim verilen kişi var. Sanıkların kimler olduğunu iddianameden okuyoruz:

Feyzeddin Erol, Ahmet Demirbaş, Mikail Ölmez, Yusuf Abdullah Şen, Kemal Bilim, Kemal Yatağan, Sevgi Demirbaş, Ali Levent Çeliker, Burhanettin Erol, Mehmet Adil Hilal, Baha Genç, Kerim Ejdar, Şeref Erol, Ragıp Akar, Abdullah Kelleci, Kamil Kaya, Mehmet Yüksel.

Keçiören İlçe Jandarma Komutanlığı, Pursaklar'da olup bitenleri yakından izliyor. İzlendiği, Cumhuriyet Savcılığı'na verilen belgelerin değişik tarihler taşımasından da anlaşılıyor. Ekteki belgelere göre "Menzil Grubu" dergâhı Adıyaman'dan sonra önce Afyon'a taşıyor. Bu yüzden Afyon Cumhuriyet Başsavcılığı tarafından Feyzeddin Erol hakkında kovuşturma başlatılıyor. Bu konuda Cumhuriyet Savcılığı'nın 20 Nisan 1999 tarih ve 1999/679 esas sayılı iddianame hazırlanıyor.

Afyon 1. Asliye Ceza Mahkemesi'nde açılan dava, 16 Ocak 2001 tarih ve 2001/312 sayılı kararıyla ertelendi. Hakkında yasaya muhalefet suçundan kamu davası açılan Feyzeddin Erol ve diğer sanıklar bu olaydan sonra Ankara'ya gelip Pursaklar'da "dergâh" açıp faaliyetlerini burada yürütmeye başladılar.

Keçiören Jandarma Komutanlığı'nın "dergâh"ta yaptığı aramalar sonucu düzenlenen tutanakların içeriğine göre, sanıklar Pursaklar'da "dergâh" açıp buraya devam edenlere dini eğitim vermeye başladılar. Ancak sanıklar bu iddiayı kabul etmedi. Toplantıların amacını "sohbet için bir araya gelme" diye nitelediler.

Ancak sanıklardan Burhanettin Erol'un jandarma komutanlığında alınan ifadesi, jandarmanın tutanağında hiç de öyle denilmiyor. Elbise askılarında 30 kişinin adı yazılı. Mutfak eşyalarının sayısı ve nitelikleri, eğitim görenlere ait 30 adet valiz bulunması Burhanettin Erol'un dini eğitim gören öğrencilerle ilgili açıklamaları, 5-10 metre uzaklıkta cami olmasına rağmen sanıkların camide değil de kendilerine ait "dergâh"ta toplanıp burada ibadet etmeleri olayı ortaya koyuyor.

Feyzeddin Erol'un çalışmalarını rahatlıkla yürütmek için Sivrihisar'da geniş bir çiftlik aldığı belirtiliyor. Peki, bu çiftlik için iddianamede belirtilen paranın ne kadar olduğunu da yazalım: Tam 1 milyon dolar... Rakamı yanlış okumadınız, tam 1 milyon dolar. Bu ne para, bu ne güç öyle? Cumhuriyet Savcısı Hamza Uçar iddianamesinde şunları yazıyor:

"Sanık Feyzeddin Erol'un Pursaklar'daki faaliyetlerinin jandarma tarafından yakın takibe alınması üzerine Sivrihisar'da 1 milyon dolara arsa alması dikkate alındığında, sanıkların savunmalarına itibar edilemeyeceği ve suçlarının sabit olduğu, sanıkların suçu doğrudan doğruya birlikte işlediklerinin kabulü gerektiği, bütün evrak içeriğinden anlaşılmış bulunuyor."

Nereden buldun?

Türkiye'de her alanda ihtiyaca göre yasa çıkarılmış. "Nereden Buldun Yasası" da işte bir ihtiyacı gidermek için çıkarılmıştı. Kazancıyla orantılı olmayan para ve mal edinenlere "Nereden buldun?" diye sorulması gerekiyor.

Feyzeddin Erol eğer iddianamede belirtildiği gibi Sivrihisar'da Sakarya Nehri kenarında 1 milyon dolara çiftlik aldıysa sormak gerekiyor "Feyzeddin Bey bu kadar parayı nereden buldun açıkla" diye. Bu çiftliğe belli günlerde helikopterle Feyzeddin Erol'un geldiği, çiftlikte gözlerden uzak bir biçimde çok sayıda resmi ve lüks otomobillerle gelenler olduğunu Sivrihisar'da bilmeyen yok.

Bu da iddianamede yazılan. Bir de Feyzeddin Erol'un sağlık sektörüyle ilgili "gizli" ortağı olduğu şirketlerden söz ediliyor. Sağlık Bakanlığı'nın bazı ihalelerini şirketlerinin aldığı konuşuluyor. Konuşulduğuna göre bu konunun da birileri tarafından sorulması gerekmiyor mu?

(31 Mayıs 2004, *Gözcü* gazetesi)

Bu yazıdan sonra, mahkeme Feyzeddin Erol hakkında beraat kararı verdi.

* * *

Nereden buldun Feyzeddin Bey?

AKP hükümetinin kuruluşunun hemen ardından Menzil Şeyhi Feyzeddin Erol, Sivrihisar'da tam 1 milyon dolara 2.803 dönümlük arazi aldı. Çiftlik arazisinin askeri havaalanının yanında olması, askerler kadar bazı kuruluşların da ilgisini çekti. O fotoğraflar da bombalanmak için bir kuruluşun isteği üzerine çekildi.

Adıyaman'ın Kâhta ilçesine bağlı Menzil köyü, 1970'li yıllarda tanınmaya başlandı. Alkol ve uyuşturucu tutkunlarının, bunları bırakmak için Menzil'e gittikleri, "Şeyh" denilen Muhammed Raşit Erol'un okuyup üflemesinden sonra bu alışkanlıklarından kurtuldukları söyleniyordu. 12 Eylül 1980 harekâtından sonra, Erol da önce Ankara, ardından Çanakkale'de zorunlu ikamete tabi tutuldu.

Muhammed Raşit Erol, Ankara'da Çankaya'da Abdullah Cevdet Sokakta ikamet ediyordu. Kendisinden "Mübarek" diye söz ediliyordu. Katarakt ameliyatını da Ankara'da yaptırdı. Gözü de o dönemde açıldı. Köy statüsünde olan Esenboğa Havaalanı yolundaki Pursaklar'ı, üs tutmaya başladı. Erol'un vefatından sonra yerine büyük oğlu Feyzeddin Erol geçti. Erol'un özellikle Sağlık Bakanlığı bürokrasisi ve ihalelerinde de etkili olduğu belirtiliyordu.

Dergâh sorumlusu, TSK'dan atılan kişi

AKP iktidarından sonra, Jandarma, "Menzil dergâhı"na baskın yaptı. Şaşırtıcı bir gerçekle karşılaşıldı. Çünkü gözaltına alınanlardan 35'i kamu görevlisiydi. Aralarında polis, öğretmen, müdür düzeyinde kişiler vardı. 7 kişinin durumu ise daha bir başka özellik taşıyordu. Çünkü bunlar, irticai faaliyetleri nedeniyle Türk Silahlı Kuvvetleri'nden "ihraç" edilmiş astsubaylardı. Üstelik bunlardan A.D. "erkekler dergâhı"nın sorumluluğunu yapıyordu.

Ankara Cumhuriyet Savcısı Hamza Uçar tarafından hazırlanan 2004/3 sayılı iddianameye göre, Asliye Ceza Mahkemesi'nde "şeyh" Feyzeddin Erol'un da aralarında bulunduğu 17 kişi hakkında dava açıldı. Uzun süren yargılamalardan sonra, dava beraatla sonuçlandı.

Afyon'dan Ankara'ya, sonra Sivrihisar'a

Menzil grubu açılımı önce Afyon'dan başlattı. Ancak, Menzilcilerin faaliyetleri üzerine Afyon Cumhuriyet Başsavcılığı tarafından

Feyzeddin Erol hakkında kovuşturma başlatıldı. 20 Nisan 1999 tarih ve 1999/679 esas sayılı iddianame hazırlandı. Afyon 1. Asliye Ceza Mahkemesi'nde açılan dava, 16 Ocak 2001 tarih ve 2001/312 sayılı kararıyla ertelendi. Hakkında yasaya muhalefet suçundan kamu davası açılan Feyzeddin Erol ve diğer sanıklar bu olaydan sonra Ankara'ya gelip Pursaklar'da "dergâh" açıp faaliyetlerini burada yürütmeye başladı. İşte, o dönemde Sivrihisar'da çiftlik arazisi gündeme geldi.

Asıl sorulması gereken soru

Feyzeddin Erol'un çalışmalarını rahatlıkla yürütmek için Sivrihisar'da Aşağıkepen köyü Veletler Mevkii'nde arazi satın almaya başladı. Alınan arazi şöyle böyle değil tam 1 milyon dolarlık. Rakamı yanlış okumadınız, tam 1 milyon dolar. Bu ne para, bu ne güç öyle? İşin ilginç yönlerinden birisi de, AKP'nin 2002 seçimleri kazanmasının hemen ardından arazilerin 30 Aralık 2002 tarihinde şeyh tarafından alınması.

Türkiye'de her alanda ihtiyaca göre yasa çıkarılmış. "Nereden Buldun Yasası" da işte bir ihtiyacı gidermek için çıkarılmıştı. Kazancıyla orantılı olmayan para ve mal edinenlere "Nereden Buldun?" diye sorulması gerekiyor.

Feyzeddin Erol'un eğer iddianamede belirtildiği gibi Sivrihisar'da Sakarya Nehri kenarında 1 milyon dolara 2.803 dönüm arazi aldıysa ilgili makamların da "Feyzeddin Bey bu kadar parayı nereden buldun açıkla" demesi gerekiyor.

İşte, bunun bir özelliği var

Menzil Şeyhi olarak bilinen Feyzeddin Erol, Sivrihisar'da binayı aldığı zaman orada üç beş bina bulunuyordu. Bugün ise farklı bir yer. Orada ne olup bittiği de devlet tarafından bilinmiyor. Çünkü, ülkede "irticai faaliyetler" artık araştırılamıyor.

Feyzeddin Erol'un kapattığı araziler, Hava Kuvvetleri Komutanlığı'nın niçin ilgi alanına girmiş? Girer, çünkü Sivrihisar'da askeri havaalanı var. Bu alanın dibinde "şeyh"in arazi kapatmasının da bir anlamı olamaz mı? Ya da başka bir kamu kuruluşunun isteği üzerine bu hava fotoğrafları çekilmiş olamaz mı? Bunlar, mahkemede kuşkusuz ortaya çıkacaktır.

Peki, Menzilcilerin "Bilvanis" adını verdiği çiftlik, Türk Hava Kuvvetleri tarafından bombalanır mı? Dönemin Eskişehir 1. Hava Kuvvetleri Komutanı Korgeneral Bilgin Balanlı imzasıyla 2007 yılında Hava Kuvvetleri Komutanlığı'na gönderilen yazıda, "Emir verildiğinde havadan yere taarruzlar icra etmek üzere ayrıntılı hedef analiz çalışması yapılacaktır" deniyor.

Hatırlatalım, bu yazıda Bilgin Balanlı'nın adı var, ama imzası yok. Bu yazı için Genelkurmay Başkanlığı'nın da ne dediğine bakalım:

"Çiftliğe Hava Kuvvetlerimiz tarafından hava saldırısı yapılacağına dair habere dayanak teşkil eden belgenin gerçek olmadığı anlaşılmıştır."

Çiftliğin bombalanacağına ilişkin imzasız yazılar kadar, 1 milyon dolarlık arazinin şeyh tarafından nasıl alındığı da sorgulanmalı...

(7 Haziran 2011 *Sözcü* gazetesi)

* * *

Sağlık'ta, Menzilcilere operasyon

2011 yılında "reform" adı altında sağlık sisteminde, muhalefetin ve Tabipler Birliği'nin karşı çıkmasına rağmen köklü değişiklik yapan hükümet, altı yıl aradan sonra yeniden eski sisteme döndü. Doktor olmayanların da hastanelerde yöneticiliğe getirilmesine olanak sağlayan sistemle, Menzil tarikatına mensup olduğu öne sürülen kişiler önemli makam mevkilere getirildi. Yeni Sağlık Bakanı Ahmet Demircan, hem yeni düzenlemeyle, hem de bakanlığı "Menzilci"lerden kurtarmak için yeni bir yapılanma başlattı.

Oluşturulan Kamu Hastaneleri Kurumu Başkanlığı ve illerde genel sekreterliklere sözleşmeli personel atandı. Devlet hastaneleri genel sekreterliklere bağlandı, birinci basamak sağlık hizmeti Halk Sağlığı Kurumu'na bırakıldı. 112 Acil Ambulans görevi de il sağlık müdürlüklerine devredildi. Hastanelere hem başhekim, hem de yönetici atamasıyla da "sen yetkilisin-ben yetkiliyim" kavgaları da eksik olmadı.

Eskiye dönüş

Recep Akdağ'ın Sağlık Bakanlığı'ndan alınmasından sonra, yeni Bakan Ahmet Demircan, altı yıldır uygulanan sistemi kökten değiştirdi. Türkiye Halk Sağlığı Kurumu, Kamu Hastaneleri Kurumu kaldırıldı, bunlar 2011 yılından önce olduğu gibi yeniden genel müdürlüğe dönüştürüldü. Kadroları iptal edilen kurumların üst düzey yöneticileri ile il/ilçe sağlık müdürlerinin de görev süreleri sona erdirildi.

Yeni yapılanma çerçevesinde sağlık hizmetleri il/ilçe sağlık müdürleri tarafından verilecek, İldeki sağlık hizmetlerinden il sağlık müdürleri sorumlu olacak. İl/ilçe sağlık müdürlükleri bu amaçla (başkanlık/başkan yardımcılığı şeklinde) yeniden yapılandırılacak. İl/ilçe müdürlüğü, başkan/başkan yardımcılığı, başhekim gibi görevlere sözleşmeli personel atanacak. Bu amaçla 9.831 adet kadro verildi.

Hastaneler, baştabipler tarafından yönetilecek. İl düzeyindeki hastanelerin niteliklerini belirleyen grup seviyelerinin yükseltilememesi/düşürülmesi hallerinde il sağlık müdürü veya ilgili başkanın, bu durumlar hastane ölçeğinde gerçekleşirse başhekimin görevine son verilecek. Sağlık Bakanlığı yurtdışı sağlık hizmeti sunmak amacıyla sağlık birimleri kurabilecek ve işletebilecek.

Doktor açığı devam ettiği için Sağlık Hizmetleri Temel Kanunu'nda yapılan değişiklikle aile hekimlerine 72 yaşına kadar çalışabilme olanağı getirildi.

Kararlı davranıldı

Sağlık Bakanlığı'nca yıllardır "Menzil tarikatına" bağlı kişilerin önemli görevlere getirildiğini belirten Sağlık Bakanlığı yetkilileri, yapılan köklü değişikliğin altında bu grupların ayıklanmasının da yattığını söylediler. Personel atama ve yer değiştirmelerinde etkili olan Sağlık Yönetim Hizmetleri genel müdürü de değiştirildi, bu göreve Dr. Mehmet Akgül getirildi.

FETÖ'cülerin geçmişte etkili olamadığı Sağlık Bakanlığı'nın Menzil tarikatının yönetiminden kurtarılması için Sağlık Bakanının kararlı olduğu bildirildi.

Bakanlıktaki gelişmeleri yakından izleyen eski Sağlık Bakanlığı Müsteşarı, CHP Milletvekili TBMM Sağlık Komisyonu Üyesi (son seçimde İYİ Parti'den milletvekili seçildi, genel başkan yardımcısı oldu) Aytun Çıray şunları söyledi:

"Birilerine makam mevki vermek amacıyla sağlıkta üç başlı bir sistemi tüm uyarılara rağmen 2011 yılında getiren Sağlık Bakanlığı, 2011 öncesinde olduğu gibi sağlık hizmetlerini tek elde toplama kararı aldı. Yapılanlar, eskiye dönüşle hataların bir kısmının giderilmesidir. Bugün, sistemde büyük finansman kaçağı devam ediyor.

Hatayı fark etmeleri önemlidir. Yapılan düzenlemeyi destekliyoruz. Buradaki tarikat yapılanmasının da sonlandırılması gerekiyor. Bir cemaat temizlenirken, yeri başka bir cemaat/tarikat tarafından doldurulmamalı. Bakanı bu konuda kararlı görüyoruz. Gelişmeleri yakından izleyeceğiz."

(10 Eylül 2017 *Sözcü* gazetesi)

* * *

Bu yazıdan sonra ne olduğuna bakalım

Ahmet Demircan'ın Sağlık Bakanlığı döneminde Menzilcileri temizlemek için çok önemli adımlar atıldı. Önce kanunla unvanlı 8.400 kişi bir gecede görevden alındı. Yeni atamalarda güvenlik soruşturması yapıldı. Eski görevlilerden yaklaşık 400'ünün göreve atanması güvenlik soruşturması sonucu sakıncalı bulundu. Yaşanan ilginç olaylardan birisi de, FETÖ'cü olarak tanınanların, kendilerini gizlemek için "renk değiştirmesi" oldu.

Güvenlik soruşturmalarında Fethullahçı, PKK'lı, sol örgüt mensubu ya da bu yapılara yakınlığı olanların durumu belirtilmesine rağmen, raporlarda "Menzilcidir" denilen kimse çıkmadı. Sağlık Bakanlığı'nda Menzilcileri temizlemek için göreve getirilenler bu kez operasyona uğradı. Kendisine verilen görevi yasalar çerçevesinde yürütmeye çalışan Sağlık Yönetim Hizmetleri Genel Müdürü Mehmet Akgül, ancak 9 ay 10 gün görevde tutuldu. Bir sabah ona görevden alındığı tebliğ edildi.

* * *

Fethullahçıların yerini Menzilciler nasıl alıyor?

Bir dönem büyük destek gören Fethullahçılar, bürokrasiye büyük ölçüde ele geçirmişti. Şimdi de bürokraside Menzilciler büyük güç kazandı. Eski Fethullahçıların bazıları da bu yapının içinde yer almaya başladı. Menzilcilerin de vakıfları, yayın organları, otobüs işletmesi, hac ve umre organizasyonları var. Köyde 1020 devre mülk yaptırılmış.

Bir dönem Fethullahçıların bürokrasideki yükselme taktiklerini şimdi de Menzilciler uyguluyor. Fethullahçılardan kopanlar da Menzil içinde yer almaya başladı. Onların taktikleri de etkili oluyor.

Adıyaman'ın Kâhta ilçesine bağlı Menzil köyü, 1970'li yıllarda tanınmaya başlandı. Alkol ve bağımlıları, alışkanlıklarından kurtulmak için Menzil'e gidiyor "Şeyh" dedikleri Muhammed Raşit Erol'un okuyup üflemesinden ve onun verdiği çorbayı içmelerinden sonra bu alışkanlıklarından kurtuldukları söyleniyordu. 12 Eylül 1980 harekâtından sonra, Erol da önce Gökçeada, ardından Ankara'da zorunlu ikamete tabi tutuldu.

Muhammed Raşit Erol, Ankara Çankaya'da Abdullah Cevdet Sokak'ta oturuyordu. Kendisinden "Mübarek" diye söz ediliyordu. Katarakt ameliyatını da Ankara'da yaptırdı. Gözü de o dönemde açıldı. O dönem köy statüsünde olan Esenboğa Havaalanı yolundaki Pursaklar'ı üs tutmaya başladı. Erol'un vefatından sonra yerini Feyzeddin Erol aldı. Erol'un özellikle Sağlık Bakanlığı bürokrasisi ve ihalelerinde de etkili olduğu da belirtiliyordu. Şeyh Abdülbaki Erol'un bugün hastane sahibi olduğu biliniyor.

Sorumlusu TSK'dan atılma

Jandarma, "Menzil dergâhı"na baskın yaptı. Şaşırtıcı bir gerçekle karşılaşıldı. Çünkü gözaltına alınanlardan 35'i kamu görevlisiydi. Aralarında polis, öğretmen, müdür düzeyinde kişiler vardı. 7 kişinin durumu ise daha bir başka özellik taşıyordu. Çünkü bunlar, irticai faaliyetleri nedeniyle Türk Silahlı Kuvvetleri'nden "ihraç" edilmiş askerlerdi. Üstelik bunlardan A.D. "erkekler dergâhı"nın sorumluluğunu yapıyordu.

Menzil grubu açılımı önce Afyon'dan yürüttü. Afyon Cumhuriyet Başsavcılığı tarafından Feyzeddin Erol hakkında 1999/679 esas sayılı iddianame hazırlandı. Afyon 1. Asliye Ceza Mahkemesi'nin 16 Ocak 2001 tarih ve 2001/312 sayılı kararıyla dava ertelendi. Hakkında yasaya muhalefet suçundan kamu davası açılan Feyzeddin Erol ve diğer sanıklar bu olaydan sonra Ankara'ya gelip Pursaklar'da "dergâh" açıp faaliyetlerini burada yürüttü. 2003 yılından itibaren de Sivrihisar'ın çiftlik arazisi gündeme geldi. Ama, Menzil'in asıl kanadı ise doğduğu yer olan Menzil köyüdür. Ama bugün oraya köy denilmez.

Büyüdükçe büyüyorlar

Menzilciler, aslında ikiye bölünmüş durumda. Bürokrasi içinde hayli etkili olan Menzilcilerin, ana merkezi Menzil, lideri ise Abdülbaki Erol. Ancak Feyzeddin Erol'un gücü de az değil. Dünün Fethullahçılarının da şimdi Menzil'in içinde yer almaya başladığı konuşuluyor. Özel idarenin yatırımlarının önemli bir bölümü Menzil'e yapılıyor. Artık, Menzil'e o kadar gelen-giden oluyor ki, devlet olanaklarıyla büyük bir terminal yapıldı. Cumayı cumartesine bağlayan geceden başlamak üzere Menzil'e hafta sonu gelenlerin sayısı hiçbir zaman 15 binden aşağı düşmüyor. Gelenlerin kaldıkları, yemek yedikleri yerler de farklı. Sınıf sınıf yerler yapılmış. Şeyhin misafirlerine papyonlu garsonlar hizmet ediyor, özel odalarda ağırlanıyor. "Sofi" dedikleri kişiler ise cami altında, dergâhta, otobüslerde kalıyor. Sonuçta kimse aç ve açıkta değil.

Onların da vakıfları, otobüs firması, televizyonu, hac umre organizasyonları var. Hayvancılık, tarım işleri de yapılıyor. Bu işlerde çalışanlar hep gönüllülerden oluşuyor. Örneğin, tarlada yapılacak bir iş varsa, "Gelsin on sofi" denildiğinde koşarak gidiyor ve işleri yapıyorlar. Yani işçiliğe para yok. Aslında ilçe merkezine götürülmesi gereken su, 15 kilometre uzaklıktan Menzil'e getirildi. Köyün suya çok ihtiyacı var. İnanmayacaksınız ama şu anda tamamlanmış 1.400 devre mülk yapılmış. Bunlar şimdiden satıldı bile ve yeni inşaat planlamaları yapılıyor. Menzil'in mürit sayısı da milyonlarla ifade ediliyor. Türkiye'den en çok Karadeniz bölgesi ve İstanbul'dan geliyorlar. Afrika ve Ortadoğu'da da bu tarikatın müritleri bulunuyor.

Siyasetçiler ön safta

Devletin FETÖ ile kararlı mücadelesi devam ederken, Menzil birden siyasetçilerin de gözdesi oldu. Köyde daha çok Siverekliler çalışıyor. Hatta güvenliği de onlar sağlıyor. Gelen siyasetçilere, bürokratlara caminin ön safında yer açılması görevini de onlar üstleniyor.

Menzilcilerde şeyh adına işleri Seyyid Saki Erol yürütüyor. Fettah Erol tarikat işleriyle, Mübarek Erol ise siyaset ve bürokrasi ayağıyla meşgul. Menzil'de bulunan bütün apartmanlar, dükkânlar, lokantaların hemen hepsi şeyhe ait. Oradan hediyeler alıp memleketlerine götürülmesi âdet haline gelmiş. Oraya gelen tahta kaşıkla buğday çorbası içiyor.

Anlaşılıyor ki bir cemaatin gücü kırılırken, yerini başka cemaatler, dini vakıf ve dernekler almaya başladı. Nasıl bir dönem Fethullahçılar bürokrasiyi ele geçirdilerse, Menzilcilerin de giderek bürokraside güç kazandığını, yalnız Sağlık Bakanlığı'nda değil, diğer bakanlıklarda da söz sahibi oldukları da bir gerçek...

(1 Nisan 2018, *Sözcü* gazetesi)

* * *

Sahte "seyyid"ler yüzünden İslam'a zarar veriliyor

Dr. Seyyid Hüseyin Zerraki, Dünya Seyyidler ve Şerifler Kültür ve Araştırma Derneği genel başkanlığını yürütüyor. Son yıllarda kendilerini seyyid, seyda, şerif olarak tanıtanların birçoğunun sahte olduğuna dikkat çekiyor. Seyyid nedir kime denir? Zerraki şunları anlatıyor:

Seyyid, Hz. Muhammed'in neslinden gelenlerin unvanıdır. Bu unvanda bir teşrif yani değer ve büyüklük verme kastı vardır. Hicaz'da emirlik yapan Hasanilere "şerif", Hz. Hüseyin neslinde olanlara da "seyyid" denilir. Biri seyyid, biri şerif ana babaya sahip olan çocuğa "seyyid şerif" unvanı verilir.

Binlerce sahte seyyid var

2014 yılında kurulan Seyyidler ve Şerifler Kültür ve Araştırma Derneği'nin Genel Başkanı Başkanı Zerraki, bu kitap için şunları anlattı:

> 3 Mart 1924 tarihinde halifelik makamının ortadan kaldırılması ile birlikte 1400 yıldır faaliyette olan nakibüleşraflık kurumu da ortadan kaldırılınca bu kutlu soydan gelen seyyid ve şerifler de arka plana atılarak dibi olmayan bir kuyuya düşürdüler. Onların yerine seyyid, şerif, ehl-i beyt diye bazı aileleri öne çıkartarak Türk milletine tanıtmaya çalıştılar. Bu gruplarda seyyid ve şeriflere yakışmayan hareket ve davranışlarda bulunarak seyyidlerin itibarlarını ayakaltına aldılar. Müslümanların çoğu da "Seyyidlik bu mudur, seyyidler böyle mi yapıyorlar? Biz böyle seyyidleri tanımıyoruz ve tanımak da istemiyoruz" diyerek gerçek seyyidleri de ayırt edemeyince onlardan uzaklaştılar. Bu boşlukta da bazı yobazlar ve din tüccarları ortaya çıkarak Müslümanlara kendilerini seyyid, şerif/ehl-i beyt diye tanıtıp iyi niyetli samimi Müslümanları inandırmaya çalıştılar ve çalışmalarına halen de devam ediyorlar.

Peki, bir kişinin seyyid olup olmadığı öğrenilebilir mi? Evet. Osmanlı döneminde nakibüleşraf kaymakamları tarafından tam 600 yıl sağlam ve düzenli bir şekilde tutulan kayıtlar var. Bu kayıtlarda İstanbul İl Müftülüğü Meşihat ve Şeriye sicilleri arşivinde muhafaza edilen Şecere-i Tayyibe defterlerinde yer alıyor.

Dernek Başkanı Seyyid Hüseyin Zerraki, "Biz dernek olarak seyyidler üzerinde bu kötü imajı silmek ve itibarları iade etmek için bu din tüccarları ile bu gruplara engel olmak için tüm gücümüzle halkı bilgilendirmek amacıyla toplantılarımıza ve araştırmalarımıza devam ediyoruz. Her gün, her köşe başından sahte seyyidler türüyor" diyor.

Menzil'de şeyhin amcasının oğlunun düğünü için yaptırılan özel koltuk

Seyyid Saki'nin amcasının oğlu Nizamettin el Hüseyni, 2016 yılında evlendi. Taht olarak nitelendirilen gösterişli koltukta oturmasıyla ilgili görüntüler yıllar sonra ortaya çıktı. Bu durumu sorduğumda, Güneydoğu'da, damadın böyle gösterişli, süslü, üzerlerinde kıymetli taşlar, işlemeler olan özel koltuğa oturtulmasının âdet olduğunu, Nizamettin'in düğünü için de bu koltuğun yaptırıldığını söylediler. Peki, damadın o gün takke takması? "Erkeğin başını kapatması, sünnettir. O yüzden tarikat mensupları sarık ya da takke takar. Damadın başında takke bulunması da sünnettendir. Tarikat mensuplarının takkesiz olanların selamlarını almadı-

Bu fotoğraf sosyal medyada hayli dolaştı. İşin aslını araştırdığımızda, şatafatlı koltukta oturan bu kişinin şeyhin bir akrabasının düğününde bu fotoğrafı çektirdiği anlaşıldı.

ğı söylentisi ise doğru değil" dedi. Düğün, şeyhin amcasının oğlu olunca hediyeler de çok oldu. O düğünü dinlediğim tarikat mensubu, "Ne anlama geliyor bilmiyorum ama fıçılar konulmuştu. Takılar fıçıların içine atılıyordu. Ama o fıçılara konulan hediyeler öyle böyle değildi" dedi.

TRT'de yıllarca iftar programı sunan Menzilci: Serdar Tuncer

Bir okuyucumuzdan gelen e-postada daha önce duymadığım sözler vardı. Söylenenler o kadar garip karşılanmış ki, "Sorumluluk Hareketi" olarak www.kalkveuyar.com sitesi yaymış ve bunu niçin yaptıklarını da, "Amacımız, uydurulan Din'den, indirilen Din'e davet etmektir" olarak açıklamışlar. İnternette dolaşan haberlere asla itimat etmez, mutlaka onun kaynağına inmeyi de sorumluluk kabul ederim. Seslendirmeyi yapan kişinin Serdar Tuncer olduğu belirtiliyordu. Aslında Tuncer olduğunu TRT-1 de ramazan programlarını dinleyenler benim gibi sesinden de tanıyabilir. Evet, ses Tuncer'e aitti ama gerçekten o sözleri Tuncer mi söylüyordu?

Serdar Tuncer'in, hükümete yakınlığıyla bilinen *Yeni Şafak* gazetesindeki yazılarına 2019 yılının Eylül ayında son verildiğinde, Tuncer'in Menzilci olduğunu Odatv'den öğrenmiştim. Yıllarca devlet televizyonunda dini programlar yaptığını bildiğim için şaşırdım. Tuncer'in özgeçmişini inceleyip sonra o sözleriyle ilgili bana anlattıklarını aktaracağım.

Serdar Tuncer 6 Ağustos 1978'de Ankara'da dünyaya geldi. Henüz 16 yaşındayken "Beş Çayı" ile başlayan radyo macerası uzun yıllar boyunca devam etti. Lisede radyo programlarına, üniversitede televizyon programlarına başladı. İlk TV programını 1996 yılında yaptı. Kanal A'da yayınlanan "Üç Nokta" programını, "Gecede 1 Gün" ve "Yıldızdan Mahyalar" programları takip eti. 2007 yılında Kanal 1'de yayınlanan "Türkiye'de ve Avrupa'da Ramazan" isimli programı sundu.

TRT 1'de, 2008-2011 yılları arasında ramazanda Topkapı Sarayı'ndan "İftar Sevinci" programını sundu. TRT Haber'de Uğur

Işılak'la birlikte "Yeni Şeyler Söylemek Lazım", 2012'de Semerkand TV'de "Kalbe Düşünce" programını sundu. 2013 ramazan ayında Kanal D'de "Sahurdan Kalplere", daha sonra CNNTürk kanalında her hafta pazar günü saat 22.00 ila 23.00 saatleri arası "Başka Şeyler" isimli programı sundu. Kitapları da olan Serdar Tuncer, konferansları, şiir dinletileri, kendine özgü sahne programlarını sürdürüyor.

"Menzil'de, meleklerin yapacağı işi, sevap kazanasınız diye size yaptırıyorum"

"Kalk ve uyar" hareketinin "sorumluluk kapsamında" "uydurulan Din'den, indirilen Din'e davet" için yayınladığı videodaki ses, Serdar Tuncer'e aitti. Tuncer, "Gavs Abdülhakim el Hüseyni"ye ait olduğunu öne sürdüğü şu konuşmayı yayıyordu:

> Yüce Nakşibendi yolunun önemli amellerinden biri de hizmettir. Hizmet, müridin kendini yetiştirmesinde ve manevi olarak yükselmesinde en önemli basamaktır. Seyyid Muhammed Raşit (vefat eden şeyh S.Ö.) hazretleri geceleri sofiler uyuduktan sonra odaları temizleyerek, Seyyid Abdülbaki el Hüseyni (şu andaki şeyh S.Ö.) hazretleri de hizmet yapmak maksadıyla şahı haznenin sürüsünün ahırında tezekleri bir taraftan öbür tarafa atarak bu yolda ilerlemişler ve benliği yıkmışlardır. Seyyid Abdülhakim el Hüseyni (Şeyh Raşit ve Şeyh Abdülbaki Erol'un babaları S.Ö.) hazretleri bir gün müritlerinden ahırın önündeki samanları, ahırın üstüne atmalarını ister.
>
> Sofiler (Menzil'e gelen herkese sofi deniyor ve gelenler orada gönüllü olarak çalışıyor S.Ö.) samanları ahırın üzerine atarken içlerinde biri, "Mübarek bize niye hizmet ettiriyor ki?" diye içinden geçirir. O esnada mübarek Gavs (Abdülhakim el Hüseyni S.Ö.) gelir ve "Sofiler çok yoruldunuz; isterseniz bir çay molası verin, dinlenmiş olursunuz" buyurur.
>
> Çay içme esnasında, içinden "Mübarek bize niçin hizmet ettiriyor?" diye geçiren sofinin kalp gözü açılır ve samanları meleklerin taşıdığını görür. Gavs Abdülhakim el Hüseyni buyurur; "Sofi gördün mü, biz istesek Allah'ın izniyle bu işi meleklere bile yaptırırız. Ancak istiyoruz ki sevabı sofiler kazansın."

Serdar Tuncer'e telefonla ulaştım. Köşe yazarı olduğu *Yeni Şafak* gazetesinde yazılarına son verildiği için "Geçmiş olsun" dedim. O da, "*Sözcü* ve *Cumhuriyet*'ten teklif bekliyorum" diye espri yaptı. Tuncer'e, şeyhin Menzil'deki işleri "sofi" denilen tarikat mensuplarına parasız yaptırdığını, ancak şeyhin konuşmasında, istese bunları meleklere yaptırabileceğini, sevap kazanmaları için sofilerin çalıştırıldığına ilişkin sözlerinin doğru olup olmadığını sordum. Tuncer, bu kitap için şunları söyledi:

Menzil şeyhine melekler mi hizmet ediyor?

Bu, 2007 ya da 2008'de radyo için okuduğum, seslendirdiğim bir metindir. Onun çok tezviratını yaptılar. Madem bu kadar hassassınız şunu arz etmeme müsaade edin: İnsanlar, meleği insanın üstünde bir yerde gördükleri için bundan dolayı meleklerin insanlara hizmet etmesini "Ya nasıl olur böyle bir şey?" diye değerlendiriyorlar. Halbuki orada Hazret'in (Şeyh Abdülhakim el Hüseyni S.Ö.) kastı şu: Bu hizmet, insanı meleğin üstüne yükseltecek bir nimettir. Hizmeti övmek için verilen bir örnek. Bir de şöyle düşünelim: Bizde de vardır, Hıristiyan mitolojisinde, Yahudilikte de vardır. Bizim hadislerde de var. Mesela, bir melek geliyor bir meselede iki kişi arasında adil hakem oluyor. İnsan suretinde melekler iniyor. Bedir Savaşı'nda da yardım ediyorlar. Bunun çok fazla örnekleri var. Bizim türküde de deniyor: Bunca temenni dilekler/Vız gelir çarkıfelekler/Bana eğilsin melekler/Mademki ben bir insanım.

Melek Hazreti Adem'e, hakiki insana, insanın hakikatine secde eden bir şey. Büyük melekler vahi. Onun dışında Allah dilerse, dostuna bir meleğe hizmet ettiremez mi? Şu an postta oturan zatın babası Abdülhakim el Hüseyni hazretlerinin sohbeti. O söylüyor bunu. Meleğin ne olduğunu biz itikaten tam bilmediğimiz için "Oooo, Menzil şeyhine melekler hizmet ediyor" diye insanlar abartıyorlar. Size de işin gerçeğini öğrenmek için aradığınız için teşekkür ederim.

Tuncer'e, ne zamandan beri Menzil tarikatının içinde olduğunu sorduğumda, yaklaşık 30 yıldır tarikatta bulunduğunu ifade etti. Bu durumu bilinmesine rağmen devletin televizyonunda yıllarca dini programlar yapmasına nasıl izin verildi? Tuncer, o dönem başarıya, liyakata önem verildiğini, 2015'ten sonra TRT'nin değiştiğini sözlerine ekledi.

Bir zamanlar "Fethullah" olabilmek için dava açılıyordu, şimdi "Muhammed Raşit Erol" olabilmek için

Bir dönem "Hizmet Hareketi" olarak nitelendirilen Fethullahçılık, günümüzde, Yargıtay kararıyla "Fethullahçı Terör Örgütü-FETÖ" oldu. Bu yapının el üstünde tutulduğu dönemde, onun gözüne girmek, iş dünyasında, bürokraside yükselebilmek için adını "Fethullah" olarak değiştirenler vardı. Günümüzde ise adı Fethullah olanlar mahkemeye başvurup, "Fethullah olan adımı değiştirmek istiyorum" diyor.

Bir dönem nasıl Fethullah Gülen sevdası varsa, şimdi de onun yerini aldığı söylenen, Menzilciler var. Fethullahçılar kendilerini "Hizmet Hareketi" olarak tanımlıyordu. Menzil köyüne gittiğimde, şeyh ve ailesine ait bütün işyerlerinin üzerinde "Hizmet" yazısını gördüm. Sağlık Bakanlığı'nda üst düzey görevde bulunmuş bir yetkiliyle sohbet ederken, nasıl Fethullahçılar için "Paralel Devlet Yapısı" kısaca PDY deniyorsa, Menzilciler de "Meridyen" tanımını yaptı.

Eski Cumhuriyet Savcısı Avukat Alp Kaan, *Balıkesir Yeni Haber* gazetesine yazı yazıyor. Vatandaşın birisi mahkemeye başvuruyor, Muhammed Raşit Erol, yani Menzil'in vefat eden şeyhinin adını soyadını almak istiyor. Bunun için mahkemeye dilekçe veriyor. Alp Kaan o gün şunları yazdı:

> Geçmişteki hatalardan ders alınmadığı sürece gelecekte aynı belaların başımıza gelmeyeceği muhtemel değil mi? Bu nedenle bazı rektör yardımcılarının dediğinin aksine eğitim seviyesi yükseldikçe afakanlar basacak bir hal yok! Aksine, cahillik ve İslam'ın kullanılmasından başımıza geliyor her ne geliyorsa.

Geçenlerde bir dava sebebiyle eski günlere uzandık. Adliyede sıra bekliyoruz; görülen davada, Menzil tarikatının uzun yıllar şeyhliğini yapan vefat etmiş birinin adını almak isteyen kişinin davasını hâkim reddetti. Hâkim soruyor:

– Neden adını bu isimle değiştirmek istiyorsun?

– Ben bu ismi seviyorum. Benim düşünceme uygun.

Neyse ki; hâkim, aradığımız ve özlediğimiz o eski hâkimlerden ki, güzel bir nasihatle beraber, "Bir zamanlar pek çok kişi de Fethullah olarak değiştiriyordu ismini... Gördük sonra başımıza neler geldiğini" deyip davayı reddediyor.

Bir zamanlar, pek modaydı Fethullah ismi. Terli gömleğini koklayarak mest olanlar, tabağındaki yemek artığını kutsalmış gibi son kırıntısına kadar temizleyip mest olanlar ve bunlar arasında koca koca üst rütbeli askerler, yargı mensupları olduktan sonra bizim saf vatandaşımızın isim değiştirmesi çok mu diye düşünmeden de edemiyoruz tabii! 15 Temmuz sonrası da pek çok kişi, bu kez ters işlemle Fethullah ismini değiştirmek için yargıya başvuruyordu.

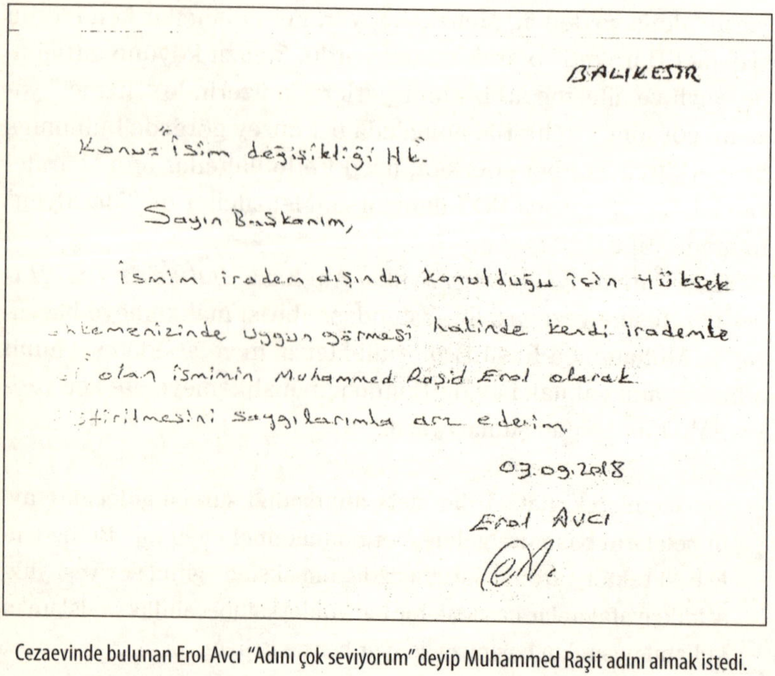

BALIKESİR

Konu: İsim değişikliği Hk.

Sayın Başkanım,

İsmim iradem dışında konulduğu için yüksek hkemenizinde uygun görmesi halinde kendi irademle olan ismimin Muhammed Raşid Erol olarak ştirilmesini saygılarımla arz ederim

03.09.2018

Erol AVCI

Cezaevinde bulunan Erol Avcı "Adını çok seviyorum" deyip Muhammed Raşit adını almak istedi.

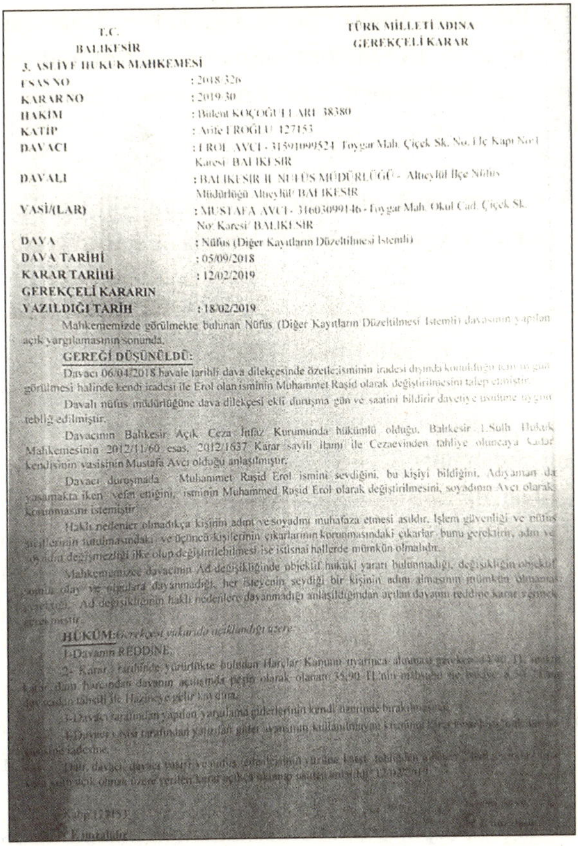

T.C.
BALIKESİR
3. ASLİYE HUKUK MAHKEMESİ

TÜRK MİLLETİ ADINA
GEREKÇELİ KARAR

ESAS NO : 2018/326
KARAR NO : 2019/30
HAKİM : Bülent KOÇOĞULLARI 38380
KATİP : Arife EROĞLU 127153
DAVACI : EROL AVCI - 31591099524 Toygar Mah. Çiçek Sk. No. İlç Kapı No:1 Karesi/ BALIKESİR
DAVALI : BALIKESİR İL NÜFUS MÜDÜRLÜĞÜ - Altıeylül İlçe Nüfus Müdürlüğü Altıeylül/ BALIKESİR
VASİ/(LAR) : MUSTAFA AVCI - 31603099146 - Toygar Mah. Okul Cad. Çiçek Sk. No: Karesi/ BALIKESİR
DAVA : Nüfus (Diğer Kayıtların Düzeltilmesi İstemli)
DAVA TARİHİ : 05/09/2018
KARAR TARİHİ : 12/02/2019
GEREKÇELİ KARARIN YAZILDIĞI TARİH : 18/02/2019

Mahkememizde görülmekte bulunan Nüfus (Diğer Kayıtların Düzeltilmesi İstemli) davasının yapılan açık yargılamasının sonunda,

GEREĞİ DÜŞÜNÜLDÜ:

Davacı 06/04/2018 havale tarihli dava dilekçesinde özetle; isminin iradesi dışında konulduğu [illegible] görülmesi halinde kendi iradesi ile Erol olan isminin Muhammet Raşid olarak değiştirilmesini talep etmiştir.

Davalı nüfus müdürlüğüne dava dilekçesi ekli duruşma gün ve saatini bildirir davetiye usulüne uygun tebliğ edilmiştir.

Davacının Balıkesir Açık Ceza İnfaz Kurumunda hükümlü olduğu, Balıkesir 1.Sulh Hukuk Mahkemesinin 2012/11/60 esas, 2012/1637 Karar sayılı ilamı ile Cezaevinden tahliye oluncaya kadar kendisinin vasisinin Mustafa Avcı olduğu anlaşılmıştır.

Davacı duruşmada Muhammet Raşid Erol ismini sevdiğini, bu kişiyi bildiğini, Adıyaman da yaşamakta iken vefat ettiğini, isminin Muhammed Raşid Erol olarak değiştirilmesini, soyadının Avcı olarak korunmasını istemiştir.

Haklı nedenler olmadıkça kişinin adını ve soyadını muhafaza etmesi asıldır. İşlem güvenliği ve nüfus sicillerinin tutulmasındaki ve üçüncü kişilerinin çıkarlarının korunmasındaki çıkarlar bunu gerektirir, adın ve soyadın değişmezliği ilke olup değiştirilebilmesi ise istisnai hallerde mümkün olmalıdır.

Mahkememizce davacının Ad değişikliğinde objektif hukuki yararı bulunmadığı, değişikliğin objektif somut olay ve olgulara dayanmadığı, her isteyenin sevdiği bir kişinin adını almasının mümkün olmaması sonucu Ad değişikliğinin haklı nedenlere dayanmadığı anlaşıldığından açılan davanın reddine karar vermek gerekmiştir.

HÜKÜM: Gerekçesi yukarıda açıklandığı üzere;

1-Davanın REDDİNE,

2- Karar tarihinde yürürlükte bulunan Harçlar Kanunu uyarınca alınması gereken [illegible] TL maktu karar ilam harcından davanın açılışında peşin olarak alınan 35,90 TL'nin mahsubu ile bakiye [illegible] davacıdan tahsili ile Hazineye gelir kaydına,

3-Davacı tarafından yapılan yargılama giderlerinin kendi üzerinde bırakılmasına,

4-Davacı [illegible]

[illegible]

Katip 127153
E-imzalıdır

Bir dönem Fethullah adını almak moda iken şimdi de Muhammed Raşit Erol adını alabilmek için davalar açılıyor. Bu dava da Balıkesir'de açılmıştı.

İsim değiştirme davasında "Menzilci" isim almak isteyen vatandaşa ne diyor hâkim, "Sizin gibileri çok gördük biz." Görenler görüyor ama asıl görmesi gereken yetkili sorumlular görmüyor.

Muhammed Raşit Erol adını alabilmek için mahkemeye başvuran vatandaşın dilekçesini ve bu talebe karşı mahkemenin "ret" gerekçesini de belgelerinden okuyalım:

Balıkesir Cezaevi'nde yatan Erol Avcı, Nöbetçi Mahkeme'ye şu dilekçeyi yazdı:

Sayın Başkanım, ismim iradem dışında konulduğu için Yüksek Mahkemenizin de uygun görmesi halinde kendi iridemle "Erol" olan ismimin "Muhammed Raşid Erol" olarak değiştirilmesini saygılarımla arz ederim.

Hâkim, gereğini düşündü. Adının Muhammed Raşit Erol olarak değiştirilmesini isteyen Erol Avcı hakkında şu kararı verdi:

Davacının Balıkesir Açık Ceza İnfaz Kurumu'nda hükümlü olduğu, Balıkesir 1. Sulh Hukuk Mahkemesi'nin 2012/11/60 esas, 2012/1637 karar sayılı ilamı ile cezaevinden tahliye oluncaya kadar kendisinin vasisinin Mustafa Avcı olduğu anlaşılmıştır. Davacı duruşmada Muhammed Raşid Erol ismini sevdiğini, bu kişiyi bildiğini, Adıyaman'da yaşamakta iken vefat ettiğini, isminin Muhammed Raşid Erol olarak değiştirilmesini, soyadının Avcı olarak korunmasını istemiştir. Haklı nedenler olmadıkça kişinin adını ve soyadını muhafaza etmesi asıldır. İşlem güvenliği ne nüfus sicillerinin tutulmasındaki ve üçüncü kişilerin çıkarlarının korunmasındaki çıkarlar bunu gerektirir, adın ve soyadın değişmezliği ilke olup değiştirilebilmesi ise istisnai hallerde mümkün olmalıdır. Mahkememizde davacının ad değişikliğinde objektif hukuki yararı bulunmadığı, değişikliğin objektif somut olay ve olgulara dayanmadığı, her isteyenin sevdiği bir kişinin adını almasının mümkün olmaması gerektiği, ad değişikliğinin haklı nedenlere dayanmadığı anlaşıldığından açılan davanın reddine...

Sonsöz

Ünlü siyasetçilerimizden Osman Bölükbaşı'nın en yakın dostlarından birisi de Ankara'nın tanınmış emlak müşavirlerinden Salim Taşçı'ydı.. Bölükbaşı'nın sözlerini aktarmadan önce Taşçı'nın, "İnanca para girerse, niyet ne olursa olsun vesvese başlar. Camilere arınmak için gidilmez; esas olan arınıp da camiye gitmektir" dediğini de hatırlatayım.

Türk siyasetinde unutulmaz bir yere sahip olan, miting meydanlarında dinleyeni çok olsa da yeterince oy alamayan Osman Bölükbaşı'nın şu sözünü de unutmayalım: "Siyasette bulunduğum uzun yıllar içerisinde bütün sektörleri tetkik ettim. En kârlısının din olduğunu gördüm."

Deneyimli bir Emniyet mensubunun Menzil'le ilgili sözü de kısaydı: "Gitti Pensilvanya, geldi Menzilvanya... FETÖ gitti, METÖ geliyor. Bu yapı da takip altında. Menzil'e, Buhara'ya gidenler tek tek tespit ediliyor. Bir operasyon emri verildiğinde elimizde tüm illerle ilgili önemli bir veri tabanı olacak."

Peki operasyon olur mu? Bunu Menzilcilerin tutumu ve zaman gösterecek...

saygiozturk66@gmail.com
saygi@sozcum.com
Telefon: 0 312 426 99 00

DK'da yayımlanmış kitapları

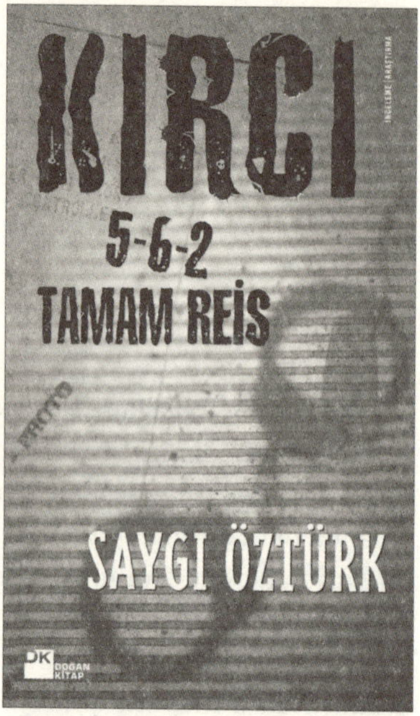

" Erzincan Kürt merkezi olursa Kürdistan'ın kurulmasından korkarım."
İsmet İnönü
İSMET PAŞA'NIN KÜRT RAPORU
SAYGI ÖZTÜRK
DOĞAN KİTAP

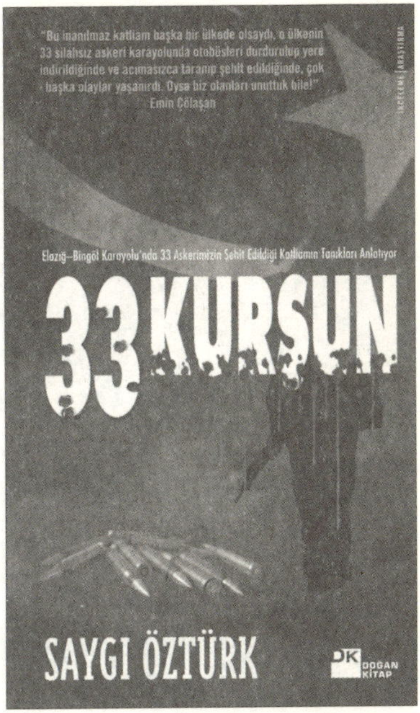

"Bu inanılmaz katliam başka bir ülkede olsaydı, o ülkenin 33 silahsız askeri karayolunda otobüsteri durdurulup yere indirildiğinde ve acımasızca taranıp şehit edildiğinde, çok başka olaylar yaşanırdı. Oysa biz olanları unuttuk bile!"
Emin Çölaşan
Elazığ–Bingöl Karayolu'nda 33 Askerimizin Şehit Edildiği Katliamın Tanıkları Anlatıyor
33 KURŞUN
SAYGI ÖZTÜRK
DOĞAN KİTAP

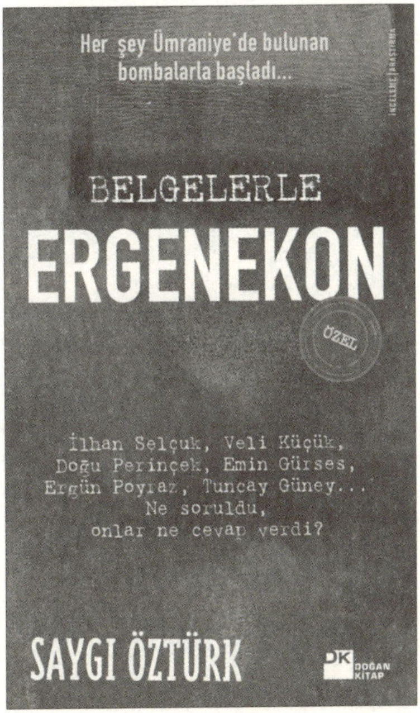

Her şey Ümraniye'de bulunan bombalarla başladı...
BELGELERLE
ERGENEKON
ÖZEL
İlhan Selçuk, Veli Küçük, Doğu Perinçek, Emin Gürses, Ergün Poyraz, Tuncay Güney...
Ne soruldu, onlar ne cevap verdi?
SAYGI ÖZTÜRK
DOĞAN KİTAP

SAYGI ÖZTÜRK
Apo Olayının Perde Arkası
DOĞAN KİTAP

SAYGI ÖZTÜRK
ÖLÜM
KUYULARI
İddiadan Gerçeğe Şemdinli Olayları
DOĞAN KİTAP

TAŞERON
MESİH
SAYGI ÖZTÜRK
DOĞAN KİTAP

SON
BABALAR
Yeraltı dünyasında değişen yapı, değişen kimlikler
SAYGI ÖZTÜRK

İnceleme / Araştırma
MGK
Dünü ve Bugünüyle
Milli Güvenlik Kurulu
SAYGI ÖZTÜRK
KEMAL YURTERİ

İnceleme / Araştırma
OKYANUS
ÖTESİNDEKİ
VAİZ
Resmi belgeler ve "çok gizli" damgalı raporların ışığında,
MİT-Emniyet-Yargı üçgeninde Fethullah Gülen gerçeği...
SAYGI ÖZTÜRK

İnceleme / Araştırma
BELGELERLE
28
ŞUBAT
DÜNDEN BUGÜNE
SAYGI ÖZTÜRK

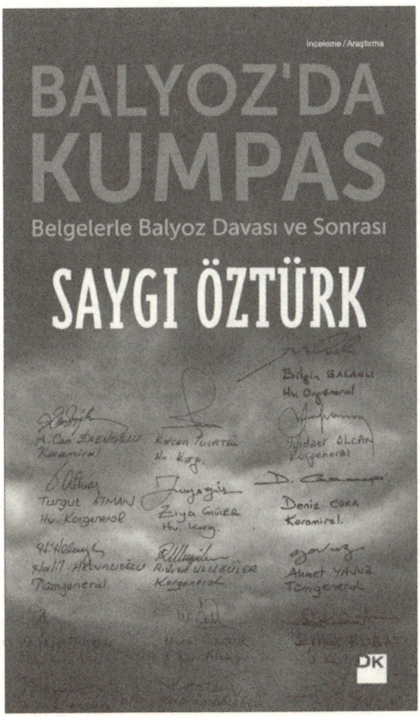
İnceleme / Araştırma
BALYOZ'DA
KUMPAS
Belgelerle Balyoz Davası ve Sonrası
SAYGI ÖZTÜRK

SAYGI ÖZTÜRK
KIRMIZI
KLASÖR
Kozmik
Odadan
İmralı'ya

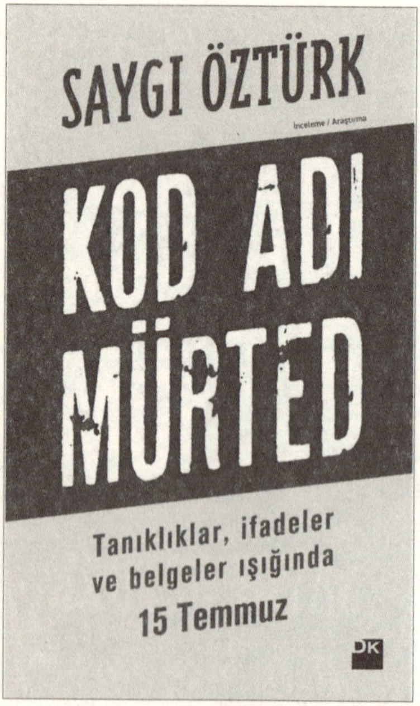
SAYGI ÖZTÜRK
İnceleme / Araştırma
KOD ADI MÜRTED
Tanıklıklar, ifadeler ve belgeler ışığında
15 Temmuz

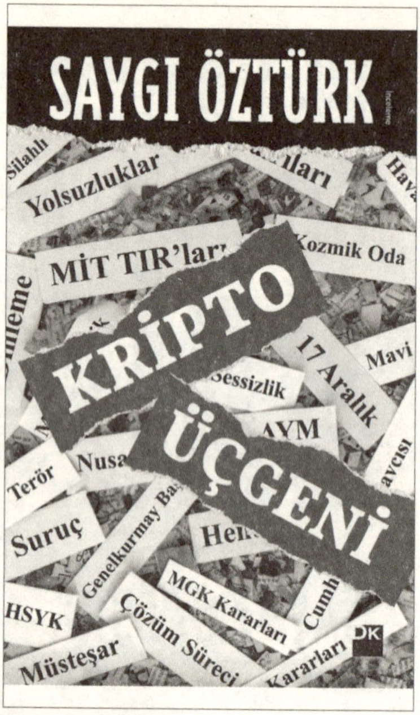
SAYGI ÖZTÜRK
KRİPTO ÜÇGENİ
Yolsuzluklar
MİT TIR'ları
Kozmik Oda
17 Aralık
Mavi
Sessizlik
AYM
Terör
Suruç
HSYK
MGK Kararları
Çözüm Süreci
Müsteşar

HAYALET İMAM
Darbenin Görünmeyen Adamı
Adil Öksüz
SAYGI ÖZTÜRK